U0498817

新发展理念的逻辑依据和历史演进研究

郭险峰◎等著

西南财经大学出版社

中国·成都

图书在版编目(CIP)数据

新发展理念的逻辑依据和历史演进研究/郭险峰等著.--成都:西南财经大学出版社,2025.1.
ISBN 978-7-5504-6504-6

Ⅰ.F124

中国国家版本馆 CIP 数据核字第 2024Q1W640 号

新发展理念的逻辑依据和历史演进研究

XINFAZHANLINIAN DE LUOJI YIJU HE LISHI YANJIN YANJIU

郭险峰　等著

策划编辑:李玉斗
责任编辑:廖　韧
责任校对:植　苗
封面设计:星柏传媒　张姗姗
责任印制:朱曼丽

出版发行	西南财经大学出版社(四川省成都市光华村街 55 号)
网　　址	http://cbs.swufe.edu.cn
电子邮件	bookcj@ swufe.edu.cn
邮政编码	610074
电　　话	028-87353785
照　　排	四川胜翔数码印务设计有限公司
印　　刷	成都市新都华兴印务有限公司
成品尺寸	170 mm×240 mm
印　　张	14.75
字　　数	259 千字
版　　次	2025 年 1 月第 1 版
印　　次	2025 年 1 月第 1 次印刷
书　　号	ISBN 978-7-5504-6504-6
定　　价	78.00 元

1. 版权所有,翻印必究。

2. 如有印刷、装订等差错,可向本社营销部调换。

序言

中国的问题归根到底是发展的问题，高质量、可持续、有成效的发展是破解外在环境困扰、内部发展问题的根本途径。发展需要理念指引，理念是行动的先导。科学的发展理念，才能引导高质量发展。中国一直坚持以马克思主义为指导，探寻有效的发展路径，提出科学的发展理念。

马克思、恩格斯对经济社会发展规律的研究表明，社会发展是一个复杂的系统，经济发展是社会发展的物质基础，经济社会发展的终极目标是促进人的自由全面发展。发展没有统一的路径，不同国家或同一国家的不同历史时期，其发展路径、发展方法存在着极大的不同。但科技推动、城乡融合、人与自然协调发展是资本主义国家和社会主义国家的发展历史都证明了的有效路径。中华优秀传统文化，讲究发展中的"以人为本"、天人合一、求同存异，讲究融合发展、和谐发展。西方经济发展思想主要经历了重商主义、古典经济学、新古典经济学、当代西方发展思想等阶段，在不同的阶段，有关经济发展的论述及内容有着较大的不同。重商主义鼓励发展商业，重视制造业发展，希冀通过产业发展推动经济发展；古典经济学着重于探讨发展的机制、条件和原因，强调劳动生产率提高、分工、资本积累、对外贸易等对发展的作用；新古典经济学侧重于从供给和需求、生产和分配的关系逻辑出发研究发展，强调发展的社会福利性。

这些理论在一定程度上影响着中国的发展之路。新中国成立后，走了一条工业化发展路径。新中国成立至改革开放前，我们虽然有发展中的曲折，但也取得了巨大的发展成就，为改革开放后四十多年的发展奠定了物质基础。改革开放后，指导中国发展的理念不断演进、更迭，从对"发展才是硬道理"的认识，再到对如何发展、怎样发展问题的渐进而深刻的认识，形成了党和国家政策理念和学术界发展理论研究互动、互促的局面。党和政府在始终坚持马克思主义政治经济学基本原理与中国国情相结合的基础上，持续创新和完善中国发展理论，形成了指导中国社会主义现代化建设事业的发展理论，保证了社会健康、稳定、持续发展。党的十八大以来，面对世界百年未有之大变局，着眼于实现中华民族伟大复兴的中国梦，以习近平同志为核心的党中央坚持在运用马克思主义及其中国化创新理论的基础上，科学借鉴和吸收了其他国家的发展经验，结合新时代中国经济社会发展的现实需求及社会主要矛盾转化的实际，进一步提炼和深化发展思想。这种发展思想在党的十八届五中全会后得到了升华和总结，形成了指导新时代中国发展的新发展理念，从发展动力、发展协调性、发展可持续方向、发展路径、发展目标等维度进行了质的规定性和方向指引，反映了经济社会发展的兼容性、互通性、渗透性，深刻揭示了新时代中国特色社会主义实现更高质量、更有效率、更加公平、更可持续、更为安全发展的必由之路的具体路径。

新发展理念是以习近平同志为核心的党中央在深刻继承马克思主义发展观，准确把握中国新发展阶段面临的新问题和新困境，遵循世界发展大势，总结中国特色社会主义发展实践经验的基础上提出的。新发展理念"承马立中"，指引中国时代发展，是习近平新时代中国特色社会主义思想体系性、实践性的现实体现，是关于发展理念的重大理论创新，为决胜全面建成小康社会和建成富强、民主、文明、和谐、美丽的社会主义现代化强国提供了有力的思想武器。就当前中国发展的外围环境来说，世界仍在曲折变化中趋于一体化、开放化，而开放正是中国发展历史证明了的法宝。就发展的内在环境来说，投资拉动力量趋缓，需要新的动能；城乡、区域发展不协调一直是困扰我国的问题，需要破解；发展路上以牺牲环境获得短期收益的途径已不可行，缺乏可持续性，必须转向绿色发展之路。所有发展的最终目标都是为了人民的发展，是要增强人民的获得感、幸福感和安全感。由此，新发展理念应势而生，破解时代问题，指引发展路径。

新发展理念是一个逻辑严密、指引明确的思想体系。创新旨在解决新时代中国发展的驱动力问题，以创新破解发展动力不足之困，是破解新时代新征程上面临问题的有效密钥，必须摆在国家发展全局的核心位置。协调旨在解决发展中的不平衡问题，实现"高质量发展"的内生特点，继承马克思主义普遍联系的观点和系统观念，形成以协调为标度的社会发展方法理论。绿色旨在解决发展的可持续性问题，强调人与自然的和谐共生，以绿色发展拓展发展的空间和承载力。开放着眼于人类命运共同体理念，强调发展的内外因联动法则，当前世界是开放的世界，要在开放中促发展，在发展中构建全球命运共同体。共享旨在解决社会公平正义问题，是共同富裕目标的现实体现，是对马克思"以人民为中心"的价值取向的坚持。发展的出发点、力量和落脚点都是人民，社会主义现代化国家的建设过程必然是人民的获得感、幸福感和安全感不断增强的过程。而共享是发展的一切出发点和落脚点，因此，共享是新发展理念的价值要义。

总之，新发展理念形成了发展指引矩阵，有发展支撑力，有发展空间承载力，有发展之矩，有发展方法，有发展目标，是以习近平同志为核心的党中央对历史进程全面总结、对经济社会发展规律准确把握、对现代化强国建设深刻展望而确定的理念体系，是历史的、理论的和现实逻辑的辩证统一，能够有效破解中国发展中的问题，能够有效引领中国朝着全面建成社会主义现代化强国的目标迈进。

当前，习近平总书记要求必须完整、准确、全面贯彻新发展理念。认知和理解是贯彻的基础和前提。由此，认知、理解新发展理念就具有重要的理论和现实意义。理解新发展理念，应该多维度、多层次地进行，由历史而现实地进行，才能为完整、准确、全面贯彻新发展理念奠定具有深度的认知基础。

基于此，本书立足于理论、历史和现实维度，对新发展理念的逻辑进行了全面梳理。在梳理过程中，本书在结构上采用了层次结构法，由总而分。第一板块是总论，对发展理论的演进和逻辑进行综述；第二板块是分论，分别就新发展理念五个维度的理论逻辑、历史逻辑和现实逻辑进行阐释，以做到逻辑清晰，结构合理，层次分明。本书力求在研究方法上，既做到对马克思主义的继承，也做到对中国传统文化中的发展思想和西方发展思想的归纳、总结和借鉴；在时间布局上，做到对新中国成立后到党的十八大以来的三个阶段（新中国成立后至改革开放前、改革开放后至党的十八大、党的十八大以来）探索发展理论的历史演进进行梳理，特别是将党的十八大以来发展理论的探索作为承上启下章节，引出分论对新发展理念的三大逻辑进行解析。总分板块的结构，"三大逻辑"的分析维度，新中国成立后到当前三个阶段的划分，遵循了系统论原则，构成了"新发展理念"全面认知的纵横矩阵，使我们对"新发展理念"的认知更为深刻和全面。

由于时间关系，以及笔者的研究和理解的深度有限，本书可能存在一些疏漏，恳请专家和读者谅解。

郭险峰

2024 年 4 月

目录

第一章　马克思主义经典作家关于发展思想的论述／1

　第一节　马克思、恩格斯对发展内涵的论述／1

　　一、马克思、恩格斯关于人的全面发展的理论／1

　　二、马克思、恩格斯的社会发展理论／4

　　三、发展的根本是经济发展／5

　　四、人民群众是推动社会发展的决定力量／5

　　五、发展的动力／5

　第二节　马克思、恩格斯对发展路径与方法的论述／6

　　一、科技推动社会经济发展／6

　　二、城乡协调发展是发展的本质要义／7

　　三、人与自然协调发展／9

　　四、全球化发展理论／11

　第三节　列宁关于发展的论述／12

　　一、社会主义可能在一国或多国首先胜利的理论／12

　　二、国家发展观点／13

　　三、战时共产主义政策／14

　　四、新经济政策／15

第二章　中华优秀传统文化中的发展思想 / 17

第一节　中国传统文化中发展观的价值引领 / 18

第二节　中华优秀传统文化中的发展理念 / 19

一、"以人为本"思想为"人民发展观"奠定了基础 / 19

二、"天人合一"整体观奠基了绿色发展观 / 20

三、变通与求同存异的发展思维为开放理念奠定了基础 / 21

四、融合发展观为协调发展奠定了基础 / 22

五、和谐的发展观 / 23

六、生态文明的发展观 / 24

七、崇尚勤俭节约的发展观 / 25

第三章　西方国家关于发展思想的经典论述 / 28

第一节　重商主义的发展思想 / 28

一、理论要点 / 28

二、政策主张 / 29

三、历史作用 / 30

第二节　古典经济学的发展思想 / 30

一、威廉·配第的发展思想 / 31

二、亚当·斯密的发展思想 / 33

三、大卫·李嘉图的发展思想 / 35

第三节　新古典经济学的发展思想 / 37

一、马歇尔的发展思想 / 37

二、庇古的发展思想 / 39

第四节　当代西方经济学的发展思想 / 41

一、凯恩斯主义 / 41

二、新自由主义 / 42

三、新凯恩斯主义 / 43

第四章　新中国成立后至改革开放前对发展理论的探索 / 46

第一节　新中国成立初期对社会主义经济制度与经济发展的理论探索

（1949—1957 年）/ 46

一、社会主义经济制度建立与国家工业化启动过程中的经济发展

理论探索 / 46

二、社会主义经济发展的计划思想与计划经济体制的建立 / 49

第二节　国民经济的曲折发展与经济发展理论的曲折探索

（1958—1978 年）/ 53

一、毛泽东同志对中国经济发展理论的探索及学习苏联社会主义

经济理论 / 53

二、国民经济调整和恢复时期的"八字方针"理论 / 54

三、发展理论偏差下的国民经济波动 / 56

第三节　对传统社会主义经济发展理论的反思 / 58

一、发展道路与机制问题：工业化发展道路、计划经济和市场机制的

抉择 / 58

二、不断调适发展中的公平与效率关系 / 60

三、在均衡发展与非均衡发展模式中进行适应性探索 / 61

四、构建自力更生与对外开放的协调关系 / 62

第五章　改革开放后至党的十八大对发展理论的探索 / 63

第一节　改革开放后至党的十八大对发展理论的探索历程 / 63

一、发展理论的形成与初步探索 / 63

二、发展理论的持续创新 / 66

三、发展理论的逐步完善 / 67

第二节　改革开放后至党的十八大发展理论创新的逻辑理路 / 70

一、发展理论创新是深化发展内涵的主线 / 70

二、创新发展理论是基于中国特色社会主义建设实践提出的 / 70

三、发展理论持续创新的技术路线 / 71

四、以生产力解放为目标形成的可持续发展理论体系 / 72

第三节　改革开放后至党的十八大发展理论实践的基本经验 / 73

一、把握现实发展的规律是发展理论创新的前提 / 73

二、重点突出和全面推进是发展理论形成的基本方法 / 75

三、党的领导是我国发展理论创新的方向保证 / 76

第四节　改革开放后至党的十八大发展理论的基本结论与启示 / 77

一、中国特色社会主义是发展思想和理论形成的基础 / 77

二、发展理论不断创新才能推动中国科学发展 / 78

第五节　对我国改革开放后至党的十八大发展理论的评论 / 79

一、发展速度理论开了新阶段发展理论研究的先河 / 79

二、对马克思主义再生产理论中的生产资料优先增长理论的研究 / 79

三、改革开放探索符合我国国情的发展战略转型 / 80

四、在国际比较中探讨经济周期和波动问题 / 81

第六章　党的十八大以来对发展理论的探索 / 83

第一节　战略判断：中国的发展处于重要的战略机遇期 / 83

一、世界处于"百年未有之大变局" / 84

二、中国经济发展进入"新常态" / 89

第二节　理论探索：党的十八大以来提出的重大发展理论和理念 / 91

第三节　真知灼见：新发展理念提出的重大意义、理论依据与科学

　　　　内涵 / 99

　　一、重大意义 / 99

　　二、理论依据 / 102

　　三、科学内涵 / 105

第四节　战略选择：以新发展理念引领推动高质量发展 / 106

　　一、高质量发展的必要性及内涵意蕴 / 107

　　二、推动高质量发展要完整、准确、全面贯彻新发展理念 / 109

第七章　创新发展理念的理论逻辑、历史逻辑与现实逻辑 / 114

第一节　创新发展理念的理论逻辑 / 114

　　一、生产力与生产关系理论 / 114

　　二、劳动价值理论 / 115

　　三、资本积累理论 / 116

第二节　创新发展理念的历史逻辑 / 116

　　一、创新是引领发展的第一动力 / 117

　　二、实施创新驱动发展战略 / 118

　　三、科技创新是提高社会生产力和综合国力的战略支撑 / 119

　　四、坚定不移走中国特色自主创新道路 / 120

　　五、加快科技体制改革步伐 / 120

　　六、牢牢把握科技进步大方向和产业革命大趋势 / 121

　　七、牢牢把握集聚人才大举措 / 123

第三节　创新发展理念的实践逻辑 / 123

　　一、创新是适应世界时代变迁要求的有力支撑 / 123

　　二、创新发展是符合我国历史发展新方位要求的重要武器 / 124

第八章　协调发展理念的理论逻辑、历史逻辑与现实逻辑 / 126

第一节　协调发展理念的理论逻辑 / 126

一、马克思主义中的协调发展理论 / 126

二、西方经济学中的协调发展理论 / 128

第二节　协调发展理念的历史逻辑 / 130

一、毛泽东同志对协调发展理念中国化的探索 / 130

二、改革开放以来对协调发展理念的中国化 / 133

三、习近平总书记对协调发展理念中国化的升华 / 137

第三节　协调发展理念的现实逻辑 / 141

一、协调发展符合中国特色社会主义的本质要求 / 142

二、协调发展是扭转发展不平衡趋势的必然选择 / 142

三、协调发展是跨越"中等收入陷阱"的必然之举 / 144

第九章　绿色发展理念的理论逻辑、历史逻辑与现实逻辑 / 146

第一节　绿色发展理念的理论逻辑 / 146

一、绿色发展的核心、要义与目标 / 146

二、绿色发展是全面建设社会主义现代化国家的必然要求 / 148

第二节　绿色发展理念的历史逻辑 / 150

一、绿色发展理念是对马克思主义生态观的继承和发展 / 150

二、绿色发展理念是中国共产党生态理论和实践探索的结晶 / 152

第三节　绿色发展理念的现实逻辑 / 161

一、践行绿色发展理念的党中央工作部署 / 161

二、践行绿色发展理念的路径 / 164

第十章　开放发展理念的理论逻辑、历史逻辑与现实逻辑 / 169

第一节　开放发展理念的理论逻辑 / 169

一、我国传统的对外贸易思想和国际贸易学基本理论 / 170

二、马克思、恩格斯、列宁等人关于国际分工和世界市场的论述 / 171

三、毛泽东同志关于我国发展对外关系的有关论述 / 172

四、邓小平同志、江泽民同志、胡锦涛同志等关于对外开放的有关论述 / 172

五、习近平总书记关于开放发展理念的有关论述 / 174

第二节　开放发展理念的历史逻辑 / 176

一、我国对外开放的历史背景 / 176

二、我国对外开放的历史进程 / 177

三、我国对外开放取得的历史性成就 / 179

四、我国对外开放的经验总结 / 180

第三节　开放发展理念的现实逻辑 / 183

一、党的十八大以来我国开放发展的新特点 / 183

二、奋力推进新时代更高水平对外开放 / 187

第十一章　共享发展理念的理论逻辑、历史逻辑与现实逻辑 / 191

第一节　共享发展理念的理论逻辑 / 191

一、"共享"之于新发展理念的逻辑自洽 / 191

二、共享发展理念的政治寓意 / 197

第二节　共享发展理念的历史逻辑 / 202

一、马克思列宁主义中的共享理念 / 202

二、毛泽东思想中的共享理念 / 203

三、邓小平理论中的共享理念 / 203

四、"三个代表"重要思想和科学发展观中的共享理念 / 205

五、习近平新时代中国特色社会主义思想中的共享发展理念 / 206

第三节　共享发展理念的现实逻辑 / 207

一、共享发展理念的提出符合中国特色社会主义新时代的发展

要求 / 207

二、共享发展理念是新发展理念的落脚点 / 208

参考文献 / 209

后记 / 219

第一章 马克思主义经典作家
关于发展思想的论述

马克思、恩格斯始终都在关注和思考着人类的解放事业和人的发展，这也成为马克思、恩格斯发展理论的根本。列宁继承了马克思的发展思想，领导了俄国十月革命，并建成了世界上第一个无产阶级领导的国家。列宁在领导和建设苏维埃社会主义国家的过程中，坚持由无产阶级掌握国家政权，根据俄国国情和国际背景制定了灵活的发展政策，极大地丰富了马克思主义发展思想。

第一节　马克思、恩格斯对发展内涵的论述

马克思主义是建立在人的全面发展的目的之上的，马克思主义哲学、政治经济学、科学社会主义就是认识发展规律，为人的全面发展、人类解放服务的，马克思、恩格斯毕生致力于人的全面而自由的发展和人类的解放事业。

一、马克思、恩格斯关于人的全面发展的理论

18—19 世纪，虽然资本主义社会在工业革命的推动下，生产力取得了巨大发展，但并没有给工人阶级带来幸福、快乐，也没有使工人阶级获得解放，反而使其处于深刻的异化状态。马克思指出，在资本主义下，生产力高度发达，机器的大量使用，减少了人类劳动，使劳动生产率大幅度提高，但无产阶级仍然存在大量饥饿、大量过度疲劳等现象；新发现的财富源泉，并未给全体人民带来富裕，反倒成为贫困的来源。科技的发展并没

有给人带来解放、富裕，反而使人被奴役，陷入贫困；没有使人更有智慧，反而使人更加愚钝。工人们不会因为生产得多而富裕，反而越来越贫困。机器的生产力变得越来越强大，工人却越来越被排挤。因此，工人被异化。工人的贫困、被排挤、异化，使工人们的生活越来越困难。

针对资本主义社会存在的异化现象和无产阶级的悲惨生活，马克思、恩格斯提出了未来社会的目标，即消除压迫和剥削、消除异化，实现每个人的全面而自由的发展。后来，马克思、恩格斯在多种论著中反复强调这一思想。实现人的自由的、全面的发展，也成为马克思主义整个理论体系的精华和核心。

可以看出，马克思、恩格斯的发展观，出发点是人，是以人为中心的，目的也是为了人，而不是就发展论发展；而且发展也不是个别人、少数人的发展，而是全人类的发展，这也成为马克思、恩格斯毕生追求的理想，也是马克思、恩格斯世界观的根本。有学者认为马克思、恩格斯"人的全面发展理论"是马克思继"剩余价值理论"和"唯物史观"后第三大发现。

马克思、恩格斯关于人的全面发展的理论内涵非常丰富，概括了人类发展的方方面面，包含了人类对一切美好生活的向往。人的全面发展要在共产主义社会才能实现，因此其也具备了共产主义社会的一些特征。

（一）物质财富得到充分保障的发展

人的全面发展首先体现在人们具有实现物质财富的自由，这以生产力的高度发达为前提，因此没有贫困、饥饿，人们最大限度地享受物质文明。马克思认为，生产力的发展是人的全面发展的基础。个人的全面发展，个人的能力得到解放，也将极大地提升生产力的发展水平，将促进物质财富的极大丰富，社会的分配方式也将实现"按需分配"，人类将摆脱物质财富的束缚，实现人人富裕。而这一切，只有在共产主义社会才能实现。共产主义社会，是生产力超过资本主义社会的高级社会，物质文明充分发展。

（二）实现人人自由发展

在马克思看来，人人自由发展，包括了劳动自由、职业自由和时间自由。马克思指出，在人的全面发展的条件下，生产劳动给每个人以全面发展的机会，每个人都有表现自己能力的机会，不管是脑力劳动还是体力劳动；生产劳动不再成为奴役人的手段，而成了解放人的手段；人从事生产劳动不再痛苦，而成为一种快乐。这个时候，人将彻底摆脱资本主义社会存在的"异化"现象，最终成为社会的主人，也就成为自然界的主人，进而成为自身的主人，也就是自由的人。

共产主义社会的职业自由，源于工人具有更为广泛的技能基础，可以根据自己的喜好选择职业、变换职业，社会调节着整个生产。由于每个人从事自己最喜欢的事，因此，每个人能最大限度地发挥自己的能力。

时间自由是人的幸福感的基础。马克思指出，未来共产主义社会在高度发达的生产力的支持下，工人能获得更多的自由时间，有更好的发展空间，做自己喜欢的事，实现时间自由，人们可以在艺术、科学等方面进行创造和发展。

（三）个人能力得到充分发挥的发展

个人能力得到充分发挥是基于职业自由、时间自由的，此时人有更多的休息时间用于恢复体力，发展个人能力。人能够将自己的能力发挥到最大，这既是人的责任，也是人的使命。

（四）消灭剥削和阶级差别，实现人人公正平等

马克思认为，在阶级社会下，经济地位的差异导致阶级差异和剥削，便产生了不公正、不公平等问题。在共产主义社会，即使劳动者由于出生原因，存在个人天赋、工作能力的差异，但在占有、消费等方面，人和人之间也不存在差异。实际上，根据马克思、恩格斯的设想，在未来共产主义社会，在人的全面发展的要求下，区域差别、城乡差别、行业差别等也将消除，在任何区域、不管是在城市还是农村，人和人之间的占有和消费将不存在差异，因此实现经济平等，从而实现各方面的平等。

（五）人与人、人与自然关系和谐发展

马克思认为，只有实现共产主义，人和自然、人和人之间的矛盾才能得到真正解决。人与自然界的和谐，是建立在对自然界规律的科学认识的基础上的，这样人对自然界的利用将不违背自然规律。人与人关系的和谐，体现在团结一致的发展、多种多样的活动中。

（六）人的素质的全面提升

共产主义社会中，人的素质会得到全面提升。这些素质，不仅包括专业素质，也包括文化素质、科学素质、身体素质等。在马克思看来，人的全面发展，要求人的各方面的本质力量都发展起来，人按照自己的意愿，成为自主的人、完整的人、快乐的人。

二、马克思、恩格斯的社会发展理论

（一）人是一切社会关系的总和

马克思、恩格斯认为，人不是孤立的，人离不开社会，人是社会的组成分子，人受社会发展的影响；同时，每个人也影响社会发展。因此，探索人所在的社会的发展规律，成为马克思发展理论的重要组成部分。人是属于某个国家、集体、社会的人。同样，人也与国家、集体、社会中的其他人有关系、联系、交往。因此，一个人的发展，取决于与他有直接和间接联系的人的发展，即取决于他所在的国家、集体、社会的发展。只有每一个人得到了解放，全社会才会得到解放。如果不是每一个人都得到解放，社会本身就得不到解放。此外，人也是属于历史的人，历史的发展是人的发展的条件，人的发展受历史的约束，存在于历史进程之中。因此，人是社会的，人的发展要依赖社会，社会发展了，人也随之发展。

（二）社会发展是形态不断更迭的过程

马克思认为，任何一个历史进程都是有其内在规律的。因此，社会发展也遵循一定规律，探索人类社会发展规律、科学认识社会发展规律，成为马克思、恩格斯探索人的全面发展的科学支撑。任何社会的发展，可以快一点，可以慢一点，也可以存在曲折，但是要跳过某个发展阶段是不可能的，但我们可以通过借鉴经验、吸取教训、妥善应对，缓解或避免部分社会发展过程中所必须经历的问题。

马克思和恩格斯在早年的多篇文献中就对社会形态划分做了相关研究。马克思和恩格斯在《德意志意识形态》中，根据分工把人类历史概括为"父权制""奴隶制""等级制""资本主义制度"四种不同的社会制度。在《雇佣劳动与资本》一文中，马克思将社会阶段划分为古典古代社会、封建社会和资产阶级社会。在《〈政治经济学批判〉序言》中，马克思又将生产方式划分为亚细亚的、古希腊罗马的、封建的和现代资产阶级的生产方式。在《共产党宣言》中，马克思和恩格斯更是直接提出资本主义社会终将被共产主义社会取代。虽然马克思、恩格斯多处提到社会主义社会和共产主义社会，但实际上，在当时，二者是没有区别的，他们只是根据不同的场景使用不同的提法。在《哥达纲领批判》中，马克思又将共产主义社会划分为"共产主义社会第一阶段"和"共产主义社会高级阶段"两个阶段。后来，列宁将前者称为"社会主义社会"。因此，综合马克思、恩格斯的思想，人类社会发展阶段可划分为原始社会、奴隶社会、封建社会、资本主义社会、社会主义社会和共产主义社会。

三、发展的根本是经济发展

发展的内容非常丰富，但马克思、恩格斯深刻认识到经济发展在人的全面发展、社会发展中的根本性作用。如果没有生产力的高度发展作为前提，人的全面发展将没有基础、没有支撑，最终也是空中楼阁，难以实现。

经济发展是解决问题的根本。马克思指出，物质需要是人类的第一需要，只有通过生产才能解决，因此，生产的需要是人类发展的根本。就像他们二人所说，只有解决了人在吃、穿、住、行等方面的问题，才有可能让人们得到解放，让他们实现自由而全面的发展。因此，许多社会发展中的问题，要从经济发展中找原因，并从经济发展中找到解决办法。历史经验表明，生产力和生产关系之间的矛盾往往会引发社会冲突。马克思指出，历史上诸多政治事件，其根本原因也是经济原因。从这可以看出，政治事件、社会变迁、政治变革等，根本上还是经济原因，也需要从经济方面解决，也就是经济发展。

制度的改变，将为生产力的提升和经济发展创造良好条件。在社会主义和共产主义制度下，人们得到解放，这将极大地发挥出每个人的能力；社会生产力也将得到极大提高。

四、人民群众是推动社会发展的决定力量

马克思、恩格斯认为社会发展的决定力量不是资本家、英雄人物等，而是人民群众。历史的活动和思想就是"'群众'的思想和活动"，随着历史活动的推进，群众队伍也会逐渐扩大；马克思甚至认为，革命阶级就是广大的无产阶级，革命阶级也是群众，历史就是由人民创造的。虽然每个人的力量是弱小的，但作为群体，产生合力，其力量是强大的。虽然每个人是微弱的，但是由个人形成的整体是强大的。

五、发展的动力

首先，人的需求构成发展的基本动力。正是人的各种各样的需求，产生了各种各样的经济、政治、艺术等，推动社会发展。马克思认为，人们

只有先解决吃、穿、住、行等基本问题，才有能力去从事科学、政治、宗教和艺术等其他活动。因此，正是人的基本需求，才导致了国家、社会、历史等的发展，而马克思科学地揭示了社会发展规律。因此，人类的需要驱动着社会的发展。如果人类没有需要，社会也将没有发展的内在动力。马克思主义的人的全面发展的理论正是在人对美好生活向往的基础上而提出的。

其次，社会发展的根本动力是生产力与生产关系的相互作用。为了满足人们的生活需求，生产力必须不断发展，并形成与之相适应的生产关系；生产关系反过来又进一步推动了生产力的发展，不断满足人们增长的需求，社会也得到不断的发展。但生产力是积极的、不断发展的，并终究要超出原有生产关系的适应范围，这时，生产力与生产关系将发生矛盾，生产力需要寻求新的与之相适应的生产关系，社会变革由此产生。

第二节　马克思、恩格斯对发展路径与方法的论述

马克思、恩格斯对发展路径与方法的论述非常博大精深，包括发展的方方面面。由于各国、各历史时期生产力与生产关系构成的社会经济结构不同、面对的问题也不同，因此，不同国家的发展路径与方法也存在差异。

一、科技推动社会经济发展

（一）科技推动社会生产力的巨大提升

首先，马克思、恩格斯肯定了生产力对社会进步的巨大推动力。由于资本主义社会的建立，极大地推动了社会生产力，马克思、恩格斯曾对此进行了充分肯定："资产阶级在它的不到一百年的阶级统治中所创造的生产力，比过去一切世代创造的全部生产力还要多，还要大。"其次，科技就是直接生产力。马克思在《资本论》等著作中多次深入阐述了"生产力中也包括科学"，指出科学作为独立的力量被并入劳动过程。最后，技术创新又推动新的技术创新的产生，技术创新会通过产业链传导到产业链的各环节。在资本主义社会，创新增加了资本家压榨工人得到的剩余价值，这也是资本家不断推进技术创新的重要原因。而从产业角度来说，科技创新

不断推进产业升级，从而推动经济结构的变化。

（二）技术创新能促进社会成员自由而全面的发展

科技创新的最终目的是促进社会成员自由而全面的发展，使更多的人能够享受到科技发展的成果。恩格斯指出，只有通过生产力的极大提高，提高生产效率，生产更多的产品，才有可能把全部劳动成果分配给每一个社会成员，以此来减少每个人的劳动时间，使他们有更多的闲暇来参与其他社会事务。

（三）科技发展推动资本主义社会变革

首先，科技是革命力量。科技是生产力，是推动社会进步、社会变革的主要力量。因此，马克思、恩格斯甚至将科学比喻为革命力量、革命家。其次，科技的发展能促进资本主义社会变革。科技的巨大发展也越来越加剧大工业与资本主义生产方式的矛盾，从而推动资本主义社会的变革。特别是工业革命使资本主义生产力大大提高，从而极大地推动了资本主义社会的发展与变革。马克思在《资本论》中指出，工业革命是静悄悄的社会革命。恩格斯也认为工业革命比其他任何一种革命更广泛、更深刻。科技从多方面促进社会变革。由于科技的不断发展，资本主义的生产方式越来越难以适应其生产力的发展，资本主义生产关系越来越束缚其生产力的发展，因而，资本主义社会变革在所难免。

二、城乡协调发展是发展的本质要义

随着资本主义工业的飞速发展，城市也迅速发展。与此相对应的是，农村出现衰退景象，由此，出现城乡对立。马克思、恩格斯早就关注到了城乡发展问题，并提出在共产主义社会，城乡差异将消除，区域差异也将消除，从而实现城乡、区域协调发展。

（一）城市对经济发展的巨大作用

马克思、恩格斯在分析资本主义发展的现象时，对城市发展规律进行了辩证的分析。首先，人类文明的进步促使城市得以形成与发展。随着资本主义生产力和资本主义工业、商业的迅速发展，承载工业和商业的城市成为经济发展的主导，城市对文明的推进作用变大。城市成为社会发展的动力，城市带来经济发展的诸多便利，因此产生集聚效应，带来诸多产业的集聚、发展资源的集聚。其次，人口规模巨大的大城市还带来了巨大的集聚效应和规模效应，集聚了当时的大量财富，修筑了宏伟的建筑，代表着当时世界的现代化水平。城市规模越大，产生的集聚效应、规模效应也越强。在这些城市，交通便利，资本家开办新企业时需要的资金、劳动力、原材料、信息等更易于获得，产品也可以就近销售。因此，企业建设成本更低，运营成本也更低，使城市吸引力更大，集聚更多发展资源。所以城市要不断发展，就要集聚越来越多的人口。另外，马克思也指出，城市有利于协作，有利于提高劳动生产率，城市和工业的发展能更好地带动农村、农业发展。

（二）资本主义社会存在城乡对立

在城市还未出现时，是根本不存在城乡对立的。而城市一旦产生，城乡对立就开始了。资本主义社会，虽然生产力得到巨大发展并推动了城市的发展，但其生产力的发展很少惠及农村，使资本主义社会的城乡对立变得更加明显、更加尖锐。而资本主义私有制的发展进一步尖锐化了这种对立与矛盾。并且城市越发展，农村越被孤立。由于城市的发展，城市集聚人口、财富，并且财富日益集聚在少数人手里。城市经济繁荣，但乡村日益衰退，城乡差距日益加大。

由于城乡对立，虽然城市的经济得到良好发展，但农村的生产和生活环境恶化。由于农村大量供给城市粮食及其他生产生活必需品，但城市没有补偿农村流失的土地肥力。农村的土地肥力下降，农村生产便越来越难以持续。城乡对立也导致城市中无产阶级的生产生活环境恶化。由于人口大量涌入城市以及无产阶级被压榨剩余价值，广大城市居民的生产生活环境也非常恶劣。在 19 世纪的资本主义国家，由于人口大量涌入城市，而城市缺乏足够的住宅，所以许多人找不到住宅，或者住在非常拥挤的宿舍中；城市环境也变得非常糟糕，工人的生活生产环境逐步恶劣。

（三）未来社会的城乡融合发展

未来社会，将实现人自由而全面的发展，城乡对立将消失，取而代之的是城乡融合。城乡融合需要将城市与乡村的生活方式的优点结合起来，实现优势互补，并消除两者的缺点。城乡融合表现在城市与乡村就业的融合，工业和农业分工的消失，城市和乡村差别的消失。

马克思、恩格斯充分认识到，未来社会将消灭城乡对立，实现城乡融合，但消除城乡对立在短期内是难以实现的，这是一个长期的过程，需要以生产力的巨大提升为前提。同时，需要社会合力布局工业，使工业在全国广大区域内尽可能地平衡布局，这有利于消除城乡差别，实现城乡融合。合理布局工业不仅是城乡融合的需要，而且有利于消除区域差别。马克思也指出，科技的发展可以支撑工业在全国的合理布局，这有利于城乡、区域差别的消除。马克思还指出，电力远距离输送技术的发明，有利于将电力输送到较远的地区，可以帮助当地发展工业，这些地区的生产力也将得到极大提升，从而促进城乡协调发展，进而促进区域差别的消除。

而城乡融合，除了城乡的共同繁荣，城乡、区域对立的消除外，也将推进城乡环境的改善。例如，使城市粪便作为乡村肥料得到合理利用，一方面城市得到清洁，城市污染源被消灭；另一方面农村也得到了肥料，实现城乡双赢。

三、人与自然协调发展

在资本主义发展过程中，资产阶级为获取高额利润，不顾环境的承受能力，过度开发资源、排放污染，导致自然环境的破坏。虽然早期资本主义社会的环境问题并不严重，但马克思、恩格斯很早就注意到资本主义的生态环境问题，并且也预见了资本主义未来可能面临的环境问题。马克思、恩格斯对此进行了分析、批评，并提出了人与自然要协调发展。

（一）人是自然的一部分

人是不能离开自然的，人需要依靠自然才能生存；但人又影响自然，自然界也有人的烙印。人依赖自然、离不开自然，并且人和自然界一起发展。

（二）人要依靠自然界生产生活

人类通过劳动将生产资料转化为人类需要的产品，而生产资料就来源于自然界。在资本主义社会，人类开始大规模地开发自然资源，为人类自身提供产品。如果没有自然界，劳动将没有劳动对象，人类不能生产出产品；正是自然界，既为人类提供生产所需的原材料，也为人类提供生活所需的食品及日用品；正是人类对自然界提供的生产资料进行生产、加工，才产生了劳动；也正因为依靠自然界提供的食品，工人才有生命。因此，在社会中，自然界及其提供的各种原材料、食品也成为人与人联系的纽带。

（三）资本主义社会人与自然的不协调

虽然在18—19世纪，欧洲工业革命处于起步和初始发展阶段，环境问题还不是很严重，并未成为当时社会关注的主流，但马克思、恩格斯深入工人阶级的生活，了解到工人阶级的疾苦，认识到工人阶级的生产生活环境日益恶化。他们认为在资本主义私有制下，资产阶级丝毫不重视环境，环境问题将日益恶化。

首先，城市的生活环境恶劣。在19世纪的资本主义社会，资产阶级只顾榨取工人的剩余价值，全然不顾工人的生产生活环境，导致工人的生产生活环境极其恶劣。在大城市，工人的居住环境非常恶劣，有些工人的居住环境如猪圈，各种流行病在工人居住地蔓延。

其次，资本主义社会面临工业污染。资产阶级为了利润，也全然不顾工业污染，工业污染便变得越来越多。早在1839年《伍珀河谷来信》中，恩格斯就注意到了这一问题，伍珀河谷的工人们"在低矮的房子里劳动，吸进的煤烟和灰尘多于氧气，而且大部分人从6岁起就在这样的环境下生活"。

最后，农村面临不可持续的压力。城市人口多、污染严重，而农村土地生产的产品供给城市后，由于城乡分离，农村土地得到不到肥力补偿，农村土地肥力下降。马克思早就看到，树木的砍伐，导致耕地缺乏生态屏障，水土流失，耕地肥力下降，最后耕地变得荒芜。

资本主义制度及其生产方式是导致资本主义社会中人与自然不协调的最主要原因。资本家只顾榨取工人的剩余价值，根本不管环境问题，导致环境恶化。

（四）人与自然的协调发展途径

一是人要尊重自然。人们要在顺应自然、科学认识并尊重自然规律的前提下利用和改造自然。所以，要推进科学技术的大力发展。科学技术的提高，不仅有助于人们认识自然，提高对自然资源的利用效率，减轻对自然的影响，也有助于废物的利用，减轻甚至消除废物对自然的负面影响。因此，要大力发展科学技术，科学技术的利用不仅有利于深入开发资源，提高资源利用效率，而且可以深化对废弃物的利用，变废物为有用的资源，并减少污染。

二是共产主义社会将实现人与自然的协调发展。共产主义的最终目的是实现人全面而自由的发展，而人与自然的和谐发展便是其重要内容之一。在共产主义社会，科学技术高度发达，人们尊重自然，绝不会破坏自然以寻求发展。

四、全球化发展理论

通过全球化，不同国家、地区间互通有无，这也极大地推动了各国、各地区自身的发展。马克思、恩格斯深刻认识到，全球化将是大势所趋，共产主义只有在全球化基础上才能实现，因为实现共产主义是全人类的共同事业。

（一）全球化对发展的推动

马克思在政治经济学分析中将全球化视作重点研究领域。马克思在《〈政治经济学批判〉序言》中提到，他研究经济问题的最初动因就是"关于自由贸易和保护关税的辩论"，因此，马克思非常关注全球化。研究对外贸易和世界市场成为马克思剖析资本主义制度的切入点。

首先，全球化有效促进了各国之间的经济和文化交流。大工业把世界市场联系起来，各国通过经济交往相互影响。大工业推进了世界市场的形成，各地的封闭状态被打破，全球各地的联系越来越紧密，彼此难以分离。全球经济交流的加深，也推动各地文化、精神产品的密切交流。马克思、恩格斯指出，各民族的精神产品成了公共的财产，民族的片面性和局限性日益成为不可能，许多民族的和地方的文学也将成为世界的文学。

其次，全球经济交流对发达国家和落后国家均有利。对发达国家来说，通过经济交流占领国际市场，扩大销售，其较高生产率的价值得以实现，因而获得更多的收益。而对落后国家来说，通过经济交流，从外国输入的商品价格低于本地生产的商品价格，本地民众也得到利益。

最后，全球化有利于国家间发展经验的交流互鉴。虽然各国的国情有一定差异，但发展阶段等存在一定共性，落后国家就可以借鉴发达国家的发展经验，少走弯路。一些落后国家在发展过程中，一些发展阶段不可逾越，由于受发展条件所限，难免遇到诸多发展问题。如果这些问题是发达国家遇到过的问题，落后国家便可以借鉴其某些发展经验，避免这些问题的出现。同时，发达国家的先进技术、管理经验，落后国家也可以引进，以减少研发成本、探索成本，从而少走弯路。

（二）资本主义社会全球化发展的特征

首先，资产阶级为了赚取利润推进了全球化。资产阶级为了赚取更多利润，榨取更多的剩余价值，积极开拓国际市场；同时，当本国原料不够时，还要通过国际市场获得原料。在《共产党宣言》中，马克思、恩格斯指出，资产阶级为了赚取利润，积极开拓了世界市场，推进了世界各国之间的联系，促进了全球化的趋势。

其次，剥削性和掠夺性是资本主义全球化的重要特征。资产阶级为了获得利润，不惜以战争方式侵略他国，霸占殖民地，用枪炮开拓国际市场。在榨取本国工人阶级的剩余价值的同时，也通过国际市场剥削外国劳动人民。资产阶级主导的资本主义国家为了获得更多利润，还通过结盟以更好地殖民他国、占领他国、剥削他国。马克思指出，英国对中国的贸易从逆差到顺差，就是通过枪炮强行让中国开放，并出口鸦片等，对中国进行掠夺，因而获得贸易顺差。资本主义国家还通过关税、非关税壁垒，掠夺外国财富。而资本主义国家间，也因为争夺国际市场而发展战争。17—18世纪的英荷战争、英法战争等，就是为争夺国际市场而发生的战争。

（三）共产主义要通过全球化才能实现

共产主义社会是全球化的社会，全世界无产者有共同的目的，即推翻资本主义，实现共产主义。因此，马克思、恩格斯在《共产党宣言》最后，号召"全世界无产者联合起来"。因此，没有全球化，共产主义就不可能实现。全球化程度不仅要加深，还要通过不断提高生产力水平推动全球化。与资本主义国家不同，未来社会的全球化，将抛弃资本主义具有剥削性、掠夺性等的不道德行为，不同国家、地区将平等交往。那时已是共产主义社会，国家开始消亡，全球开始成为一个联系密切的整体。

第三节　列宁关于发展的论述

列宁在资本主义并不发达的俄国，成功地领导了俄国十月革命，建立了世界上第一个社会主义国家，他还亲自领导了这个社会主义国家的建设，并取得了巨大成功。列宁根据自己的无产阶级革命和社会主义建设的经验实践，进一步发展了马克思主义发展理论，取得了许多新成果。

一、社会主义可能在一国或多国首先胜利的理论

在《无产阶级革命的军事纲领》一文中，列宁指出，资本主义的发展在各个国家是极不平衡的，有的国家发达，而有的仍然极为落后。因此，要在这些国家同时取得无产阶级革命的胜利、建立社会主义国家，是不现

实的。一些国家还没有形成强大的无产阶级群体，进行无产阶级革命并不现实。因此，列宁指出，无产阶级革命将首先在一个或几个国家取得胜利，而其余的国家在一段时间内将仍然是资产阶级的或资产阶级以前时期的国家。但随着社会向前发展，最终所有国家和民族都将走向社会主义。同时，各国和民族走向社会主义的方法不一定相同，各国将会根据自身特点，走具有自身特色的道路。列宁特别指出，东方人口大国由于社会更加复杂，革命道路将会更有特色。

二、国家发展观点

首先，无产阶级要利用一切有利条件进行革命，并取得政权。列宁认为，俄国选择社会主义道路是俄国人民在特定历史条件下的必然选择。俄国充分利用主要帝国主义国家陷入第一次世界大战的有利条件，进行革命，是必要的、适时的。

其次，建设社会主义制度将使落后国家在社会制度方面超越发达国家。落后国家进行社会主义革命，由无产阶级掌握政权，将使其社会制度很快超越发达的资本主义国家，并为经济发展赶上发达国家创造有利条件。

再次，社会主义国家要充分利用有利条件发展经济并赶上发达国家。十月革命成功后，列宁认为俄国的首要任务就是充分利用社会主义制度的优越性，促进俄国的经济发展，提高生产力水平，提高劳动生产率，并超越发达资本主义国家。为此，列宁指出无产阶级在取得政权后，发展生产力，提高劳动生产率，将成为最主要任务。他认为，劳动生产率是衡量社会制度进步的最主要指标，而社会主义国家将以提升劳动生产率为主要任务，社会主义制度也将凭借劳动生产率的优势最终战胜资本主义。列宁指出，社会主义制度要取得胜利，必须要利用社会主义制度的优越性，创造比资本主义制度更高的劳动生产率，就如资本主义制度创造了比奴隶制度、封建制度更高的劳动生产率一样。

最后，无产阶级要制定以公有制为基础的一系列发展措施。在社会主义国家成立之初，列宁进行了较多的探索，制定了以公有制为基础的一系列发展措施。一是社会主义要建立更加公平的分配制度，要使人人得到更多利益，这也是社会主义建设的基础。二是社会主义国家成立后，要尽快建立国家企业，代表国家进行贸易。三是在政体上，要建立以工人、农民为代表的苏维埃共和国。四是通过没收地主土地，实行土地国有化的政策，土地交由雇农和农民支配，并在农村建设由农民领导的苏维埃组织。五是建设国家银行。六是税收实行累进所得税制度。

社会主义建设是复杂工程，要制定很多措施，列宁在其著作中有大量相关论述。列宁指出，社会主义国家最关键的是无产阶级掌握政权，而今后具体的发展道路怎么走，需要结合今后的具体情况进行探索。因此，关于社会主义建设方法，由于马克思及以前的马克思主义者，没有经历过社会主义建设，面对的情况与俄国有差异，所以按照以前设定的发展方法并不能解决俄国面临的全部问题，因此需要不断摸索。

三、战时共产主义政策

十月革命胜利后，苏维埃政权不仅受到国内反革命集团的武装反扑和干扰，也受到帝国主义国家的武装干涉，这对苏维埃政权造成极大的威胁。为此，列宁首先实行了战时共产主义政策，集中国家资源，消灭国内反革命集团、抵御帝国主义的侵略。这也是世界上第一个社会主义国家实际建设方案。

一是提出了普遍义务劳动。共产主义，国家占有发展资源，权力由无产阶级主导。列宁设想，通过普遍义务劳动，增强人民的责任感、使命感、国家荣誉感等，体现人民当家作主的精神，因此采取了普遍义务劳动的措施。实行战时共产主义政策这段时间，列宁也认为，义务劳动就是实行社会主义、共产主义劳动的方式。同时，列宁认为共同劳动就是共产主义的重要特征。

二是取缔私营经济、小资产阶级的经济等。列宁认为私营经济、小资产阶级的经济与社会主义、共产主义的要求不符，将破坏苏维埃政权，因此对其进行取缔。私营经济会催生资产阶级、资本主义，将对社会主义、共产主义产生侵蚀。取缔私营经济之后，国家对商品交易进行垄断，实行余粮收集制、食物配给制等，从而最大限度地实行国家分配。

三是实行工业国有化。公有制是社会主义的基本特征，苏维埃政权实行的战时共产主义也强调工业的国有化，其将拥有机械动力、工人达到5人以上的企业，以及没有机械动力、工人超过10人的企业收归国有。通过这些措施，苏维埃政权很快就完成了工业的国有化。

经过实践，战时共产主义政策取得了一定的成绩，并支持了苏维埃俄国成功地捍卫了无产阶级政权。但列宁也认识到战时共产主义政策的步子迈得过大，因此产生了诸多负面影响。虽然如此，但列宁认为采用战时共产主义政策是当时不得已的选择。

四、新经济政策

战时共产主义政策带来了一些问题，使苏维埃政权面临政治、经济、社会危机。通过总结战时共产主义政策的经验与教训，列宁更加充分地认识到社会主义国家发展经济的重要性。为此，列宁顺应形势，果断改革，实施了新经济政策，力图发挥社会各界力量以发展经济。

第一，发展生产力是新经济政策的主要目的。通过战时共产主义，苏维埃政权基本平息了国内反动派的叛乱和国际反动势力的进攻，要将工作重心转移到国内建设上来。列宁也重新将发展生产力作为发展的重点，发展思路的转变为相关政策的制定提供了理论支持。为此，苏维埃俄国制定了一系列有利于当时经济发展的措施，即新经济政策，这是建设社会主义经济、巩固社会主义经济基础的真正路径。在列宁看来，从本质上来说，新经济政策是无产阶级与广大农民的联盟。新经济政策的施行抓住了主要矛盾，顺应历史、恰逢其时、政策得当，有效地提高了苏维埃俄国的生产力，从而解决了很多社会问题。

第二，采用了灵活的经济发展措施。新经济政策在实施中，为了尽快地发展生产力，采用了灵活的措施。例如，用粮食税代替余粮收集制，并允许农民在市场上交易余粮。为了经济发展，苏维埃政府也积极恢复部分商品的自由贸易。这些政策极大地激发了农民和其他群众的生产积极性，使生产效率得到了极大提升，农业产量也增加了，经济也更加活跃，工人和农民的收入增加，产生了明显的效果。虽然自由贸易，可能带来商品生产者的分化，也可能带来一些资本主义生产方式的重新出现，但这是符合当时经济发展需要的。

列宁认为由于苏维埃政权继承的俄国发展水平还很低，存在大量封建小生产者，这些小生产者还不能直接过渡到社会主义社会，不能适应社会主义生产方式。采用资本主义生产方式，提高其生产积极性，也是一种进步，可以为未来进入社会主义打下基础。因此，当时的苏维埃政权采用一些资本主义生产方式来推动当时生产力的发展，是合理的、必要的。

第三，学习资产阶级的先进发展经验。在当时，由于资产阶级经过长期的发展，形成了一些成熟的管理经验。而社会主义政权刚刚建立，发展经验还不足。因此，列宁认为，共产党员应该借用资产阶级的手段来发展经济，并学习资产阶级的先进经验，同时也应使资产阶级适应社会主义发展的要求，为社会主义建设服务。苏维埃政权应具有驾驭资产阶级、推进社会主义发展的能力。同时，列宁号召广大共产党员不要害怕并积极向资产阶级专家"学习"，包括向商人学习，向办合作社的小资本家学习，学习他们的管理经验等；只要能学到真本事，即使这种学习要破费，也是值得的。通过学习，广大共产党员能够比资产阶级专家做得更好，发展农业、工业、商业等更有效率。从这里可进一步看出，列宁采用新经济政策，借鉴资本主义发展经济的方法，既有用资本主义方法发展经济的原因，也有向资产阶级学习先进发展经验、管理经验的原因。并且他认为，共产党人一定会做得比资产阶级更好，这也是衡量共产党人学习成果的标准。由此可看出，共产党员和苏维埃政权要发展经济，要善于学习、借鉴别人的先进经验，为此应不惜付出学费。

第二章　中华优秀传统文化中的发展思想

"发展"是近代出现的一个哲学术语,它描述了事物从低级到高级、从小到大、从粗浅到精细、从旧物质系统到新物质系统的运动和变化过程。中华优秀传统文化的形成有深刻的内在原因,也有在历史演进过程中复杂多变的外部原因。中国传统文化中虽然没有"发展"这个词,但蕴含着丰富的发展思想。

我们可以从三个维度来探索中国传统文化中的发展思想。

其一,发展哲学。我们要发现传统文化中事物的内在矛盾和事物联系的普遍性所呈现的发展路径。这就要求我们的研究必须按照唯物辩证法的观点和传统文化的发展路径来进行。发展的本质是新旧事物的交替。新事物往往是从旧事物中产生的,甚至是创新、革新或取代旧事物。唯物辩证法认为,事物是运动的、变化的。

其二,从"发展"一词的同义词和近义词两个方面探讨传统文化中的发展思想。这些同义词和近义词包括生长、成长、繁荣、兴盛、进步、发达、起色、开展、进步、发扬等。本书根据中国传统文化的产生状态,包括事件的变化、观念或思想的演变,阐述中华优秀传统文化中的发展思想。

其三,传统发展观在新时代能起到基础性作用。中国传统文化有着深厚的历史渊源,蕴含着丰富而科学的发展理念。当代的发展理念也吸收了传统文化的精髓。例如,"以人为本"思想、"天人合一"思想、综合发展思想、灵活变通与求异发展思想等都对当前的发展理念产生了深刻的影响。

第一节　中国传统文化中发展观的价值引领

中国传统文化是中华民族风俗习惯、精神文明乃至生活方式的总称。我们研究的中国传统文化是中华文明创造力可持续发展的成果。中华民族五千年的文明发展，形成了符合时代特征的文化思想观念、政治制度、道德传承、精神观念及相关意识和物质形态。中国传统文化不仅蕴含着大量的发展理念，而且是在发展变化的过程中不断成长起来的。

中华文化源远流长且发展从未中断。著名科学史专家贝尔纳指出，中国在许多世纪以来"一直是人类文明和科学的巨大中心之一"[①]。

中国传统文化源远流长，光辉灿烂，从未被割断。在思想上，以孔子为代表的儒家文化是主体，融合了佛教和道教的文化精髓，逐渐形成了独特的意识形态。中华民族的传统美德和人文精神是在政治、经济、技术、思想、艺术等各种物质和非物质文化因素的支持下形成的。

在世界原始文明中，只有中华文化做到了绵延不断的持续发展。即使在这一过程中出现了周期性的混乱或外来民族入侵，中华文明的整体发展也没有中断，延续和发展了数千年。

中国传统文化不仅始终保持着独立性、包容性和一以贯之的发展体系，而且长期以来以其强大的政治和文化实力，对周边国家和地区影响甚远。从秦朝结束战国时代形成大一统国家到鸦片战争前的大约两千年间，中国一直是亚洲历史舞台上的主角。伟大的汉朝和繁荣的唐朝至今让中华民族感到骄傲，"华人"或"唐人"成为海外游子最为独特的身份称谓。

中华文明不称霸，但其强大的文化渗透力对许多国家产生了强烈的影响。日本、朝鲜、越南都是在大规模地吸收借鉴中华文化的基础上，构建了具有自身民族特点的文化体系。

跨越 5 000 年的中华优秀传统文化，完全融入了中华民族每一个人的血脉，更是体现在中华民族政治、文化、生活，以及社会发展方方面面的每个细节中。

同样，中华优秀传统文化还在不断地发展和更新。传统文化中也存在

---

① 贝尔纳. 历史上的科学 ［M］. 伍况甫，彭家礼，译. 北京：科学出版社，2015.

一些糟粕，在社会主义核心价值观的指引下，重新筛选、整合、认识、提炼中华优秀传统文化势在必行。在此基础上，我们要开始全面而系统的文化实践。

第二节　中华优秀传统文化中的发展理念

中华优秀传统文化是一个动态发展的过程，不断体现着中华传统文化基本价值观念的扬弃和升华，呈现出以人为本的发展、全面协调可持续的发展、绿色和谐的发展、团结和平的发展等发展理念。

一、"以人为本"思想为"人民发展观"奠定了基础

中华文明中"民本思想"的深厚土壤，孕育了"以人为本"的种子，为中华民族团结进步、和谐发展、和平发展、创新发展提供了丰富的营养。传承两千余年的儒家思想，一直是古代治国理政的重要思想，封建统治者因此比较注重民本。由孔子整理的《尚书·五子之歌》反映了"民惟邦本，本固邦宁"的执政思想。这种对人民和国家之间关系的认定，虽然是为了巩固封建统治，但客观上也让统治者认清民众是国家巩固的基石，国家要想安宁富强，离不开民众这个基石。

几千年来，古代先贤们有大量关于民本思想的论述，"以人为本"的民本思想既符合民众的利益，又有利于巩固政权。盘庚的"重民"思想和周公的"保民"思想侧重于对民众的使用；孔子的"爱民"思想和孟子在《孟子·尽心章句下》中关于"民为贵，社稷次之，君为轻"的主张，则更多具有人文关怀；管仲在《管子·牧民》中所提倡的"政之所兴，在顺民心；政之所废，在逆民心"的思想，与荀况在《荀子》中"君者舟也，庶人者水也。水则载舟，水则覆舟"的主张，都从不同的侧面强调了民众的力量。甚至于大家耳熟能详的魏征劝谏唐太宗李世民的故事也由此发端。

传统文化中的"民本思想"具有一定的局限性，其中"民"指的是被统治的平民百姓。中国古代的民本思想固然是为了巩固统治阶级，但是惠民、利民、养民、裕民的策略，客观上还是能减轻人民负担，使人民在一定程度上能够休养生息。"民本思想"体现了朴素的重民价值取向，开始

认识到人的尊严和价值，也在一定程度上缓和了阶级矛盾，促进了社会的发展。

与古代社会不同的是，民本思想在当今社会有了更加深入的发展，我们所提出的"以人为本"思想立足于广大的人民群众。中国共产党基于立党为公、执政为民的本质要求，把以人为本的思想上升到了"以最广大人民的根本利益为本"。这既继承了古代先哲们重民的价值取向，又摒弃了古代统治阶级为维护其统治所采取的"驭民""治民"之术。这是中国共产党与人民群众密切联系、水乳交融的生动体现。"以人为本"强调人的自我价值、权益和自由，关注人的生活质量和幸福指数，同时也揭示出发展为了人民、发展依靠人民、发展成果由人民共享。

二、"天人合一"整体观奠基了绿色发展观

"天人合一"是中华文明中一种古老的朴素哲学观，强调自然的生产生活方式，强调自然与人的和谐共存关系。老子在《道德经》中说"人法地，地法天，天法道，道法自然"，这种不断递进的关系，最终确立了人和自然的效法次第，那么人生行为的最高准则就应当尊重自然规律、崇尚自然法则。

尽管老子提出了"道法自然"的人与自然和谐相处的观念，但是从"道法自然"到"天人合一"哲学思想的形成，经历了不断发展、变化的过程。

最早提出"天人相应"思想的同样是道家代表人物庄子。庄子提出"不以心捐道，不以人助天"，他认为，自然界存在着不以人的意志为转移的客观规律，人类要顺应客观规律，只有"无以人灭天，无以故灭命"，才能达到"畸于人而侔于天"的思想境界。

荀子是儒家学派的代表人物，他提出了"制天"的思想。这一思想首先强调了发挥人的主观能动作用，所谓"制天命而用之"，就是要发挥人的作用去改造自然、战胜自然。

秦汉时期的思想家在先秦时期思想的基础上又进一步对天人关系思想进行了丰富和发展。西汉时期的儒家思想代表人物董仲舒明确提出了"天人之际，合而为一"的哲学命题，他这种思想，让"天人合一"思想更加明确，也是"天人合一"思想发展的重要分水岭。董仲舒的"天命神权"得到了历代君主的喜爱，让儒家文化在政治统治中占据了重要地位，这也

使"天人合一"思想得到更为广泛的传播。

唐代刘禹锡在《天论》一文中提出"天与人交相胜……还相用",以辩证的思维阐释了人与自然之间对立统一的相互关系,进入了哲学新境界。

北宋横渠先生张载在《正蒙·乾称》篇中提出了"民吾同胞,物吾与也"的观点,这是一种朴素的"天人合一"观念,认为人类要尊重万物,以世间万物为友,亲善对待自然。

程朱理学和陆王心学都提出过"人与天地万物一体"的思想,对"万物一体"论做了系统全面的论述。两个学派都认为人和自然都遵循统一的规律,只有人与万物、自然处于和谐、均衡与统一,才是儒家的人生最高境界。

"天人合一"思想体现了辩证唯物主义关于事物普遍联系、永恒发展的观点。同时,它也反映了中华文明从整体、全局、发展变化的角度看待问题的思维方式和行为方式,对当今社会的全面、协调、可持续发展具有重要的借鉴作用。

总之,"天人合一"思想的实质是把人与自然作为一个统一、和谐的整体,主张在尊重自然界客观规律的基础上,充分发挥人的主观能动性,改造和利用自然,从而建立一种人与自然共生共存、共同繁荣的发展模式。

科学发展观主张全面、协调、可持续发展,把建设生态文明和环境友好型社会作为经济社会发展的基本方针,高度重视资源和生态的可持续发展,构建人与自然的和谐关系。在这里,"天人合一"思想具有重要的参考价值。我们要大胆吸收中国传统文化的营养,为中国经济、社会、生态的可持续发展提供重要的思想指导和精神支撑。

三、变通与求同存异的发展思维为开放理念奠定了基础

《周易》的基本思想是"变易"。"观变于阴阳而立卦",也就是说,事物变化的根源在于阴阳两个对立因素的相互作用。"是故易有太极,是生两仪,两仪生四象,四象生八卦",是指事物的发展变化过程,是对立面相互作用、相互转化的过程,表明事物会无限变化和不断发展。"天地革而四时成,汤武革命,顺乎天而应乎人","化而裁之谓之变,推而行之谓之通",也就是说,人要把握对立面相互转化的规律,顺应自然变化的

趋势，积极推动事物发展。

朝代更迭也是一种符合事物发展规律的现象。古人说，"天下大势，分久必合，合久必分"，中华文明具有极大的涵纳性、包容性，历经几千年的变迁，中华大地上形成了多民族的伟大国度。古人说"君子和而不同"，意思是"和谐而又不千篇一律，不同而又不互相冲突；和谐则以共生共长，不同则以相辅相成"，充分体现了求同存异、开放包容的发展理念。

相互尊重、平等相待，美人之美、美美与共，开放包容、互学互鉴，与时俱进、创新发展等，这些重要的思想脱胎于中华优秀传统文化，它们也将加强文明发展的动力，激活社会文明进步的活力，不断创造跨越时空、充满永恒魅力的文明成果。中华优秀传统文化注重变易而追求创新，总是能在夹缝甚至对立中寻找出路。中华优秀传统文化蕴含着丰富而深刻的哲理，传统文化孕育和滋养了中华民族开放、包容、兼容、并蓄的思想，使我们习惯于用全面、整体、发展的眼光看待问题。我们不仅要注重物质文明的发展，还注重精神文明的发扬，"坚持两手抓、两手都要硬"。

四、融合发展观为协调发展奠定了基础

中华文化的这种强大生命力也体现在它的同化力、融合力、延续力和凝聚力等方面。佛教文化的引进及其最终的中国化有力地说明了这一点。佛教最初是在尼泊尔和印度一带传播，它不是中国的本土文化。佛教在公元 1 世纪的两汉之际开始传入中国，在魏晋隋唐时期，佛教高僧东渡，佛教经典的翻译，以及中土僧人对佛法的追求，并不能使佛教文化完全征服中国的学者们。佛教在中国传播的最终结果是出现了禅宗，这是完全本土化的佛教。同时，它也使中国儒学发展到了更高阶段——宋明理学。外来的佛教完全融入中华文化，成为中华文化的一部分。

中华文化的包容性还可以从民族融合中看出端倪。中华文明在发展过程中出现了多民族的融合，其中最值得一提的是北魏鲜卑族主动向汉文化学习，这也为后来的大唐盛世奠定了文化根基。

隋炀帝、唐太宗和唐高宗都有鲜卑族血统。唐朝首都长安常住人口约100 万，常驻外交使团达 70 多个，有 3 万多名外国留学生。他们吃阿拉伯面食，使用罗马医术，使用拜占庭金币和波斯银币。世界上的许多宗教在长安都有道场。

文化交流是双向的，在引进的同时，我们也看到了玄奘的西行取经和鉴真东渡这样的事例。文成公主进入西藏，将唐代的优秀文化和先进生产技术传入西藏。汉民族的碾磨、纺织、陶器、造纸、酿酒等工艺先后传入吐蕃；她带去的诗歌、农书、佛经、史书、医典、历法等典籍都得到了广泛应用。这些都密切了唐蕃的经济文化交流，促进了汉藏民族之间的友好关系。

五、和谐的发展观

自古以来，人类在发展中始终面临着三大矛盾：一是人与自然之间的矛盾，二是人与社会之间的矛盾，三是人与人之间的矛盾。和谐发展是中华文明的基本价值取向之一。科学发展观的核心是以人为本，推进科学发展是解决新时代经济社会问题的正确选择。中国文化中的"和谐"所体现的哲学思想博大精深，它是实现科学发展与社会和谐内在统一的宝贵思想资源。

3 000年前的甲骨文和金文中就已经出现"和"字。在先秦学者中，管子提出"畜之以道，则民和"；老子提出"和之至也，知和曰常"；孔子提出"礼之用，和为贵"；孟子提出"天时不如地利，地利不如人和"；荀子提出"万物各得其和以生"。"和"的真正含义是孔子所说的"和而不同"，它反映了世界万物发展变化的基本规律。随着现代科学技术的飞速发展，人类改造自然的能力得到前所未有的提高。如果我们不能正确处理人与自然的关系，总有一天我们会毁掉自己的家园。中国社会许多问题的思想根源，如城乡、区域、经济社会发展不平衡，人口、资源、环境压力日益增大，就在于人们对人与自然的关系缺乏科学认识。只有尊重自然规律，才能实现人与自然的和谐共处，实现代代相传、代代相续的可持续发展梦想。

在处理不同社会思潮、文化观念的关系上，"和而不同"体现了强大的包容性，即采取尊重差异、包容多样的方针，积极改造落后文化。对于腐朽文化，我们应该旗帜鲜明地加以抵制，最大限度地凝聚和团结不同阶层、不同认知层次的人，形成广泛的社会共识。"和而不同"体现在处理社会不同群体的利益关系上，就是倡导统筹兼顾、公平正义的理念。

"和而不同"体现在处理人与人之间的关系上，主张转换角度进行思考，推己及人，以不同视角观察矛盾点或冲突点，善待他人。孔子说：

23

"己所不欲，勿施于人。"孟子在《孟子·公孙丑上》里主张，"君子莫大乎与人为善"。在利益格局深刻调整的新形势下，人与人之间会产生各种矛盾冲突，诸多问题亟待解决。应对这些新问题，不仅需要有效的利益协调机制和健全的法律保障机制，而且需要继承和发扬中华民族善待他人的传统美德，倡导人与人之间和谐包容、相互尊重、相互信任、相互帮助，反对相互敌视、互相欺诈、相互对抗，形成和谐的人际关系和我为人人、人人为我的社会风尚。

六、生态文明的发展观

"绿水青山就是金山银山"的生态观有着深厚的历史文化基础。中国古人崇尚自然，形成了"尊天畏天""天人合一"的哲学思想。这一思想阐明了人与自然是一体的，人类社会是自然的一个子系统，这与西方的"天人二分法"大不相同。

事实上，除了丰富的生态保护理念外，古人还进行了大量的实践：循环利用、轮作栽培、禁食珍禽异兽等。这些都体现出中国古代人与自然的关系是多么密切。

遵循自然规律、保护生态环境的思想由来已久。早在周代，人们就提出"春三月，山林不登斧，以成草木之长。夏三月，川泽不入网罟，以成鱼鳖之长。"而《吕氏春秋》中这样写道："竭泽而渔，岂不获得，而明年无鱼；焚薮而田，岂不获得，而明年无兽。"这种坚持维护生态平衡，以使自然资源得以永续利用的观点反映了最朴素的生态保护思想。

东周时期齐国的管仲不仅认识到保护生态环境的重要性，还主张在堤岸边坡上植树种草，主张实施山泽林木的国家管理政策，提出保护生态环境的"敬山泽林薮积草，夫财之所出，以时禁发焉"的观点，并将保护山泽林木作为对君主的道德要求，提出"为人君而不能谨守其山林、菹泽、草莱，不可以立为天下王"的思想。

战国时期，以孟子、荀子为代表的思想家也认识到生产发展与生态环境的密切关系，主张合理开发自然资源。孟子提出"数罟不入洿池，鱼鳖不可胜食也；斧斤以时入山林，材木不可胜用也"的观点。而荀子主张："圣王之制也，草本荣华滋硕之时，则斧斤不入山林，不夭其生，不绝其长也……春耕、夏耘、秋收、冬藏，四者不失时，故五谷不绝，而百姓有余食也；污池渊沼川泽，谨其时禁，故鱼鳖优多，而百姓有余用也；斩伐

24

养长不失其时，故山林不童，而百姓有余材也。"这些主张都充分体现了遵循自然规律、保护生态环境的生态思想。

汉代的杨孚写了《异物志》一书，他主张广泛保护珍稀野生动植物，以更好地保护自然资源和生态环境。汉代的《淮南子》一书中提出"孕育不得杀，觳卵不得探，鱼不长尺不得取，豕不期年不得食"的积极主张。明末清初思想家顾炎武在《天下郡国利病书》一书中也指出，"天下之病"许多都是生态环境破坏造成的。

不仅古代贤哲提出了朴素的生态思想，古代执政者也在实践中通过设立专门的政府机构和颁布法令等，以实际行动彰显他们对生态的保护。

第一，成立专门的政府机构，保护自然资源和生态环境。最早是在周代建立虞衡，其主要职责是保护山区、森林和河流等自然资源，制定相关法令和政策，并由虞衡官员执行这些法令和政令。吕思勉在《中国制度史》中对周代的虞官设置进行了详细的记载。秦汉时期，虞衡转称少府，但其职责仍为管理山林川泽。隋唐时期，虞衡职责有了进一步的扩展，管理事务范围不断扩大，据《旧唐书》记载，虞部"掌京城街巷种植、山泽苑囿、草木薪炭供顿、田猎之事"。宋代以后，除元代专设虞衡司外，各朝都由工部负责资源及环境保护方面的工作。从少府到虞衡司再到工部，表明古代统治者对环境保护重要性的认识已经上升到一个新的高度，并开始从系统的角度思考自然资源开发和生态环境保护的关系。

第二，历代都颁布了保护自然资源和生态环境的法律法规。周文王时期颁布了《伐崇令》，此外，周代还制定了保护自然资源的《野禁》和《四时之禁》。秦朝的《田律》可以说是迄今为止保存最完整的古代环境保护法律文献，其中一些条款专门讲述资源和环境保护，包括古代生物资源保护的各个方面。北宋非常重视资源环境保护方面的立法和执法，政府在这方面一再颁布禁令。保护对象包括山脉、树木、植被、河流、湖泊、鸟类、鱼类和海龟等。明清两代的法律大都沿袭了唐代的法律，包括关于资源和环境保护方面的法律法规，并有了发展。例如，在清朝，有专门负责水利的官员来保护水道和河堤，很多方法现在仍在使用。

七、崇尚勤俭节约的发展观

勤俭节约、艰苦奋斗是国家繁荣昌盛、民族兴盛的必备美德。一个没有勤俭节约美德、艰苦奋斗精神作支撑的社会是难以保持长期稳定的，一个没有勤俭节约美德、艰苦奋斗精神作支撑的民族是难以自立自强的。同样，一个单位、一个家庭，如果没有勤俭节约的美德和艰苦奋斗的精神作支撑，也难以获得长足发展。

《尚书·大禹谟》记载"克勤于邦，克俭于家"。墨子说："俭节则昌，淫佚则亡"。（《墨子·辞过》）管仲提出"审度量，节衣服，俭财用，禁侈泰"。贾谊在其著作《论积贮疏》中鲜明指出，"生之有时，而用之亡度，则物力必屈"，这意味着一个道理，生产东西需要时间，但使用它们却可以毫无节制挥霍无度，这样一来，财物和人力必然都会用尽。在《训俭示康》家训里，宋朝司马光深刻地分析了何以要节俭的道理。他说，"以俭立名，以侈自败"。而齐相管仲虽有"九合诸侯，一匡天下"的伟大事业，但其生活奢侈，因"镂簋朱纮，山节藻棁"而受到谴责。

西汉"文景之治"的一个重要特点是提倡节俭，禁止浪费。汉文帝在位20多年，宫室园林、车马侍从，均无增加。他要求各级官吏"务省徭费以便民"。宋代自赵匡胤开国以来，节俭国用就形成了制度，在宫廷开销、祭祀支出、赏赐大臣等方面都要求节俭。后来宋代国力日盛，成为官员俸禄最为优厚的朝代。

中国共产党的红色基因里面就有"勒紧裤腰带"的传统。毛泽东同志常穿打着大补丁的裤子，盖旧棉被，晚上睡觉头枕禾草。朱德同志素有"时人未识将军面，朴素浑如田家翁"的美誉。抗战中，革命根据地是靠过"紧日子"挺过来的，1943年《陕甘宁边区简政实施纲要》规定有五点，指出过好"紧日子"要：①不急之务不举，不急之钱不用，且须在急务和急用上，力求合理经济。②除保证给养外，其他经费，概须厉行节省。要提倡勤俭朴素，避免铺张浪费；要疏散机关，调整窑洞，停止建筑；要减少公差公马，提倡动手动脚；要实行粮票制，免去双重粮的浪费；要注意一张纸、一片布、一点灯油、一根火柴的节省；要爱惜每件公物，使之多用些日子；要不追加预算，并建立严格的审计制度。③集中力量于急要的经济事业，实行经济核算制，并加强管理和监督，开展反对贪污浪费的斗争。④爱惜民力，节制动员，不浪费一个民力，一匹民畜；⑤坚持廉洁节约作风，严厉反对贪污腐化现象。

今天，我国经济飞速发展，物质文明极度丰富，但我国人口众多、人均资源相对贫乏，资源对经济发展的制约作用日益突出。从资源所有权的角度看，中国虽然拥有较高的资源总量，但人均资源相对贫乏，资源短缺将长期存在。长期以来，我国的粗放式经济发展道路存在投资高、产出低、浪费严重的现象。在新时代，我们必须加快建设节约型社会。通过推进结构调整和技术进步，倡导资源节约和对其综合利用，逐步形成节约美德蔚然成风的新风尚新景象。

综上所述，我们将中华优秀传统文化中的发展思想予以提炼和总结，是希望通过对这些脉络的梳理，坚定我们的文化自信，并在新的时代背景下继续创新、传承、发展和弘扬中华优秀传统文化。

传承中华优秀传统文化，可以借古鉴今，知兴衰更替之危机和解决之道，找准时代问题，把握时代发展方向；还可以辨清各种社会思潮和思想价值体系的误区，从而正本清源，坚守民族精神内核，活化民族思想之魂。

我们传承中华优秀传统文化，必须植根中国特色社会主义的文化沃土，推陈出新，促进其创造性转换和创新性发展，切实解决人民群众之急难愁盼，让人民群众有切实的获得感，感受到中国特色社会主义的优越性。我们要延续和发展中华文明，突出当代中国的发展优势，促进人类文明进步，增强国家文化软实力，以实现中华民族之伟大复兴。

第三章 西方国家关于发展思想的经典论述

从西方经济学的发展历程看，主要经历了重商主义、古典经济学、新古典经济学、当代西方经济学等多个阶段。在不同的发展阶段，有关经济发展的论述及内容有着较大的不同。厘清不同发展阶段的经济思想的主要内容和政策主张，对于完整认识发展思想的历史演化具有重要意义。

第一节 重商主义的发展思想

重商主义是近代经济学的起点，也是国家干预主义的前驱，它萌芽于14世纪，兴盛于16—17世纪，衰落于18世纪。在历史上，重商主义有着积极的现实意义。英法等国实行了重商主义政策，积累了大量货币资本，促进了商品经济的发展，为资本主义生产方式的发展创造了基础和前提。

一、理论要点

（一）重视货币作用，鼓励商业发展

重商主义者将金银看作一国富裕程度的标志，认为一个国家的财富必不可少的是贵金属，如金银等。他们主张应尽可能多地增加金银（货币），以便增加国家财富。为了增加国家财富，重商主义者还十分重视发展商业，认为商业在国家经济社会活动中具有基础性地位，在增加国家财富中具有重要性。为此，他们主张保护商人的地位，更多地发展商品经济。

（二）主张对外贸易，力求贸易顺差

重商主义者认为，相比国内贸易，对外贸易更为重要，因为国内贸易不能增加国家的财富，对外贸易却是一国财富的重要来源。为此，重商主义者极为重视对外贸易，为更多地增加社会财富，他们主张在对外贸易中尽可能保持顺差（出超），即出口大于进口。

（三）重视发展本国制造业，培育和保护幼稚产业

为了使国家在对外贸易中占据有利地位，促进贸易顺差，重商主义者还十分重视发展本国制造业。他们认为，推动本国制造业发展有利于推动本国产业出口，从而形成对外贸易优势。为推动本国制造业发展，他们主张对本国幼稚产业进行有效的培育和保护，以此提升本国产业的竞争力。同时，他们还主张多进口国外的原材料，在本国加工形成制成品，利用制成品与原材料价格的剪刀差获取更多利益。

以上三点构成了重商主义的理论基础，其体现了"货币—贸易—工业"这一主线。从该主线可以看出，所谓"重商主义"，不仅重视商业，而且重视工业。商业发展有利于降低交易费用，促进社会分工，而工业发展也必然推动商业的兴盛。

二、政策主张

（一）国家力量应在推动对外贸易中发挥积极作用

新航路开辟后，欧洲国家的对外贸易时常面临一些风险和不确定性，如时常遇到海盗的侵扰和掠夺等。这对对外贸易构成了巨大的威胁，一些商业活动不得不停止或者商人队伍需要携带武器装备与海盗抗衡，这极大地增加了商业活动的成本，也抑制了对外贸易的发展。此外，在商品销售过程中，一些西欧商人队伍还时常与亚、非、拉、澳等地的当地居民发生武装冲突，这也在一定上影响了对外贸易。上述问题远非单个或几个商人所能解决，需要国家力量的支持。因此，重商主义者主张加强国家武装力量，利用国家力量为对外贸易保驾护航，甚至借用武力为贸易开道。

（二）主张借助国家力量保护和发展制造业

重商主义者认为，一国要增加财富，需要控制货币的对外输出，更多地利用本国资源进行商品的生产，以供本国消费者购买，减少对外国商品的消费。为此，他们主张国家应加强对本国幼稚产业的保护，在幼稚产业的发展上给予更多支持。由于制造业属于劳动密集型产业，需要较多的劳动力，因

此重商主义者们主张增加人口，留住人才，以提升本国的生产力和竞争力。

三、历史作用

作为西方经济学发展历史上的一个重要学派，重商主义对经济学理论以及世界经济的发展都产生了巨大的影响。正如西方经济史研究者所指出的那样，重商主义理论也许是经济思想史上迄今为止影响最深远的国家政策理论①。

（一）促进了资产阶级政治经济学诞生

重商主义的主要目标是实现国家富强，为推动国家富强和民族发展，重商主义者提出了一系列的理论观点与政策主张，对于资产阶级政治经济学诞生产生了重大的影响。同时，他们着眼于宏观角度的分析思路也对后期经济学的发展产生了重要影响。直至今日，现代"政治经济学"所讨论的问题基本上都回避不了重商主义所提出的问题，如货币、贸易、资本、价值、关税、汇率、利率、税收、就业、收入等。

（二）推动了发展经济学的发展

重商主义致力于国家富强、民族发展，这本身就是一个重大的发展命题。例如，一个封建、割据、落后的国家如何发展成为一个现代、统一、先进的国家。从这方面看，重商主义所主张的增加一国货币、进行国际贸易、发展本国制造业反映的就是资本的原始积累问题，是为实现本国经济"起飞"做准备。因此，重商主义直接激发了德国历史学派和李斯特的国家发展经济学。此外，现代发展经济学理论也同样受到重商主义的影响，如罗斯托的起飞理论、刘易斯的"二元结构"理论等。

第二节　古典经济学的发展思想

17 世纪中叶以后，英、法等国的工场手工业得到了较快发展，并逐渐成为工业生产的主要形式。此时，重商主义特别是重视流通领域的思想已在一定程度上不适应资产阶级的利益与要求，由此催生了由流通领域转向生产过程研究的古典经济学。

---

① 钟祥财. 关于经济史学的几个问题 [J]. 上海经济研究，2015（1）：114-125.

一、威廉·配第的发展思想

威廉·配第是古典政治经济学的创始人。马克思称英国经济学者威廉·配第（William Petty，1623—1687）是"现代政治经济学的创造者"和"最有天才的和最有创见的经济学家"[①]。

（一）理论要点

第一，价值理论。在《赋税论》一书中，威廉·配第提出了价值理论，他认为商品价值的源泉是劳动，这为劳动价值论奠定了坚实的基础。威廉·配第对商品的自然价格、政治价格进行了区分。其中，自然价格实际上是指价值，即与商品价值相一致的价格，也就是与生产商品"实际需要"的劳动数量相一致的价格；政治价格实际上就是市场价格。配第认为，自然价格，即价值是分析经济问题的基础，为此他着重对自然价格进行了研究。为了更深入地分析价值，他还探讨了价值的决定以及各种商品价值权衡比较的基础问题。他认为商品价值是由生产商品所需要的劳动量决定的，而各种商品价值权衡的基础就是劳动时间。他在《赋税论》中指出："自然价值的高低，决定于生产自然必需品所需人手的多少。"[②]

第二，分配理论。在分配理论中，配第分析了工资、地租、利息以及土地的价格问题。他认为，工资的基础是工人为了"生存、劳动和传宗接代"所必需的生活资料的价值[③]；地租是收获量（土地总产品）减去种子（全部生产资料）和劳动者的生活资料以后的剩余产品。关于利息和土地的价格，配第认为获得财富的手段主要是两种：一种是土地，一种是货币。其地租论是研究怎样运用土地获得财富，其利息理论是研究怎样运用货币来增加财富，而土地价格理论是研究这两种手段如何互相变换，以适应个人致富的需要。配第认为，利息实际上是货币的租金，即货币所有者将手中的货币出借给他人，放弃了自己的使用而向借用者索取的补偿。在利息与地租的关系上，他把土地当作"租金"的一般形态，而把利息当作是地租的派生形态，即他是从地租推导出利息来的。他认为，如果出租土地可以收取地租，相应地，出借货币也可以收取利息。

---

① 马克思，恩格斯. 马克思恩格斯全集：第二十卷 [M]. 北京：人民出版社，1962：255.
② 配第. 赋税论 [M]. 陈冬野，等译. 北京：商务印书馆，1978：88.
③ 配第. 爱尔兰的政治解剖 [M]. 周锦如，译. 北京：商务印书馆，1974：57.

第三，货币理论。配第认为，货币同其他商品一样，都是劳动的产物，正是因为货币中凝结了劳动，它才能成为商品交换的一般等价物。此外，配第还认识到货币具有流通手段的职能，货币是商品的一般等价物，这是它能够同其他任何商品相交换的基础和前提，这实际上就是货币流通手段职能的具体体现。配第不仅初步认识了货币的流通规律，而且还提出了如何运用这一规律的问题，即提出了如何处理货币过多过少的问题。他认为，货币如果过少，就增加发行量，这是比较容易做到的，他着重研究的是货币过多时如何办的问题。

（二）政策主张

第一，劳动生产率的提高有利于增进国家财富。配第认为，提高劳动生产率对于增加一国的财富具有重要影响。而影响劳动生产率提高的因素有两个：一个是分工，另一个是科学和技术。一方面，分工越细，越能推动劳动生产率提高，越能降低生产成本，从而提高利润水平；另一方面，科学和技术的发明能够进一步提高生产的效率，使财富成倍增加。

第二，生产性劳动人数对一国财富增长具有重要影响。配第认为，影响一国财富增进的最重要的因素就是从事生产性劳动的人数在总人口中所占的比例。他把一国的人口分为两大类：一类是从事物质财富生产的生产者，这类人口直接从事具有实际价值和效用的物质产品的生产，包括手工业者、土地耕种者以及运输领域的工作者等。另一类是不从事具有实际效用和价值的物品生产的生产者，即在非生产领域中活动的人，如僧侣、律师、医生、政府官员等。配第提出应尽量减少非生产性人口，增加生产性人口，从而最大限度地增进一国的物质财富。

第三，赋税对国家财富的增进具有影响。配第认为，如果向资本家征税，会影响扩大再生产的规模，使得全社会财富减少，因此，他反对向资本家征税。但他主张向土地所有者和贵族课税，认为这种赋税能够把财富和资本从土地所有者和懒汉手中转移到精明的、奋发的资本家手中，从而能够使资本得到良好的运用。

（三）简要评论

恩格斯在《反杜林论》中对配第有如下一段评论："配第在政治经济学的几乎一切领域中所作的最初的勇敢尝试，是如何——为他的英国的后继者所接受并且作了进一步的研究的……因为这一时期比较重要的经济学著作，无论赞成或者反对配第，总是从配第出发的。因此，这个充满有创见的思想家的时期，对研究政治经济学的逐渐产生来说是最重要的时期。"① 恩格斯的这一段话，极其精辟地概括了威廉·配第的著作和思想对后世（尤其是英国）的影响。

配第作为同时代学者中的佼佼者，对经济学的创立所作的最大贡献，在于他力图应用自然科学的实验方法来研究社会经济问题，不仅把研究的重点从流通领域转到了生产领域，而且用统计方法探讨了资产阶级的内部生产关系，特别是他对商品价值、价格、地租、利息、货币等方面的研究，具有许多独创性。他对劳动价值论的最初表述，为后来的劳动价值论和以其为基础的分配论开拓了前景。

然而，配第的经济思想和政策主张中还有重商主义影响的痕迹。他在一系列问题上的观点也不够明确，甚至还有不少混乱，但其中毕竟包含着对尚处于萌芽状态的新生活方式和经济关系的含有真理成分的最初理解，这是他的功绩。

二、亚当·斯密的发展思想

亚当·斯密被誉为古典政治经济学之父，是古典政治经济学的主要创立者，他主张劳动分工，强调自由市场和自由贸易。

（一）理论要点

第一，分工理论。斯密高度重视分工，他认为，分工对于提高劳动生产率具有十分重要的影响。一方面，分工使得劳动者专门从事自身擅长的工作，由此劳动者的技能会得到更多的提升，在相同的时间内会生产出更多的商品。另一方面，分工可以减少工种之间的轮换，从而节约了工种转换的时间，能够提高工作效率。马克思曾说过，人们把斯密看作工场手工业时期集大成的政治经济学家，是因为他特别强调分工②。

第二，资本积累理论。斯密认为，经济增长离不开资本积累，资本积累对经济增长的推动作用主要体现在两个方面：一是资本积累能够增加生产中劳动者的数量，还能够促进劳动质量的提升；二是资本积累有利于扩大分工，从而有利于提高劳动生产率。为此，斯密认为，在经济增长的过程中，应高度重视资本积累，即增加资本数量。同时，由于资本的用途不同，其带来的劳动生产率有着较大的不同，因此斯密主张改善资本的用

---

① 恩格斯. 反杜林论 [M]. 北京：人民出版社，2018.

② 马克思，恩格斯. 马克思恩格斯全集：第二十三卷 [M]. 北京：人民出版社，1972：386.

途，使其产生最大化的经济效益。

第三，分配理论。斯密的分配理论实际上是工资、利息和地租的决定理论。他认为，商品的价值主要是由工资、利息和地租三个部门构成的。这三个部门其实就是三个不同阶段的收入来源，其中，劳动者是以工资为生，地主靠地租为生，雇主靠利息为生。关于工资，斯密认为其从性质上属于劳动者的收入。这个工资至少能够维持工人自己的生活和家庭必要开支，也就是说，尽管雇主拥有抑低工资的力量，工资仍有其最低水平，即劳动者必须能够维持基本生活的水平。在利润方面，斯密认为资本利润与社会财富密切相关，资本增加固可促使工资上涨，却使利润随之下降。关于地租，斯密认为地租是为土地使用所支付的价格，地租高低受到不同因素的影响，如土地肥沃程度以及市场远近等。

（二）政策主张

第一，加强分工。斯密认为，分工能够提高个人的专业能力，一个人专门从事自己具有优势的工作，再把生产的产品同他人生产的产品进行交换，能够获得更多的产品，即劳动者从事一门专业所获得的收益大于其同时从事几门专业的收益。斯密认为，市场的规模对分工有重要的影响，但是他强调政府不应过多地对市场进行干预。

第二，积累资本数量。在斯密看来，个人行为对资本积累具有重要影响。一个人为了改善自己的生活境况，会时刻注意节俭，节俭推动了资本数量的增加。从人性角度看，每个人都有浪费的倾向，但是为什么最终节俭占了上风呢？斯密认为这也是个人自利本性发展的结果，追求资本的增加源于个人理性。

第三，反对国家干预。斯密认为，人们在追求自我利益的同时，会使得社会利益增进，这往往比个人本意情况下更能促进社会利益的增进，因为个人知道资本如何配置能实现效用最大化。为此他反对国家干预，认为国家干预反而不利于社会资源的有效配置，会对社会经济运行产生不利影响。

（三）简要评述

亚当·斯密是古典经济学的杰出代表之一，在古典经济学发展方面产生了重要影响。他的名著《国富论》流传广泛、影响深远。斯密倡导的自由主义经济思想推动了资本主义经济发展。他确立了劳动价值论的最早理论体系，为古典经济学发展奠定坚实的理论基础。

亚当·斯密不仅强调市场机制在推动经济增长中的重要作用，而且强调"好"的政府在推动经济增长中的重要性。斯密经济思想中强调分工、主张发挥市场作用等主张对我国经济发展具有一定的借鉴意义。

三、大卫·李嘉图的发展思想

大卫·李嘉图是古典经济学的完成者，他承继和发展了斯密的理论特别是劳动价值论，以此为理论基础创立了比较优势理论。

（一）理论要点

第一，对于财富的认识。对于什么是财富以及如何增长财富，李嘉图继承了斯密的观点。但李嘉图认为，价值和财富是有本质上的区别的，财富是和商品的数量密切相关的，商品数量越多财富就相对越多，商品数量越少财富就相对越少，价值则是和生产商品的劳动的消耗相关的。李嘉图认为，劳动生产率会影响商品价值，劳动生产率提高会使商品价值减少，同时会使商品的数量大幅增加。因此，要增加财富数量，需要提高劳动生产率。

第二，关于财富增长的途径。李嘉图认为，增加财富有两种途径：一是增加劳动者的数量，增加劳动者的数量不仅能够增加商品的数量，还可以增加其价值；二是提高劳动生产率，提高劳动生产率可以增加商品的数量，但是不会提升商品的价值。在这两种增加财富的方式上，李嘉图极为推崇第二种，即通过提高劳动生产率来增加商品数量，从而增加财富。他认为，提高劳动生产率能够促进英国经济的发展。

第三，资本积累的方法。李嘉图认为，推动资本积累有两种途径：一种是通过增加收入来增加资本积累，另一种是通过较少消费来增加资本积累。具体而言，一方面，要通过科学技术的进步、新机器的运用、劳动生产率的提升来增加利润，从而扩大资本积累的源泉；另一方面，要减少非生产消费。李嘉图认为，非生产性消费是影响资本积累的主要因素，而非生产性消费主要包括地租和赋税，因此，要减少非生产性消费需要想办法降低地租和赋税。减少地租除了提高农业劳动生产率外，还可以实行对外谷物自由贸易，废除谷物法。

第四，阻碍资本积累的因素。资本积累的动机是得到利润，如果利润下降，则严重影响资本积累。李嘉图认为经济中由于资源约束的存在，利润率存在下降趋势。他这里所指的资源主要是土地。由于土地的数量是有限的，质量也各不相同，所以随着资本积累以及人口的增加，农业耕作必然从肥沃的土地过渡到贫瘠的土地。对土地增加投入，会使得土地边际报酬呈现递减的趋势。土地边际报酬递减作用的存在，会造成两种结果：一是利润率的下降和资本积累的速度放慢；二是粮价上涨，货币工资提高，最后也会降低利润。所以李嘉图指出："利润的自然趋势是下降的，因为在社会和财富的发展中，必要的食品增加量是通过牺牲越来越多的劳动获得的。"① 利润的下降，严重影响了资本积累，结果从某一个历史阶段起，经济增长速度将逐渐改变，而且变得越来越慢。

第五，对外贸易理论。李嘉图进一步发展了亚当·斯密的"地域分工论"，对在一国由于生产任何一种商品的成本均低于另一国而处于绝对优势的条件下，对两国间发生国际贸易的原因做了阐述，提出了以"比较成本说"为核心的国际贸易理论。他认为国际贸易可以使生产率不同的国家都节省劳动，都得到利益；认为在自由贸易制度下，各国都必然把它的资本和劳动用在最有利于本国的用途上，使资源得到充分利用，因此应实行自由贸易制度，使各国都按照比较利益原理进行分工。

（二）简要评价

李嘉图有关经济增长的观点和政策主张，有着较强的借鉴意义。

第一，李嘉图认为资源是经济增长的重要约束条件。李嘉图认为，资源是有限的，其对经济增长具有重要的影响。从现实的经济增长过程来看，任何经济增长都是在这一客观基础上进行的，所以李嘉图的理论更接近经济增长的客观现实。

第二，李嘉图强调了对外开放的重要性。李嘉图指出了一国经济的长期发展必须要对外开放，而不能是在一个封闭的环境下增长。李嘉图认为对外贸易可以推动经济增长的论述揭示出，当一国经济发展到一定阶段就必然要与世界经济相融合，对外贸易和国际分工将成为一国经济增长机制的组成部分。如果能充分利用它，就可以发挥本国生产要素的优势力量，缓解某些短缺生产要素对经济的妨碍作用；反之，一个封闭的国内市场，无论怎样充满竞争力，也不可能实现资源所允许的国民财富的潜在增长。因此，一国应自觉地置身于世界经济范围内，把国际分工和贸易中的比较利益转化为促进本国经济增长的动力。李嘉图的这一论点，已经为多数发

---

① 李嘉图. 政治经济学及赋税原理 [M]. 郭大力，王亚南，译. 北京：商务印书馆，1976：101.

达国家的经济增长史实所证明。

第三，李嘉图认为提高劳动生产率有利于促进经济发展。李嘉图提出的提高劳动生产率以促进经济增长的思想，资源的有限性对经济增长产生约束的思想，对一国或地区实现经济增长方式的转变和国家的可持续发展，都具有借鉴意义。

但是李嘉图对经济增长的一般过程的分析有很大的局限性。主要表现为：第一，他是以"土地报酬递减规律"为基础的，这一规律忽视了技术进步等因素，只有在静止状态下才贴近现实，因此不适用于经济增长的动态过程。第二，李嘉图受马尔萨斯人口论的影响，认为经济增长、工资上升，必然造成人口膨胀，这一点是不成立的。经济史表明，经济增长并不必然伴随人口膨胀，而是有可能给人们带来更高的物质文化水平。

第三节　新古典经济学的发展思想

新古典主义经济学又称"新古典派经济学"或"新古典经济学"，兴起于 20 世纪初期。其继承了古典经济学的立场，主张支持自由市场经济，个人理性选择，反对政府过度干预。

一、马歇尔的发展思想

马歇尔是 19 世纪末 20 世纪初英国著名的经济学家，剑桥学派的创始人之一。

（一）理论要点

第一，均衡价格论。均衡价格论是马歇尔经济学思想的基础与核心。马歇尔在假定其他商品价格和货币购买力不变的情况下，分析一个商品均衡价格的形成。按照马歇尔的说法，均衡价格就是一种商品的需求价格与供给价格相一致时的价格或供给与需求的价格在市场上达到均衡状态时的价格。他认为，二者的一致是供求双方相互作用的结果，如果市场价格与均衡价格背离，就会通过供求量的变动，使市场价格恢复到均衡点。马歇尔在分析均衡价格时，引进了时间因素，他把市场价格分为暂时（一天或几天）的市价、短期的正常价格和长期（一年以上）的正常价格。他认为，时间长短不同，市场上供求双方的较量趋于均衡的情况是不同的，因而时间对均衡价格的作用也有所不同。

第二，需求理论。马歇尔的需求理论是以人的欲望为出发点的，他认为，人的欲望是通过效应来满足的。马歇尔间接地用人们因欲望而愿意支付的价格即需求价格来衡量欲望，从而将需求转化为需求价格，用边际需求价格去衡量边际效用。同时，马歇尔认为，边际效用是具有递减性质的，因此需求价格也是递减的，这样，边际效用递减规律就转化为边际需求价格递减规律。马歇尔在分析需求时，又提出了"需求弹性"的概念，用以衡量价格下降或上升一定比率所引起的需求量增加或减少的比率，即衡量需求对价格变动的反应程度。马歇尔第一次用代数和几何图形对需求弹性做出严谨的表述，经其阐述和传播，需求弹性至今已成为西方经济学中重要的分析工具之一。

第三，生产理论。马歇尔的生产理论就是他的供给理论，他用生产费用论来说明供给价格和供给规律。每个厂商在生产时都根据"替代原理"用一种生产要素（生产方法）替代另一种生产要素（生产方法），力求使生产费用最小化。马歇尔认为，短期边际生产费用一般随产量增加而递增，故供给与价格的关系是：价格高时供给量大，价格低时供给量小。价格变动与供给量变动的关系可以用"供给弹性"来表示。马歇尔认为，商品供给弹性的大小与时期长短有关。供给在短期内不易变动，故短期供给弹性较小，长期供给弹性较大。

第四，分配理论。马歇尔在均衡价格分析基础上提出了分配理论，其是均衡价格论在分配领域的体现和运用。马歇尔认为，分配问题实际上是如何分割生产要素份额的问题。在国民收入中，生产要素所占份额和他们各自的均衡价格密切相关。因此，供求论也成为马歇尔分配论的一般原则。相应地，工资、利息、地租和利润就是各生产要素的需求价格和供给价格相均衡的价格，工资是劳动需求和供给均衡时的价格，利息是资本的需求和供给均衡时的价格。由于土地没有生产费用，而且它的供给量是不变的，因此地租是根据土地的需求状况从而由它的边际生产力决定的，它是农产品价格超过生产费用的剩余。至于利润则是资本家组织和管理企业以及冒风险的报酬，正常的利润是产品长期供给价格的组成部分。

（二）简要评价

虽然马歇尔的经济学说存在不少缺陷，但他对西方经济学的贡献仍是杰出的。至今，他的一些分析方法和基本观点仍为当代资产阶级经济学所继承。在基本理论上，马歇尔的学说对现代资产阶级经济学有着深远影响，他的价值论和分配论，直至今日仍是资产阶级微观经济学的基础。

第一，马歇尔在对古典经济学理论进行继承的同时，吸收了边际效用学派的理论，成为继约翰·穆勒之后的第二个折中调和体系。

第二，马歇尔认为经济学是一门研究财富的学问，但同时也是一门研究人的学问。他所指的对人的研究，是用制约人的经济活动的追求满足和避免牺牲两种心理动机对从事经济事务的人的活动进行解释。马歇尔在旧的框架之中引入了新的要素之后，使得经济学形成了一个全新的理论体系，并对现代经济学尤其是微观经济学产生了重大影响。

第三，在方法论上，马歇尔将力学中的均衡概念运用到经济学中。他认为均衡是一种相反力量的均衡，有动态和静态之分，前者指生物意义上的均衡，后者指力学上的均衡，而静态均衡是经济学研究的起点和基础。他依此来说明各项经济指标的数量决定，将这些决定尤其是价格和分配额的决定归结为相反力量相互冲击和制约而形成的均势。

二、庇古的发展思想

阿瑟·塞西尔·庇古是 20 世纪初继马歇尔之后新古典经济学最重要的代表人物。庇古一生著作很多，其中《福利经济学》是他最著名的代表作，也是西方经济学中影响较大的著作之一。此著作集中展示了庇古的经济学思想，第一次建立了福利经济学理论体系，庇古也因此被称为"福利经济学之父"。

（一）理论要点

第一，外部性理论。庇古分析了纯粹竞争、垄断竞争和双边垄断三种市场类型中存在的外部性，对这三种市场外部性产生的原因、影响进行了深入探讨，并且根据不同市场类型、不同的外部性影响给出了相应的解决方案。庇古改变了以往自由放任的政策主张，从理论上说明了国家对经济进行干预的必要性，倡导要积极通过政府的力量对外部性进行矫正。

第二，庇古税。在市场经济条件下，私人部门不会自发地减少产量或进行污染治理，因此庇古提出政府可以通过税收的形式对其进行限制，迫使私人部门实现外部成本内部化。对私人部门污染征收等于污染所造成的边际社会损害的税收，即庇古税。当存在正外部效应时，私人边际收益小于社会边际收益，从社会角度看会导致产品供给不足。此时政府可以对私人部门进行奖励和补贴，补贴的额度应等于外部边际收益。对存在正外部性的私人部门进行补贴或奖励（负税收）也是庇古税的重要内容。基础设施建设领域的"谁受益、谁投资"政策，环境保护领域的"谁污染、谁治理"政策，都是庇古税的具体应用。

第三，福利财税观。庇古开辟了财税理论研究的新领域，在他之前的经济学家从财税理论本身以及财税理论与经济运行之间的关系来研究和拓展财税理论，庇古却从整个社会如何增进福利水平的角度来论述财税理论。他认为财政分配的目的是增加社会福利，考察财政分配的效果应以增进整个社会的福利水平为依据。因此他的财税理论被称为福利财税观。

第四，政府干预理论。基于外部性理论，庇古主张政府应当积极干预社会经济发展事务，政府可以通过价格管制来改善供给、优化资源配置、促进产业发展，可以干预垄断来实现市场公平竞争，可以干预工资来协调劳资关系。庇古对政府干预方式和政府干预利弊的分析形成了后期新古典经济学独具特色的政府干预理论。

（二）简要评价

第一，庇古的思想体现了伦理关怀。在研究过程中，庇古十分重视和关注"福利"问题，他对"福利"概念进行了界定，把福利看作对人们心理的满足与愿望的实现。同时，他还强调国民分配的重要性，这体现了庇古对人的生存及发展状况的理论关怀。

第二，庇古的思想关注弱势群体，体现了人文关怀精神。庇古坚持把"人"放在经济发展的首位。他十分关注弱势群体，其经济福利思想体现了人道理念。

第三，庇古的思想体现了经济学家的伦理责任。经济学研究影响经济社会发展以及人类生活的多个方面。随着经济学家们对经济发展研究程度的日益提升，其对经济活动的影响和干预能力也日益加强，这要求经济学家们承担更多的伦理责任。

第四节　当代西方经济学的发展思想

20 世纪以后，随着资本主义的发展，其经济领域发生了一系列重大变化：一方面，资本主义经济快速发展；另一方面，经济危机频繁发生。这为西方经济学的发展变化提供了机遇和挑战，促使经济学家去寻找和探索解决问题的良方，由此产生了各种各样的经济学派和经济理论。

一、凯恩斯主义

凯恩斯创立了现代宏观经济学的理论体系，实现了经济学演进中的第三次革命。

（一）理论要点

第一，有效需求原理。就业理论是凯恩斯经济学的核心，其中，有效需求是其就业理论的逻辑起点。传统经济学将失业分为两个范畴：一个是摩擦失业，另一个是自愿失业。凯恩斯在此基础上提出了第三个失业的范畴，即非自愿失业。凯恩斯将有效需求定义为：总供给价格和总需求价格相等时的社会需求。

第二，消费倾向理论。凯恩斯认为，消费倾向是收入与消费之间的函数关系。凯恩斯将消费倾向分为两类：一是平均消费倾向，二是边际消费倾向。其中，平均消费倾向是总消费量与总收入的比值，边际消费倾向是消费增量与收入增量的比值。

第三，乘数理论。凯恩斯认为，投资乘数是表示投资增量和收入之间的比例关系的系数。乘数是建立在消费倾向这一主观心理因素的基础上的。凯恩斯指出：乘数是公众心理倾向的函数。

第四，经济周期理论。凯恩斯是从心理的角度来论述经济周期的，他指出经济运行过程会呈现出周期性特征，突出表现为"繁荣、恐慌、萧条、复苏"的周期性变化。凯恩斯认为，繁荣与恐慌是经济周期中两个非常重要的阶段，经济运行呈现周期性波动的原因在于：资本边际效率的循环性变动。

（二）简要评价

第一，凯恩斯实现了研究方法上的重大变革，创立了现代宏观经济学。研究方法上的改革和创新，是凯恩斯经济理论革命的出发点和基础。首先，凯恩斯发展了总量分析方法，并运用总量分析方法创立了现代宏观经济学。凯恩斯的总量分析中引入了国民收入的概念，研究国民收入的决定、变动及其与就业经济周期、通货膨胀之间的相互关系，促进了后人对国民收入核算理论的研究。与此同时，凯恩斯的理论和方法更便于人们对宏观经济活动进行计量和预测。因而它也推动了计量经济学的发展，反过来计量经济学的发展又进一步促进了凯恩斯经济理论的具体化、模型化、政策化，使之更易于被人理解和接受，从而加速了它的普及和应用。其次，凯恩斯把高等数学引入宏观经济分析，推动了整个经济理论的数量化、模型化研究。用函数关系表示有效需求，用数学公式表示国民收入量的决定变动，生产弹性、工资弹性、利息弹性有效需求的货币数量弹性等理论发展了微观弹性理论。

第二，凯恩斯提出了有效需求原理。凯恩斯对国民收入总量中的总需求做出了深入分析，研究了比较静态条件下有效需求的决定变动，以及它与国民收入、产量、就业量的关系，并确定了一整套有效需求管理的方法。有效需求原理否定了"萨伊定律"这个传统经济学的理论基础。"供给可以创造自己的需求"的萨伊定律和自由竞争可以保证资本主义无经济危机的教义，在20世纪30年代经济大危机面前破产，再用它来解释和解决危机是无效的。于是凯恩斯打出了有效需求不足的旗号，认为有效需求不足导致了失业和危机。解救危机之道只有实行国家干预，增加有效需求。

第三，凯恩斯提出了国家全面干预经济的基本思想。凯恩斯大胆正视垄断资本主义发展的现实，认为垄断统治的加强，导致市场机制的自发作用受到限制，可能使资源无法得到充分利用，从而出现小于充分就业的均衡。因此，自由放任已不能解决当时的失业问题和危机，只有利用国家的政策力量，实现国家干预和宏观调控，才能克服市场自由发展造成的困难。

二、新自由主义

新自由主义主张维护个人自由，调解社会矛盾，维护自由竞争的资本主义制度。

（一）主要流派

第一，伦敦学派。哈耶克是伦敦学派的主要代表人物之一。哈耶克认为，自由最重要的保障是私有制，私有制能够保障个人的积极性的有效发挥。假如强调国家对私有财产的限制和管理，不仅会带来效率的损失，而且会使个人的积极性受挫，从而使得资源配置失调。

第二，现代货币学派。弗里德曼是货币学派的代表人物。弗里德曼认为，在经济运行中，货币是十分重要的，货币是推动产量、物价以及就业等变量变动的重要因素。现实中经济出现的不稳定情况，主要是因为货币受到扰乱。他主张，政府不应干预经济，应让市场机制充分地发挥作用。

第三，理性预期学派。卢卡斯是理性预期学派的代表人物。理性预期学派认为，人是理性的，追求个人利益最大化是人的首要目的。在理性预期的作用下，市场机制能够推动实现充分就业。他们主张不进行政府干预，政府干预经济的后果，要么是无效，要么可能加剧波动。理性预期学派认为，自由竞争机制是经济发展的有效机制，政府干预会带来更糟的结果。

（二）理论要点

第一，新自由主义经济理论以"三化"为核心。新自由主义继承了古典自由主义经济理论的自由经营、自由贸易等思想，并走向极端，大力宣扬"三化"，即自由化、私有化和市场化。

第二，新自由主义政治理论偏向"三个否定"。新自由主义特别强调和坚持三个"否定"，即否定公有制、否定社会主义和否定国家干预。在其看来，任何形式的国家干预都只能造成经济效率的损失。

（三）简要评价

新自由主义是在古典自由经济理论基础上发展起来的，其就经济发展的有关论述，有一些值得借鉴的观点：一是强调市场在资源配置中的作用。新自由主义认为，市场机制是资源配置的有效机制，这符合市场经济的内在规律，对建立健全社会主义市场经济体制，发挥市场在资源配置中的决定性作用具有重要的借鉴作用。二是主张提高政府效率、压缩政府开支、减少政府干预，这在一定程度上对我国深化经济体制改革和政治体制改革有借鉴意义。

但是，我们必须清醒地认识到，新自由主义有关国家意识形态、绝对自由化、全面私有化等方面的观点，应加以批判。

三、新凯恩斯主义

新凯恩斯主义产生于 20 世纪 70 年代，其主要代表人物有曼昆、斯蒂格利茨等。

（一）理论要点

第一，价格黏性论。价格黏性是指价格不能随总需求的变动而迅速变动。新凯恩斯主义将价格黏性分为两类：一类是名义上的价格黏性，另一类是实际上的价格黏性。

第二，劳动市场论。劳动市场论克服了凯恩斯主义的缺陷，阐述了一系列现实问题，如劳动市场失灵问题、高失业问题以及高通胀问题，丰富和发展了劳动理论。

第三，信贷配给论。新凯恩斯主义认为，由于信贷市场的信息是非对称性的，利率和贷款抵押具有选择效应，会使得信贷市场出现信贷配给现象，信贷市场出现失灵。在此背景下，政府干预具有积极的作用。这拓展了信贷市场理论的研究领域，丰富了金融理论。

（二）政策主张

第一，价格政策。新凯恩斯主义认为，应该抑制价格黏性，使价格保持弹性，对市场机制的失灵加以修复，以稳定总产量。他们主张，通过政策干预去协调"经济人"的行为，纠正市场失灵。

第二，就业政策。新凯恩斯主义的就业政策着眼于增强工资弹性，减少失业。他们主张，应该多考虑和关注长期失业者的利益，应为长期失业者提供更多的就业机会。在提高就业率上，他们主张对劳动合同进行干预，使得工资具有弹性，以此提高就业率。

第三，货币政策及信贷政策。新凯恩斯主义者认为，为了实现稳定产出的目标，政府最应当采用的货币政策是：货币量市场的调整与影响价格的实际扰动相适应，与引起价格变动的名义扰动反向行事。在信贷政策的建议方面，他们认为，政府应该对信贷市场进行干预，以促进社会福利最大化。为降低市场利率，新凯恩斯主义认为，应采用贷款补贴、提供信贷担保等方法，这样有利于帮助具有社会效益的项目获得贷款。

（三）简要评价

新凯恩斯主义通过对凯恩斯主义的发展和完善，对现代宏观经济学产生了深远的影响，具体表现在以下三个方面：

第一，新凯恩斯主义充实了现代宏观经济学的理论内容。新凯恩斯主义对凯恩斯主义的理论、观点与主张进行了反省，认真对待了其他学派对凯恩斯理论的批评，吸收、融合了其他学派的精华观点，极大地充实、完善了现代宏观经济学的内容。

第二，新凯恩斯主义在经济研究中能够综合运用不同学派的分析方法，丰富了现代宏观经济学的方法论。新凯恩斯学派引入了新古典宏观经济学派的"理性预期假设"及相关分析方法，突出预期在经济模型中的作用，将预期作为一个内生变量包含在模型的分析范围之中。另外，新凯恩斯主义还引入了不完全信息假定和长期与短期相结合的分析方法，丰富了现代宏观经济学的方法论。

第三，新凯恩斯主义提倡的宏观经济政策面向实际，注重经验检验。相对于新古典主义过于沉溺于超脱现实的抽象理论思辨和分析来说，新凯恩斯主义的假设、分析和结论更具现实感。

总之，西方经济发展思想随着时代的变迁而不断更迭，在总结西方发展之路的基础上不断丰富、完善。总体来看，西方发展早于中国，其发展思想也为中国的发展提供了一定的经验借鉴。

当前，中国特色社会主义进入新时代，我国社会主要矛盾已经转化为人民日益增长的美好生活需要和不平衡不充分的发展之间的矛盾，经济发展也进入高质量发展阶段，这对完善社会主义市场经济体制提出了更高要求。西方经济学理论中有关经济发展的理论观点和政策主张，特别是其强调分工协作、加强技术创新、积极发展对外贸易、加强国际交流与合作、注重扩大内需、转变政府职能、扩大就业等方面的内容，这在一定程度上对于我们完善社会主义市场经济体制、促进经济高质量发展，具有借鉴意义。

但值得注意的是，在学习借鉴西方经济学的过程中，我们也要坚决摒弃其庸俗成分，避免照搬照抄。我们要立足于中国实际，聚焦中国改革、发展中的重大现实问题，提出符合中国实际的政策主张，以推动中国经济在新发展阶段取得更大的成效。

第四章 新中国成立后至改革开放前对发展理论的探索

新中国在成立后的七十余年，一直处于急剧的经济体制、经济结构、对外关系以及社会结构的巨大转型发展变化中。新中国成立后的前三十年，以毛泽东同志为主要代表的中国共产党人领导全国人民，建立社会主义制度，探索社会主义建设道路。这一过程中积累的重要的思想、物质、制度条件，获得的正反两方面的经验，为后来建设中国特色社会主义提供了宝贵经验、理论准备和物质基础。

第一节 新中国成立初期对社会主义经济制度与经济发展的理论探索（1949—1957 年）

一、社会主义经济制度建立与国家工业化启动过程中的经济发展理论探索

（一）新中国发展的经济起点

1949 年 10 月中华人民共和国的成立，是世界政治领域的一件大事，标志着一个拥有 5 亿人口的崭新的东方人民政权的诞生。自此，中国开始为经济发展而努力，也在寻求发展理论的指导。

新中国成立时，工农业基础非常薄弱，基础设施缺乏，物价飞涨，经济金融秩序极度混乱。当时我国人均寿命短，只有 35 岁左右，为世界平均寿命最短的国家之一；城市化水平只有 11%。文盲占全国人口的 80% 以上，学龄儿童入学率只有 20% 左右。学校分布很不平衡，高等学校多集中

在沿海地区和几个大城市。当时我国科技水平十分落后,科技人员稀少,学科门类不全,几乎没有形成真正的科研体系。总体来说,新中国成立时,面临的是经济发展水平落后、经济增长速度缓慢、经济基础设施匮乏、经济结构单一、经济秩序混乱、区域发展极不平衡的状况。落后、结构单一、发展不平衡,旧中国留下的问题,构成新中国经济发展的基础和起点,也成为新中国经济发展的重要制约因素。

（二）新民主主义经济思想的形成与新民主主义经济体制的建立

1940 年 1 月,毛泽东同志发表了著名的《新民主主义论》,从中国的国情出发,对未来新中国国体、政体及基本政策等第一次做出系统的阐述。1945 年 4 月党的七大召开,毛泽东同志重申了《新民主主义论》提出的四种经济成分和"节制资本""平均地权"政策。1949 年 3 月,全国即将全部解放时召开的中共七届二中全会提出了比较明确、系统的新中国经济纲领和政策,这些经济思想反映在 1949 年 9 月通过的《共同纲领》中,成为新中国的经济制度和基本经济政策。新民主主义经济纲领可概括为保护民族工商业,没收封建地主阶级的土地归农民所有,没收垄断资本归新民主主义国家所有。中国共产党领导的中国新民主主义革命正是通过没收封建阶级的土地归农民所有,通过走农村包围城市、武装夺取政权的道路而取得胜利的。

新中国成立时,战争尚未完全结束,还有大片领土需要解放,还需在新解放区肃清敌对势力。而恶性通货膨胀和物价上涨成为新政权面临的更严峻的问题,稳定经济形势、尽快恢复生产是比军事斗争更重要的任务。中国共产党利用政权的力量,通过强制性的制度变迁,特别是土地改革和没收官僚资本等措施,迅速在全国范围内建立起新民主主义经济体制。

在所有制的发展方面,新中国实行国有经济领导下的多种经济成分并存发展,优先发展国营经济,积极鼓励和扶持合作经济和公私合营经济,利用、限制和改造私人资本主义经济;对个体经济,通过互助合作的方式,引导其发展经济,走向共同富裕。

在产业与经济管理方面,新中国实行优先发展重工业方针,实行国家对外贸的统一管理,对有关国计民生的重要行业由国家经营或控制。与此同时,新中国建立了一整套完整的国家经济管理机构及管理体制。

土地制度方面,新中国实现"耕者有其田",将封建地主阶级的土地所有制变为农民的土地所有制。1950 年 6 月,中央政府颁布了《中华人民共和国土地改革法》，到 1953 年春，全国基本上完成了土地改革任务（除新疆、西藏等地区外）。

（三）国家工业化发展与社会主义改造

1952 年随着国民经济的快速恢复，以及随后朝鲜战争的结束，新中国将开展大规模经济建设，毛泽东同志提出了进行以消灭私有制为主要内容的社会主义改造以实现向社会主义过渡的设想。1953 年 6 月，毛泽东同志首次完整地表述了过渡时期总路线，是在十年到十五年或者更长一段时间内，基本上完成国家的社会主义工业化和对农业、手工业、资本主义工商业的社会主义改造，即通常所称的"一化三改造"。

重工业优先发展的工业化思想。中国共产党很早就开始探讨工业化问题。1944 年 5 月，毛泽东同志在《共产党是要努力于中国的工业化的》一文中认为，中国落后的原因，主要是没有新式工业。日本帝国主义为什么敢这样欺负中国，就是因为中国没有强大的工业。该文提出要在革命胜利后，使中国逐步地由农业国转变为工业国。1952 年底国民经济恢复任务基本完成，全国即开始大规模的经济建设。中国的工业化采取怎样的模式，成为需要明确的问题。在探索和争论中，优先发展重工业成为主流意见，这是基于当时国际国内主观和客观条件而做出的选择。从国际环境看，当时世界已经形成两大阵营并且尖锐对立，中国共产党已选择"一边倒"，政治上站在以苏联为首的社会主义阵营一边。随着朝鲜战争的爆发和中国抗美援朝，造成了中国与以美国为首的资本主义阵营的严重对立，中国需要苏联的支持。同时战争使我们更加紧迫地认识到发展国防工业和重工业的重要性。从国内环境看，新中国是中国共产党领导的社会主义国家，中国共产党明确宣布社会主义是新中国的发展方向。之前苏联正是在对外受到军事威胁和经济封锁，起步条件很差的情况下，通过优先发展重工业而实现工业化的。苏联强大的工业和经济实力，使苏联的工业化发展道路对新中国具有极强的示范效应，促使新中国采取了工业化战略。1953 年，当著名学者梁漱溟认为农民太苦了时，毛泽东同志则用工业化是"大仁政"的观点，来说服党内和民主人士支持重工业优先发展的战略。

落后的农业国要推行重工业优先发展的战略，很难依靠市场的力量来实现。因为重工业是资本高度密集的产业，具有建设周期长、关键技术和设备需要从国外引进、单个项目的投资额巨大等特点。而农业国的资金积累少，出口产品换汇少，资金的动员能力弱。为了最大限度地动员社会资金，必然要加强政府特别是中央政府的控制力度，通过计划及行政手段予以实现。

其后，中国实施了三大改造，即农业合作化改造、手工业合作化改造和资本主义工商业公私合营改造。三大改造使公有制经济的比重大幅上升，极大增强了国家（政府）对经济的控制，为推行计划经济体制打下了所有制基础，打下了集中力量办大事的基础。但是，三大改造存在着进展要求过于急迫、改变过于快速、形式过于简单划一的缺点。原计划用十到十五年或者更长时间进行的社会主义改造，只用了三年时间就快速推动完成。单一的公有制形式、市场经济没有较充分的发育及对市场经济的忽视，成为后来经济发展的障碍。

二、社会主义经济发展的计划思想与计划经济体制的建立

为了恢复被战争严重破坏的国民经济，中央政府采取措施统一全国财政经济，开始实施计划管理。

（一）实施以统购统销为核心的物资管理

由于粮食供求紧张，1953 年我国对粮食实行统购统销政策，在农村实行统一计划征购（简称"统购"），在城市统一计划供应配售（简称"统销"）。主要内容包括：第一，生产粮食的农民必须按国家规定的收购粮种、收购价格、计划收购的分配配额将粮食销售给国家。第二，城市居民要凭购粮证购买粮食。相关食品加工企业、饭店等所需用粮，定额供应，不许私自采购。第三，实行封闭式的市场管理政策，一切有关粮食经营的粮店、工厂统归粮食部门领导。私营粮商不得经营粮食。第四，国家实行统一的粮食管理政策，中央政府制定或批准地方制定粮食收购与供应的数量、价格等方面的有关政策。开始时统购的只有粮食和棉花，到了 1954 年以后，很快所有的农产品都进行统购。统购统销制度的实行不仅是商业流通领域的制度变革，而且是政府用行政手段对广泛的农业生产进行调节和控制。统购统销的原因在于保证对农产品市场的有效控制并通过剪刀差实现重工业优先发展所需的高积累。

（二）计划的编制、计划管理机构的建立及第一个五年计划

新中国成立后不久就在当时的政务院内设立财经计划局。1952 年 11月，级别极高的国家计划委员会设立，直接属于中央人民政府，负责国家长期和年度计划的编制和执行。该委员会在中央各经济部门与六大行政区

编制年度计划，并在财政、国营商业、对外贸易及金融等领域形成了高度集中的管理体制。全国的财政收入大部分集中在中央，地方只有较少的财政权力。商业上，在国有商业方面建立总公司和省级公司直属的采购供应站，形成遍布全国的三级专营批发体系。金融上，从 1953 年起，中国人民银行在下属各分支机构建立信贷计划管理机构，执行统一的综合信贷计划，实行"统存统贷"的信贷管理体制。基建项目的绝大部分由中央各工业部门直属管理，由中央工业部门直接安排投资和建设任务。中央统一分配全国重要的生产资料，按照企业的隶属关系，即通过条条为主的管理体制进行物资分配。劳动与工资管理上，管理权限逐步过渡到以中央集中管理为主，中央统一制定国家机关、事业、企业的职工工资标准，地方、企业无权决定职工定级、升级制度。

开始于 1953 年的第一个五年计划，由第一届全国人民代表大会第二次会议（1955 年 7 月）通过。"一五"计划是在边实施、边修改和补充的情况下编制出来的。编制和执行国民经济的第一个五年计划，是我国实现过渡时期总路线的重大举措，标志着我国进入了有计划发展国民经济的历史时期。"一五"计划的基本任务是通过集中进行 156 个重点项目建设，以形成我国工业化的基本工业架构，并把资产阶级工商业分别纳入各种形式的国家资本主义管理体系。"一五"计划注意对几个重要的国民经济问题的处理：经济发展的速度与效益的问题、经济发展的区域布局问题、自力更生为主与争取外援的关系问题、优先发展重工业与农轻重全面安排的关系问题等。"一五"计划实现了各项经济和社会事业的较好发展，工业化的基础初步建立，人民的物质文化水平也得到了较大的提高。到 1957 年"一五"计划完成时，我国形成了以生产资料公有制为基础的经济管理体制。

（三）计划经济体制与计划经济思想的形成

随着计划管理的加强，国家将各个领域的控制权逐渐向中央集中，中央政府逐步扩大以行政性计划的方式配置社会资源的范围，计划经济体制逐步形成。

在组织管理上，到 1954 年我国逐步建立了上至中央部委，下至县级政府、基层企业的计划机构。在所有制上，只存在国有经济和集体经济两种公有制经济。财政、金融、外贸等经济领域的管理体制逐渐集中，劳资市场、产品市场依赖于计划调节，市场机制的调节作用日益减弱。至此，我国的经济体制逐步转变为以行政管理为特征的计划经济体制。在这种体制下，宏观决策高度集中于中央，微观决策也高度集中，国家直接管理国有企业，企业的人财物分配权都集中在政府的管理部门手中。政府以指令性计划为主要的管理手段，国民经济计划的执行具有强烈的强制性和行政命令特点。

新中国之所以选择计划经济体制，既是社会主义经典经济理论的产物，也是特定的历史环境、国际环境、重工业优先发展战略等多重因素结合的产物。

中国共产党是一个以马克思列宁主义为指导的政党，根据马克思等对未来社会主义社会的设想，社会主义的一个基本特征是社会经济的运行克服无政府状态而表现出计划性。列宁认为社会主义经济制度可概括为"计划经济"，中国共产党人接受了社会主义就是计划经济的思想。但是中国共产党提出的《共同纲领》体现了对自身国情的认识。之后新中国为什么又快速地完成社会主义过渡时期，快速走上类似苏联的单一公有制和计划经济的体制，有当时特定的历史及国际环境方面的原因。

1947年以后不断加剧的冷战态势，以及朝鲜战争爆发后美国等西方国家对中国实行封锁和孤立，使新生的中国深切感受到外来侵略的威胁。学习苏联，走苏联创造的社会主义计划经济和工业化道路成为新中国成立初期一个正常的同时也是难以避免的选择。

重工业对资本密集的要求与我国当时以农业经济为主、资本稀缺的状况之间的矛盾，难以完全依靠市场机制配置资源来解决，政府利用行政手段人为压低原材料及其他要素的价格、压低工资，对农副产品统购统销，进行财富的积累，推动重工业优先发展。总之，我国以重工业优先发展的战略推动形成了以特殊的宏观政策环境、高度集中的资源计划配置制度和没有自主权的微观经营机制为特点的计划管理体制。

（四）对社会主义经济建设道路的理论探索

高度集中的计划经济体制，虽然实现了经济的高速发展，但同时也出现不少问题，如农业和轻工业的投入少，难以满足人民对生活水平提高的要求，所有制单一、管理高度集中统一、资源配置缺乏激励机制，地方与企业的积极性被压制等。

中国共产党针对经济发展中存在的问题，进行了理论上的总结探索，明确提出了建设社会主义必须根据本国国情走自己发展道路的思想。1956

年 4 月毛泽东同志提出著名的《论十大关系》，就经济发展中的主要问题论述了十个重要的发展关系，即农业、轻工业与重工业的关系，国防建设与经济建设的关系，内地工业与沿海工业的关系，国家、生产单位与生产者个人之间的关系，中央与地方之间的关系等。十大关系涉及生产力和生产关系、经济基础和上层建筑的各个方面，它重点讨论经济问题，从经济工作各方面来调动各种积极因素。这反映出我国已经把探索经济建设中的矛盾摆在工作中心地位，思考探索一条与苏联有所不同的中国工业化发展道路。毛泽东同志认为苏联实施工业化时严重忽视了农业和轻工业的发展，片面发展重工业，拿走太多农民生产的东西，对农民的生产积极性造成了极大的损害；中央集中了太多权力，对地方管得太死。毛泽东同志提出在维持中央统一领导的前提下，扩大一点地方和工厂的自主权，让地方和工厂产生更多的积极性。这实际涉及了经济体制改革问题，提出要改变国家权力过度集中的倾向，适度扩大地方和企业的权限，发挥好中央和地方两方的积极性。

1956 年在苏联共产党的二十大上，赫鲁晓夫严厉批判了斯大林在领导苏联社会主义建设中犯下的严重错误。中国共产党对此虽不完全赞同，但同时认为这对于破除对苏联建设经验的迷信，解放思想，寻求中国自己的社会主义建设道路，具有重大意义。毛泽东同志认为我们从苏共二十大得到的最重要的收获是要独立思考，从各个方面努力找到中国建设社会主义的具体道路。毛泽东同志的《论十大关系》，实际上也表明中国共产党人开始比较系统地对中国社会主义建设道路进行理论探索。

1956 年 9 月中共八大的召开，使得这一理论探索有了进一步的发展。中共八大提出，我国社会的主要矛盾已经转变，随着社会主义改造的完全胜利，我国无产阶级同资产阶级之间的矛盾已经转变为人民对于建立先进的工业国的要求同落后的农业国的现实之间的矛盾，以及人民对于经济文化迅速发展的需要同当前经济文化不能满足人民需要的状况之间的矛盾。当前的主要任务，就是要集中力量发展生产力，把我国尽快地从落后的农业国变为先进的工业国。技术革命和社会主义建设应该是党和国家的工作重点；要坚持以农轻重为序安排国民经济，走一条中国自己的工业化发展道路。中共八大在所有制方面，提出以国有制经济为主体、个体私营经济为补充的思想；在计划经济方面，提出直接计划与间接计划相结合、计划管理与自由生产相结合的设想；还提出了综合平衡、稳步前进的建设方针，以及四大平衡理论、农轻重协调发展、积累与消费二者兼顾原则；提出处理好中央与地方、政府与企业的关系等问题。

当时在中国社会科学院经济学研究所工作的孙冶方等人，对计划经济体制以及传统经济模式提出质疑。顾准提出应当由企业根据市场价格的自发涨落作出决策。这些思想甚至思想的火花，为以后的改革提供了理论源泉。

上述正确的思想观点和方针政策，有的没有能够坚持执行下去，有的没有进一步落实，但是党和政府以及有关领导人、学者在这一时期的经验总结和理论认识，为未来我们开创和发展中国特色社会主义提供了重要的思想资源。

第二节　国民经济的曲折发展与经济发展理论的曲折探索（1958—1978 年）

一、毛泽东同志对中国经济发展理论的探索及学习苏联社会主义经济理论

毛泽东同志认真研究和深入思考了社会主义经济问题，对中国经济社会发展进行了深入的理论探索，涉及经济发展的战略、发展的目的、发展的动力及发展战略方针等方面的内容。

在发展战略上，毛泽东同志认为社会主义建设的总体战略目标就是建立伟大的社会主义工业化国家，提出了"两步走"的发展战略：用十五年左右的时间在完成新民主主义到社会主义的过渡的同时，初步实现国家的工业化，为建设一个强大的社会主义国家打下基础；再用五十年甚至更长的时间全面实现四个现代化，建设社会主义现代化国家。1958 年后，"两步走"战略被单纯的以钢产量衡量的赶英超美计划代替。在发展的目的上，毛泽东同志明确指出，发展是为了人民的利益，是为了提高人民群众的生活水平。然而在建设的实践中，当时我国不得不集中所有的人力、物力、财力来保卫国家主权，过于强调国家利益和集体利益而忽视个人利益。在发展的动力上，毛泽东同志更注重生产关系的变革，认为生产力与生产关系、经济基础与上层建筑之间的矛盾仍然是社会主义社会的基本矛盾，要通过调整生产关系促进生产力的发展，他认为社会主义社会就是在矛盾不断出现又不断得到解决的过程中发展的。在发展战略方针上，毛泽

东同志提出了"在综合平衡中稳步前进"的思想。

新中国成立后，中国人民大学立即请苏联专家来讲授社会主义政治经济学，培养了大批社会主义经济理论人才。1952 年 11 月和 1955 年 6 月，斯大林的《苏联社会主义经济问题》和苏联科学院经济研究所的《政治经济学教科书》分别在中国翻译出版，苏联社会主义经济学开始全面影响中国的经济思想和经济政策。

针对"大跃进"中发生的一些实际问题和基于提升干部理论水平的需要，毛泽东同志几次向全党干部特别是高级干部建议，深入阅读斯大林《苏联社会主义经济问题》和苏联《政治经济学教科书》第三版的社会主义部分，并要求大家进行批判式而不是教条式的阅读。毛泽东同志读了多遍斯大林的《苏联社会主义经济问题》；从 1959 年 12 月至 1960 年 2 月，毛泽东同志与邓力群等理论界人士一起对苏联《政治经济学教科书》的社会主义部分进行了逐章研读，并发表自己的意见。毛泽东同志认为，中国社会主义政治经济学的逻辑起点应是所有制的变革，而不应是商品的二重性。他明确主张，我国编写社会主义政治经济学应从所有制的变革开始。毛泽东同志认为物质鼓励原则和精神鼓励原则都很重要，不能偏废。社会主义社会既要有物质鼓励，又要有精神鼓励。毛泽东同志认为物质利益是一个重要原则，但总不是唯一原则，还必须有精神鼓励原则。毛泽东同志承认并重视客观存在的社会主义经济规律，指出社会主义经济规律是客观的必然性，要研究它，并提出必须认真研究客观经济规律，必须学会熟练地运用客观经济规律。毛泽东同志区分了社会主义商品生产和资本主义商品生产，他批评了消灭商品生产的"左"的主张。按照毛泽东同志的看法，只有全民所有制内部调拨的生产资料不是商品，全民所有制企业卖给集体所有制企业的生产资料，以及集体所有制企业之间转让的生产资料，仍然是商品。他认为斯大林社会主义政治经济学理论比较缺少辩证法等。

毛泽东同志基于中国经济社会落后的基本国情，带领党和人民围绕"什么是社会主义""怎样建设中国的社会主义"等问题，进行了一系列开创性的探索，这些思想探索是宝贵的思想财富。

二、国民经济调整和恢复时期的"八字方针"理论

（一）"八字方针"的初步实施及国民经济的调整

"大跃进"运动之后，1961—1965 年我国对国民经济进行了调整。

1961 年 1 月，中央政府正式提出在两三年内实施"调整、巩固、充实、提高"的八字方针，全国集中力量加强农业战线，大办农业，增加粮食供给，适当缩小基本建设的规模，调整工业发展速度。在农业领域，调整人民公社的所有制和分配关系，重申人民公社的基本制度是以生产大队为基本核算单位的三级所有制。在收入分配上，取消过去实行部分供给制的规定，并在 1961 年 5 月，明确提出停办食堂。同时减少粮食征购，减轻农民负担，并提高农副产品的收购价格。

1962 年，党中央召开了"七千人大会"等一系列会议，在党内形成共识，下定决心实施经济政策全面大调整。刘少奇同志在"七千人大会"上代表中央做书面报告，对"大跃进"式发展存在的问题进行了总结①。以此为基础，中央提出实施"调整、巩固、充实、提高"的八字方针，着力解决工业和农业、工业内部、农业内部以及积累与消费之间的关系，包括大力压缩基本建设战线，降低工业生产计划指标，改善工业生产内部结构，进一步精简城镇职工，压缩城镇人口，以及进一步调整农业政策。这种调整为中国回到发展道路上来奠定了基础。

（二）加强经济管理和组织制度新探索

经济结构的调整，带来了工业企业管理制度的新探索。我国改变了"大跃进"时期对工业企业管理权限快速下放的做法，将工业经济管理权限再次集中。这对促进国民经济的调整和恢复起到了积极作用。但是，权力的过度集中，又暴露出地方、企业的积极性受到压制的弊病。1964 年，我国在煤炭、烟草、盐业等领域，成立在国家统一计划下的独立经济核算的大型单位；随后着手改组生产组织，改革管理制度，探索建立适应社会化大生产和专业化分工协作的经营管理方式。我国试图以此为契机，逐步改变中央经济管理权力过分集中而束缚生产力发展的经济体制。但"文化大革命"使这项改革探索中断了。1970 年，中央政府又开始一场以向地方下放权力为主要内容的经济体制变革。将原来直属中央各部的国营企业大都下放给地方统一管理，并扩大地方的投资权、生产计划权、招工权、物资分配权等，计划管理、财政、信贷、劳动工资等管理权也随之下放。这在一定程度上调动了地方和企业的积极性。但是，在全国统一计划的背景下，以"条条为主"或以"块块为主"的管理，陷入"一放就乱、一收就死"的循环中。

---

①　胡绳. 中国共产党七十年［M］. 北京：中共党史出版社，1991：38.

关于农业的体制变革主要围绕改善人民公社体制进行。我国强调三级所有、队为基础是人民公社的根本制度，实行生产小队的小部分所有制。生产队是人民公社中的基本核算单位，它实行独立核算，自负盈亏，直接组织生产，组织收益分配。允许社员经营少量自留地和小规模家庭副业，坚持按劳分配原则。由此形成了长达近二十年的"政社合一"的农业生产经营制度。在面对"大跃进"导致的食品严重短缺和大面积的饥荒时，安徽等部分地区推行生产队内实行以"包产到户"为特征的农业生产责任制。包产到户适应农业生产的特点和农民的利益，极大地调动了农民的生产积极性，农业产量得到提高。但是，包产到户仅被作为渡过经济困难的权宜之计，随着经济和农业生产的逐步恢复，包产到户遭到越来越严厉的批判并被取消。

三、发展理论偏差下的国民经济波动

（一）毛泽东同志试图把"阶级斗争"作为社会生产力发展的强大推动力

1957 年 9 月召开的中共八届三中全会提出我国社会的主要矛盾仍然是无产阶级同资产阶级的矛盾，是社会主义和资本主义道路的矛盾。这种理论观点的变化，在 1958 年 5 月的中共八大二次会议、1959 年 7 月的庐山会议和 1962 年 9 月的中共八届十中全会上，得到进一步的发展，变得更加系统化、理论化。在中共八届十中全会上，毛泽东同志断言在整个社会主义历史阶段资产阶级都将存在，并且存在着资本主义复辟的危险性，由此，无产阶级同资产阶级之间、社会主义道路同资本主义道路之间的斗争将是长期的。这种观点在建设社会主义的模式与道路方面产生了决定性的影响。当时流行的思想限制和排斥商品货币关系，追求封闭的产品经济模式，限制按劳分配，追求对个人收入的平均主义分配，寄希望于通过阶级斗争来推动经济社会发展。这种思想虽然也有不断反复，但逐步理论化和系统化，并在 1967 年被概括为无产阶级专政下的继续革命理论。

（二）在战备中调整生产布局与发展国防科技工业

20 世纪 60 年代初，随着国际关系的变化，特别是中苏关系的紧张，战争威胁的日益加剧，我国原来畸重于沿海的生产力布局显得不安全。1963 年我国在修改"三五"计划提纲时，提出了以备战和"三线"建设为核心安排第三个五年计划，以在内地建立独立的比较完整的工业体系和国民经济体系。从 1965 年到 1980 年，我国在中西部十多个省、自治区开

展了以战备需要为中心，以工业、交通、国防科技工业为基础的大规模基本建设，被称为"三线"建设。这是一次从东到西的大规模的总体战略布局的转移。我国在西北、西南地区部署了 1 000 多个大中型项目，涉及钢铁、有色金属、石油、化工、建材、纺织等工业，和铁路、交通、民航、水利、电力等基础设施。这是一次大规模的中西部开发，是在战备背景下的中国生产力布局的大调整，它有力地促进了内地经济社会的发展，缩短了内地与沿海的经济差距，在西部地区基本形成比较齐全的工业部门和基础性的交通设施，使西部成为国家重要的战略大后方。当时对战争爆发的可能性估计过高，建设规模过大，战线拉得过长，进程过快，加上过分强调战备需要，对于经济效益不是十分重视，忽视项目配套协作，造成一定的经济浪费，形成一大批低效资产。

新中国成立后不久，我国即在核能、航天等尖端科技领域进行研发，制定十年科学技术规划，成立国防部科学技术委员会。20 世纪 60 年代后，美苏两国加紧军备竞赛，对无核国家实施核讹诈。我国加快推进对核技术的研究，1962 年 11 月，成立以周恩来同志为首、7 位副总理参加的被称为"中央专委"的中央专门委员会，实施举国体制，实施对原子能工业和核武器的研究、试验工作以及导弹武器的研制、生产的统一领导。20 世纪 60 年代中期至 70 年代，我国先后制成和试验成功了原子弹、导弹核武器、氢弹、核潜艇、人造卫星及返回式人造卫星等。"两弹一星"是新中国在国防尖端科技领域取得的巨大成就，在新中国发展史上具有里程碑意义。"两弹一星"等一系列尖端科技项目，技术复杂、综合性强，涉及的范围广、部门多。中央专门委员会发挥了强有力的领导、指挥、协调作用，为我国赶超当时的世界科技先进水平奠定了坚实基础并提供了宝贵的经验。

（三）对外经济往来的新探索

新中国成立后，随着 1950 年朝鲜战争的爆发，以美国为首的西方发达国家对中国实行了经济封锁，中国将对外贸易重心放到以苏联为首的社会主义国家上，并从苏联、东欧社会主义国家引进技术，同时实行对外的统制贸易政策，即实行进出口许可证制度，并且通过关税、汇率等杠杆来贯彻国家的工业化政策。20 世纪 60 年代初，中苏关系恶化，中国逐步停止从苏联引进技术。此后，中国与日本、英国等西方国家增加了少量的经济技术交流和贸易往来。当时中国不是十分重视对外经济交往和外贸，这是因为我国受国际环境的制约和苏联传统社会主义经济理论的影响，仅把对外贸易作为社会主义扩大再生产的补充手段，对外贸作用的认识不足。1953—1978 年，中国出口额占世界出口总额的比重由 1.23% 下降到 0.75%，对外贸易在国民经济中的地位不断下降。随着原社会主义和资本主义两大阵营的两大经济体系的逐步解体，以及中美两国关系缓和，加上中国恢复联合国合法席位，中国与西方国家的技术交流逐步开展起来。从 1972 年开始，我国针对国内需求，进口成套化纤、化肥以及冶金钢铁、采煤等方面的设备与先进技术，促进了国内相关行业的发展。被称为"四三方案"的新技术设备的引进是继 20 世纪 50 年代的 156 个引进项目后的第二次大规模引进，这是打破"文化大革命"时期经济贸易领域的"闭关自守"局面的一次重大突破。

长达十年的"文化大革命"，其产生的理论根源主要在于对我国社会主要矛盾的错误判断，偏离了以经济建设为中心的指导思想，并试图用"阶级斗争"手段推动社会生产力发展。由此，在是否承认生产力是社会发展的决定性因素，如何促进生产力发展方面；在认识社会主义商品生产，发展商品经济方面；在坚持以公有制为主，与多种经济成分并存方面；在坚持按劳分配原则；在承认与尊重经济规律，正确利用价值规律等若干重大经济理论问题上的模糊和错误认识，使我们在 1958 年以后和十年"文化大革命"期间走上了一段弯路，但也积累了不少宝贵的经验教训。

第三节　对传统社会主义经济发展理论的反思

新中国成立后，肩负着工业化重任，为促进经济社会发展不断地做出理论创新，进行着政策和制度方面的调整。我国在这个过程中，梳理了一些关系，诸如，计划（政府）与市场，公平与效率，均衡发展与非均衡发展，农业与工业，重工业与轻工业，沿海与内地，自力更生与对外开放，积累与消费，城市与乡村，公有制经济与非公有制经济，农业公社化与合作化，平均主义、按劳分配与多种要素参与分配，以及经济发展与社会治理等；我国同时也在进行适应社会实践发展的理论阐释。

一、发展道路与机制问题：工业化发展道路、计划经济和市场机制的抉择

新中国成立伊始即拉开了工业化建设的大幕，选择什么样的工业化发

展道路，与当时特定的经济社会背景、国际环境密切相关。旧中国极差的工业基础和经济发展状况，应该是导致新中国选择优先发展重工业的赶超战略的主要原因。同时，这种发展战略又与苏联的榜样作用密切相关，在当时，苏联的工业化道路被视为落后国家赶超战略的成功典范。从国际环境看，朝鲜战争使新中国与整个西方世界成为敌对方，巨大的外在威胁迫使新中国必须尽快发展重工业，尽快建立自己独立的工业体系，尽快加强自己的国防力量。虽然在1956年前后的"反冒进"，有改变高投入、外延式增长的部分探索，但是很快又回到以"多""快"为发展目标的道路上来。

新中国成立后的近三十年间，采取优先发展重工业的赶超战略，并为此实行高积累、高投入、以数量扩张为特征的外延式发展道路。这种工业化道路以工业高速度为主要目标，优先发展重工业，依靠增加生产要素进行外延式增长；从战备需要和建立独立的工业体系出发，进行生产力布局调整。而且我国提出的是社会主义工业化，又具有优先发展国营经济并逐步实现对其他经济成分的改造，以保证国民经济中的社会主义经济成分的比重不断上升。

对农业、手工业和资本主义工商业进行社会主义改造，建立单一公有制和计划经济体制，可以实行高积累政策并把几乎全部生产资源集中到政府手中。对于一个发展中国家，要推行重工业优先发展战略，就难以依赖市场的力量。重工业是资本密集型产业，对资金的庞大需求和引进设备所需的大量外汇，通过压低利率、高估本国汇率、压低原材料价格、压低工资来实现；通过扭曲的价格体系和计划分配体系，实现对资源的行政配置。这样，市场对资源的配置作用就难以发挥了，企业在微观层面上也自然失去了自主权，政府成为"全能型"的政府。

政府在工业化进程中成为唯一的决策者和实施者，承担了全部的责任，由此导致经济运行中的"投资饥渴症"和资源约束型的经济波动，工业经济结构长期不平衡，长线的东西长期是长线，短线的东西长期是短线；过剩的长期过剩，短缺的长期短缺。在矛盾尖锐时，政府依靠计划手段进行调节，但一段时间后机制的惯性会导致资源又向过剩产业流动，重工业继续过剩，轻工业继续短缺。生产资源通过国家计划部门进行全国范围的调配，效率低下。政府一般通过改变条块管理、下放权力来缓和协调矛盾，即在中央政府与地方政府之间的权力分配调整上动脑筋，但往往又陷入"一放就活、一活就乱、一乱就收、一收就死"的循环中。在这样背景下的国有企业，普遍存在着大锅饭与铁饭碗，激励机制效果不明显。政府一般通过政治动员和政治运动，通过"学大庆""学大寨""学雷锋"等精神奖励手段予以激励。

新中国成立后，特别是1958—1978年是计划经济体制在调整中不断强化的时期，政府管理经济的职能不断强化，市场的作用日益缩小。政府对资源的强有力的调动和调控能力，对于迅速建设独立的工业化体系发挥了重要作用，并且必然选择自我强化的路径继续推动经济的发展。各级政府不仅已经成为整个经济的主宰，甚至控制了经济的方方面面，从生产的各个环节到居民的票证消费制度，城乡居民连消费的自主权都失去了。对市场的忽视，也使行政配置资源的低效率的影响日益显现，随着经济体量的逐步增大，计划体制越来越难以实现对社会经济各方面的控制。这种不能体现不同企业和个人物质利益上的差异，且扭曲价格和资源配置的体制，越来越难以维持下去了。

我国实行的计划经济体制与苏联等国的计划经济体制相比，相对比较重视发挥地方的积极性，强调在中央集中计划体制下，地方拥有一定的自主权，始终存在集权与分权的博弈。这客观上为自由市场的少量存在及未来商品经济的发展留下了空间，为发展多种经济成分和多种经济组织留下了空间，也为未来留下了厘清政府与市场的边界，探索有效市场与有为政府的有效结合、政府的自我革命与市场的自我发展相结合的课题。

二、不断调适发展中的公平与效率关系

促进公平正义，是人类追求美好生活的永恒主题，也是社会主义的本质要求。促进公平正义，最重要、最核心的目标是实现全体人民的共同富裕。共同富裕是马克思主义的一个基本目标，也是中国人民自古以来的理想。中国共产党正是在革命时期带领人民以创造美好生活、实现共同富裕为奋斗目标，为中国共产党赢得了稳固、坚实的执政基础。在以毛泽东同志为核心的党的第一代中央领导集体看来，中国选择社会主义道路与追求共同富裕的目标是一致的。国家要摆脱落后、人民要摆脱贫穷，走社会主义道路是唯一选择。社会主义改造的完成、社会主义基本制度的确立，为中国人民追求共同富裕奠定了根本政治前提和制度基础。

什么是社会主义，什么是社会主义的公平正义与共同富裕？怎样实现

共同富裕？不同阶段的共同富裕如何判断？社会主义所有制基本建立后，还要不要注意解决分配领域由于实行等价交换、按劳分配原则带来的事实上不平等的问题，注重共同富裕和防止两极分化？这些复杂的理论问题和实际问题成为当时中国共产党领导人不断探索思考的问题。当时的领导人一定程度上沿用了战争年代实行供给制的经验，同时受中国文化中平均主义和大同思想的影响，以及对马克思"资产阶级法权"的错误理解，反复强调实行等价交换和按劳分配原则仍然存在形式平等而事实上不平等的问题，反复提醒在实行按劳分配的同时要注意共同富裕的问题，担心如果过分强调等价交换、按劳分配，会逐渐形成一个"脱离人民的贵族阶层"，最终导致资本主义制度复辟。由于这种"左"的理论的错误影响，当时很多人认为"穷革命、富则修（修正主义）"，强调"宁要贫穷的社会主义，不要富裕的资本主义"，造成平均主义、大锅饭盛行。实践告诉我们，平均主义的分配不可能实现公平正义，也不可能实现共同富裕；共同富裕也不等于齐步走。

在新的历史背景下，我们必须兼顾效率与公平，实现社会主义制度与市场经济、公有制经济与其他所有制经济、按劳分配与按生产要素分配的有机结合。以毛泽东同志为主要代表的中国共产党人坚持走共同富裕之路的思想，对于我们今天防范两极分化问题具有重要意义。

三、在均衡发展与非均衡发展模式中进行适应性探索

我国是一个幅员辽阔、人口众多的经济发展极端不平衡的发展中大国。发展的不平衡是工业化初期的客观规律，加上优先发展重工业的战略，从而使得均衡发展成为一种良好的愿望，非均衡发展在一定阶段是不可避免的。过度追求地区之间、城乡之间、阶层之间的均衡发展，反而会导致经济的剧烈波动和经济效益低下。

长期以来，我国生产力布局和区域经济发展战略主要是依据传统的不平衡发展理论确定的。平衡发展理论主张以落后地区为区域开发的重点，逐步缩小地区间的经济差别；不平衡发展理论则主张以提高经济效益为中心，资源向优势地区倾斜。前者强调区际平等，忽视经济效率；后者则强调经济效率，忽视区际平等。20 世纪 50 年代以来，特别是计划经济体制形成后，优先快速发展重工业成为计划管理的主要目标。前三十年的理论与实践证明，国家实行的地区倾斜政策必须保持适度，必须与市场相结

合；地区倾斜必须与产业倾斜相结合。实践证明，主要依赖于计划而不是市场机制实现对社会资源的有效配置的道路难以走通。

四、构建自力更生与对外开放的协调关系

新中国成立后，毛泽东同志提出两条外交核心原则：独立自主和和平共处。至今，这两条原则仍然是我国处理对外关系的基本原则。

新中国成立后我国执行一套以"自力更生"为主的对外经济政策，这是与我国优先发展重工业的战略及高度集中的计划经济体制相适应的，我国采取严格的"统制贸易"政策，实行进出口许可证制度。同时，由于两大阵营的对立，我国的对外贸易主要面向苏联及东欧社会主义国家等。从主观上看，我国对外贸易在国民经济中地位不断下降，是受传统社会主义政治经济学的影响，把对外贸易看作社会主义扩大再生产的补充手段，仅将其局限于互通有无、调剂余缺方面，从而影响了充分利用国际分工和交换、国外资源和国外市场来加快国内经济发展。我国对外贸的巨大作用认识严重不足。此外，我国长期处于备战状态，进一步使我国不愿将经济过多地依赖于国际贸易。虽然在"一五"计划时期和 20 世纪 70 年代曾两次较大规模地引进国外先进设备和技术，但总体上讲，我国与国外，特别是与发达资本主义国家的经济技术交流处于断绝状态，这使我国在世界经济和科学技术高速发展的 20 世纪六七十年代，没有能参与到国际分工合作中。

这段时期的对外开放思想主要体现在强调世界社会主义的整体性，忽视世界经济的整体性；强调自力更生，忽视对外开放；强调政治和意识形态领域的交往，忽视经济领域的往来；强调社会主义国家与资本主义国家的对立，忽视社会主义国家与资本主义国家的经贸交流。同时，我们也应该看到，在当时坚持以自力更生为主、争取外援为辅的方针是合理的。我们这样的人口大国必须要依靠自己的力量，建立独立的比较完整的工业和国民经济体系。

第五章 改革开放后至党的十八大
对发展理论的探索

改革开放后至党的十八大前，是我国对发展进行理论和实践探索的主要时期。这些探索极大地促进了我国发展，我国取得了巨大的发展成效。

第一节 改革开放后至党的十八大对发展理论的探索历程

改革开放是我国的一项基本国策，充分体现了社会主义解放生产力和发展生产力的本质。改革开放后，从对"发展才是硬道理"的认识，到对如何发展的问题的渐进而深刻的认识，形成了党和国家的政策理念和学术界的理论研究的互动、互促。党中央在始终坚持马克思主义政治经济学基本原理与中国国情相结合的基础上，持续创新和完善发展理论，形成了指导社会主义现代化建设事业的发展理论，保证了社会健康、稳定、持续发展。

一、发展理论的形成与初步探索

在"文化大革命"后，以邓小平同志为主要代表的中国共产党人重新校正了党和国家的工作重心，从"阶级斗争"转移到经济建设上，我国以经济建设为中心的发展观正式确立。在发展思路和发展观念的校正过程中，邓小平同志提出了"发展才是硬道理"的观点，将发展作为我国前进方向的重要指引，且将关注点更多转向推动生产力发展，并提出"科学技术是第一生产力"等重要论断。此时，虽然邓小平同志未能提出较为全面和系统的社会主义发展理念，但实事求是地指出了中国发展中的问题，通过科技发展促进经济发展的思路，开启了党和国家对社会主义发展理论的新探索，并在改革实践过程中，不断解决发展中的问题。在总结发展经验基础上，党的十三大报告较为全面地阐明了我国的社会发展阶段、发展动力、发展指导思想等，形成了丰富的发展理论。

经济建设成为发展理论的核心问题。经济基础是人类社会赖以存在的物质前提，因而邓小平同志根据当时我国的基本国情和世界环境，提出"抓住时机，发展自己，关键是发展经济"①。党的十三大明确提出了以经济建设为中心的发展路线。这是党和国家作出的具有历史和深远现实意义的重大战略部署。这种发展路线的提出，一方面，党中央对新中国成立后的社会主义建设实践经验和教训进行了总结，对社会主义社会发展规律和发展特征有了深刻认识，重新校正了马克思主义政治经济学生产力与生产关系理论与中国实际的结合点，开启了解放生产力、发展生产力的新阶段，对我国乃至整个社会主义阵营国家的社会主义建设和发展经验进行了科学分析和借鉴；另一方面，我国所处的国内外经济发展环境和发展条件较好，我国已经具备集中精力发展经济的基础。20世纪八九十年代，时代主题已成为和平与发展，世界各国均致力于经济实力和经济竞争力的提升，这为我国的发展创造了一个良好的外部环境。开放的国门让我们重新看到了国家间存在的巨大差距，促使我国重新将发展经济作为重要工作。

经过实践的检验，我国逐步形成了自己对发展理论的认识。第一，"先富带动后富，最终实现共同富裕"的思想，是1978年党的十一届三中全会提出以经济建设为中心之后，根据我国经济社会发展的客观现实基础而提出的，符合我国国情。邓小平同志对于共同富裕的深刻认识，是建立在其对推动经济增长方式的全面认识的基础上的，可以"让一部分人、一部分地区先富起来，大原则是共同富裕"②。这样，先富的人就可以产生巨大的示范力量，从而影响其他人，实现整个国民经济有层次、分阶段、分区域、波浪式向前发展。第二，发展中面对效率和公平的关系问题，提出了坚持效率优先的基本思路。邓小平同志高度关注经济的发展效率问题，只有发展效率提升了才能使我国经济规模快速扩大，经济竞争力快速提升，从而进一步延缓和缩小我国与发达国家之间经济发展水平的差距。因此，在我国社会经济发展过程中，在决策的执行和运行等多个层面，邓小平同

---

① 邓小平. 邓小平文选：第三卷 [M]. 北京：人民出版社，1993：375.
② 邓小平. 邓小平文选：第三卷 [M]. 北京：人民出版社，1993：166.

志始终坚持保持效率高这个优势①，在坚持效率优先的原则下，按劳分配既要考虑劳动数量，也要依托劳动质量。评定劳动者的工资水平时，"主要是看他的劳动好坏、技术高低、贡献大小"②。正是在效率优先思想的指导下，我国经济发展拥有了强劲的动力和活力，我国社会生产力得到提升。

改革开放为我国经济发展提供了新的动力源泉。历史唯物主义和现实实践表明，在存在阶级对抗的社会中，阶级斗争和革命能够直接推动人类社会进步。但从新中国成立到社会主义改造完成，我国社会存在的阶级对抗已经逐渐消失，客观上需要找到适应社会主义社会发展的新的动力。根据马克思主义政治经济学中生产力决定生产关系、生产关系要适应生产力的基本原理，邓小平同志指出："革命是解放生产力。社会主义基本制度确立以后，还要从根本上改变束缚生产力发展的经济体制……促进生产力的发展，这是改革，所以改革也是解放生产力。"③ 邓小平同志所说的改革不是泛指的社会全面改革，而只是针对生产力与生产关系中制约和阻碍生产力发展的传统上层建筑中的体制机制改革。同时，在改革过程中也要求开放发展，将开放和改革放在同等重要的地位。邓小平同志明确指出，全世界的发展不能离开人口众多的中国，中国的发展同样也离不开全世界。开放就是对发达的、欠发达、不发达的各类型国家的开放，只有大胆开放吸纳和借鉴全世界人类的文明成果和社会创造，才能推动中国经济快速发展④。

"三个有利于"是评判发展水平的标准。一个国家和社会发展的水平等总是需要一个评判和衡量的标准。邓小平同志指出："正确的政治领导的成果，归根结底要表现在社会生产力的发展上，人民物质文化生活的改善上。"⑤ 因此，邓小平同志提出了"三个有利于"作为评判和衡量经济社会发展水平、发展程度、发展性质的标准。发展过程中的社会关系、经济关系、生产关系如何设置，应该看在发展过程中"是否有利于发展社会主义社会的生产力，是否有利于增强社会主义国家的综合国力，是否有利于提高人民的生活水平"⑥。其中，是否有利于发展社会主义社会的生产力是其

---

①　邓小平. 邓小平文选：第三卷 [M]. 北京：人民出版社，1993：240.
②　邓小平. 邓小平文选：第二卷 [M]. 北京：人民出版社，1994：101.
③　邓小平. 邓小平文选：第三卷 [M]. 北京：人民出版社，1993：370.
④　邓小平. 邓小平文选：第三卷 [M]. 北京：人民出版社，1993：237.
⑤　邓小平. 邓小平文选：第二卷 [M]. 北京：人民出版社，1994：128.
⑥　中共中央文献研究室. 十三大以来重要文献选编：下 [M]. 北京：人民出版社，1993：1991.

核心标准。"三个有利于"标准的出现，标志着我国社会的发展拥有了明确的发展方向和自我检测的尺度，使得我国社会发展的理论体系更趋系统和完善，也更具有科学性。

二、发展理论的持续创新

改革开放之后，在邓小平同志提出的发展理论的指引下，中国迈入了经济发展的快车道，生产力发展水平显著提升，经济建设取得了巨大的成就，综合国力也有了显著提升。改革开放不仅有效解决了改革开放之前存在的民生问题，且随着经济发展成效的提升，也显著提升了中国共产党的执政绩效。但面对全球化的快速到来，我国在发展过程中也面临诸多新问题、新矛盾，客观上需要对发展理论进行与时俱进的创新。因而，在此背景下，以江泽民同志为主要代表的中国共产党人开始对经济发展理论进行创新和发展。

对发展在我国经济和社会现代化过程中地位和作用的认识在逐步深化。邓小平同志在改革开放初期提出的"发展才是硬道理"，深刻指明了发展对人类社会的重要性。但在我国发展过程中，面对日趋多元化的对社会发展的不同视角的认识，我们必须在新的历史条件下和新的时代背景下，基于国际社会和社会局势变迁，明确发展的定位和地位。江泽民同志提出了"必须把发展作为党执政兴国的第一要务"① 的思想，将我国经济建设和经济发展的主体思想和社会主义理论的重要性提升到了新高度。一方面，江泽民同志将我国发展的战略意义提升到了关系党和国家命运的高度。江泽民同志在多个领域多次指出，我们是在无产阶级政党领导下的社会主义国家，能否解决好温饱、解决好发展、解决好社会主义的问题，将直接关系到人民群众的人心向背②。另一方面，我们党的发展理论的内涵逐步丰富，确立了发展在党的工作中的重要地位，既强调了发展在党的工作中的重要性，又突出了发展在当时的紧迫性。

改革开放后的发展动力在全面提升。我国自改革开放后，始终强调改革是推动社会经济发展的直接动力。经过多年的改革开放，我国基本上突

---

① 江泽民. 全面建设小康社会 开创中国特色社会主义事业新局面：在中国共产党第十六次全国代表大会上的报告 [M]. 北京：人民出版社，2002：13.

② 江泽民. 全面建设小康社会 开创中国特色社会主义事业新局面：在中国共产党第十六次全国代表大会上的报告 [M]. 北京：人民出版社，2002：14.

破了原有制度和体制对生产力的束缚，需要继续探索新的体制来解决制约发展的问题。改革开放是建立新体制的前提，要建立新体制就需要在各个领域、各个层面进行创新，创新成为推动经济发展和社会进步的关键。因此，江泽民同志指出，创新是一个国家、一个民族不断进步的灵魂和持续动力所在，也是一个国家政党能够保持长期生机活力的源泉①。创新成为我们党在新的发展阶段和发展时期提出的支撑发展的新动力。我们在坚持社会主义的前提下，推动基础理论、创新制度、科学技术和文化生活等方面的全面创新，满足社会发展在理论、制度、科技和文化等多方面的需求，使创新成为社会发展和社会变革的先导力量，成为社会进步的强大动力。通过全方位的创新推动改革开放，是我国在长期实践并总结基本经验和教训基础上提出的对国家发展改革具有重要意义的发展理念，拓展了马克思主义中国化新境界，也为我国社会主义市场经济的建立和完善指明了方向。

发展目标由"经济提升"变为"人的全面发展"。改革开放以来，我们党将社会发展重新校准为以经济发展为中心的方向。在此发展理念的指导下，我国经济建设取得了较大进步。但是随着我国经济发展速度的提升和经济规模的扩大，我们的发展目标需要从更加全面的角度进行调整，这也符合人民群众的需要。从社会全面发展的角度来看，我国要实现经济、社会全面的现代化，就要深刻认识到我国社会主义的本质特征。因此，江泽民同志提出了促进人的全面发展"是马克思主义关于建设社会主义新社会的本质要求"的论断②。"人的全面发展"一方面体现了建设社会主义国家的本质要求，另一方面符合我国社会主义的发展规律和人类发展的时代要求，符合社会发展的新趋势。这一论断从人民群众的根本利益出发，进一步丰富和发展了马克思主义的发展观，同时也是对我国经济社会的发展理论的创新与发展。

三、发展理论的逐步完善

2000 年之后，在党的发展理论的指引下，我国社会生产力得到持续解放、发展，国家经济实力得到进一步提升。在效率优先的发展理念下，我国在经济高速增长的同时，也产生了诸多问题。一是我国在发展过程中过

---

① 江泽民. 全面建设小康社会 开创中国特色社会主义事业新局面：在中国共产党第十六次全国代表大会上的报告 [M]. 北京：人民出版社，2002：12.

② 江泽民. 论"三个代表" [M]. 北京：中央文献出版社，2001：179.

度关注经济增长率，且将经济增长作为发展的重要衡量指标，而忽视了经济社会发展的可持续性和人的全面发展问题；二是对经济效率的追求，致使城乡间、区域间、不同社会群体等贫富差距拉大，造成社会公平和社会和谐方面的问题。针对以上经济社会发展中存在的问题，胡锦涛同志指出，我国处于社会发展的多样化变化的关键时期，社会的利益关系正逐步呈现出日趋复杂的局面，更为严峻的社会发展中的新情况、面临的新挑战将层出不穷①。这在客观上要求我们党必须对社会主义的发展理论进一步进行创新、完善。

发展内容由生产力增长向生产关系的全面进步升华。在改革过程中，我国的生产力得到了持续的提升，在生产力解放、发展过程中释放了巨大的生产能力，我国在经济增长方面创造了奇迹。但是由于过度强调经济增长的速度，在政治、文化、生态、社会等方面造成了一些问题，生产关系成为制约生产力持续发展的重要因素。为此，胡锦涛同志提出人的全面发展的思想，要在中国特色社会主义事业的总体布局中，"全面推进经济建设、政治建设、文化建设、社会建设，促进现代化建设各个环节、各个方面相协调"②。一方面，这从整体视角对发展实践问题进行了阐释，发展应当是全面的发展、整体性发展，要坚持经济、社会、文化、生态等协调可持续发展。经济基础决定上层建筑，为政治、文化等提供了重要的物质保证，文化同样也为经济、政治的发展提供了良好的精神和智力支撑，政治为我国经济发展、精神文化发展提供了稳定的环境，三者相互协调，互为保证。另一方面，以人为本才是社会发展的本质追求，人的全面发展才是衡量社会发展程度、发展水平、发展定位的根本标准，发展的目的是提高人们的物质和精神生活水平。

发展模式由高速发展变为科学协调发展。改革开放以来，我国的经济发展模式始终是一种粗放型的发展模式。不可否认，高速的发展使得我国的城乡面貌焕然一新，广大人民群众的物质生活水平显著提升。但我们也应当注意到，粗放式的发展带来自然资源和生态环境的过度开发，这种发展模式是不可持续的，甚至可能破坏我们生存的根基，这也成为影响和制约生产力发展的因素。2006年，胡锦涛同志指出："必须坚持科学发

---

① 中共中央关于加强党的执政能力建设的决定 [M]. 北京：人民出版社，2004：2.

② 胡锦涛. 高举中国特色社会主义伟大旗帜 为夺取全面建设小康社会新胜利而奋斗：在中国共产党第十七次全国代表大会上的报告 [M]. 北京：人民出版社，2007：16.

展……统筹人与自然和谐发展……实现经济社会全面协调可持续发展。"①
从追求高速增长的经济发展模式向科学可持续发展模式转变，是我们党对
发展理论的进一步完善，不仅解决了我国经济发展的瓶颈问题，而且在发
展手段、发展方式、发展思路等诸多方面都产生了积极效应。一是科学发
展思想的提出有效地化解了我国长期以来三个方面的不协调和冲突问题，
即城乡之间、区域之间和人与自然之间的冲突问题，为我国现代化建设的
深入推进和可持续发展提供了重要的思路。二是对发展过程中不协调、不
可持续的问题提出了解决方案，实际上从一个历史的、更长远的、更宏大
的视角，为我们展示了导向未来共产主义社会的路径。

　　发展目标在国家发展过程中逐步修正。社会主义市场经济体制的建立
和完善，实际上体现了我国利益格局的变化和重大政策的调整，在经济发
展的同时，面对原先存在的现实矛盾，社会主义市场经济体制还必须回归
到满足全体人民的切身利益上。人民群众日益增长的对收入分配、就业、
教育、医疗、养老、住房等的需求，要求在发展理念和发展思想上进行必
要的调整。胡锦涛同志提出："社会和谐是我们党不懈奋斗的目标。"② 这
一目标的提出，也意味着我国经济社会的发展目标将由"综合国力显著提
升"变为"和谐社会建设"。在解决社会矛盾中要解决诸多问题：一是在
化解社会矛盾中，需要建立健全利益协调和矛盾化解机制；二是在我国社
会经济发展过程中，不仅要关注经济社会的发展指标，还应当关注普通劳
动者的社会保障、社会福利等社会兜底支撑体系的建设，保障人民群众的
基本生存和生活需要。构建和谐社会的实践，为我国社会矛盾的化解提供
了重要保证，营造了良好的社会和经济发展环境，创造了和谐稳定的社会
条件，为我国社会主义现代化建设奠定了稳固的基础。

---

① 中共中央关于构建社会主义和谐社会若干重大问题的决定 [M]. 北京：人民出版社，
2006：7.
② 中共中央关于构建社会主义和谐社会若干重大问题的决定 [M]. 北京：人民出版社，
2006：2.

第二节 改革开放后至党的十八大发展理论创新的逻辑理路

一、发展理论创新是深化发展内涵的主线

改革开放到党的十八大召开，我们党的发展理论持续创新，"发展"成为我国经济社会持续进步的重要指导思想，我国经济在这段时期取得了辉煌的成就。随着以发展为主线的实践的推进，我国的发展理论也在持续的实践创新中不断与时俱进，发展的内涵也在不断深化和演进。改革开放之初，邓小平同志提出的"发展才是硬道理"，使我们开始聚焦经济发展，通过解放、发展生产力促进社会物质基础的稳固和夯实。以江泽民同志为主要代表的中国共产党人首次提出"发展是党执政兴国的第一要务"，逐步形成了以鼓励和支持先进生产力发展为基础、以制度创新为重要核心的指导思想，持续推动我国经济社会快速发展。之后，随着我国国际国内环境和条件的变化，胡锦涛同志提出"又好又快发展"的理念，对发展的标准进行了调整，不仅要注重经济的发展，还要关注人的发展和可持续发展，胡锦涛同志在"以人为本"的发展共识基础上提出科学发展观。从历史发展的进程看，我国形成了由以解放、发展生产力为重点到制度创新再到以人为本的科学发展的逻辑。这些发展理论指导我国的发展实践活动，也逐步深化了我们对发展内涵的认识，即由单纯聚焦经济发展向人的全面可持续发展转变。发展内容也更加丰富和多样，符合我国的基本国情，也符合我国经济社会发展的实际状况。整体而言，发展的思路变得更加科学，更加全面，更加成熟。

二、创新发展理论是基于中国特色社会主义建设实践提出的

自改革开放以来，我们首先需要解决的问题就是转变发展模式。新中国成立之初沿用了苏联发展模式，即高度集中的计划经济体制。在生产力较为低下的时期，苏联模式能够发挥集中力量办大事的优势。但随着20多年的发展，计划经济体制已经无法满足经济发展的需要。改革开放后，我国经济发展面临的一个重要问题，即如何摆脱苏联式计划经济的束缚，同时，在改革探索过程中找到一条适宜我国经济发展的道路。因此，在持续

的探索中，我们既要摆脱苏联式发展思想的束缚，又要找到与西方国家相区别的发展道路，这样才能够实现国家长期的繁荣稳定。中国共产党通过对国情的科学判断，不断通过改革开放解放、发展生产力，使社会经济充满生机活力；与此同时，创新了发展理念，建立起了具有中国特色的社会主义市场经济体制，为国家的现代化建设奠定了坚实的物质基础。在改革开放实践中形成的发展经验，为中国特色社会主义持续前进夯实了理论基础，形成了具有中国特色的社会主义发展理论。

以邓小平同志为主要代表的中国共产党人开创性地提出了建设中国特色社会主义市场经济的思想，开启了社会主义经济发展的新模式，确立了以改革开放为手段的经济改革和发展之路，并提出了以先富带动后富最终实现共同富裕的发展目标，确立了"三步走"战略，为我国政治、经济、文化、社会等的迅速发展指明了方向。以江泽民同志为主要代表的中国共产党人充分考虑我国的现实国情，强调进一步完善社会主义市场经济，并在继续坚持中国特色社会主义的前提下，确立了改革开放在国家发展中的作用序位和创新动力，在全面建设小康社会目标的指引下，在时间维度上形成了"新三步走"、跨越式发展等国家发展战略，在空间维度上先后确立了针对西部、中部、东北等区域的发展战略。以胡锦涛同志为主要代表的中国共产党人提出可持续发展理念，拓展了我国的发展理论，坚持以创新、和谐为持续发展的动力，形成了以人为本的科学发展观。

三、发展理论持续创新的技术路线

改革开放既是经济发展方式、发展制度等的创新，也是党和政府发展思想的解放。要实现思想的解放，关键还是要在改革实践中实事求是，在解决问题时实事求是，在创新发展中实事求是，这样才能在改革中与时俱进。因此，解放思想、实事求是和与时俱进也就成为改革开放后，推动发展思想及发展思路形成的重要路径。从改革开放到党的十八大召开，我国不断探索社会主义社会建设的方向。我们党从改革开放之初就再次确立了解放思想、实事求是的思想路线，明确提出要更加完整、全面、准确地把握和深刻理解毛泽东思想的深刻内涵，坚决摒弃"两个凡是"的思想，最终在"实践是检验真理的唯一标准"的大讨论中，认识到了脱离实际、脱离国情的危害。邓小平同志基于此背景，提出了"解放思想、实事求是"的思想。这一思想提出后，我国的发展模式产生了重大变革，确立了"以经济建设为中心"的发展战略；同时，在发展方式上以解放和发展生产力为核心目的，逐步实现了计划经济体制向社会主义市场经济体制的转型，使得我国实现了经济快速发展，极大释放了经济活力和提升了国家实力。随着我国社会主义市场经济体制的建立和逐步完善，在面对国内外环境变化时，以江泽民同志为主要代表的中国共产党人将发展的路径进一步拓展，形成了"解放思想、实事求是、与时俱进"的发展思路；在面对党在社会主义建设中的地位、国家经济社会发展的方向等问题时，我们党又逐步形成了"三个代表"重要思想，对我们党的发展思想和理论进行了创新。胡锦涛同志提出了"求真务实"的发展要求，对"解放思想、实事求是、与时俱进"的思想进行了高度概括。"求真"，即通过实践真正找到未来发展的真问题、真难点，发现发展中的规律性；"务实"就是要在实践中探索符合我国国情的发展道路、发展思想、发展理论，探索符合我国实际的发展规律。

四、以生产力解放为目标形成的可持续发展理论体系

在马克思主义政治经济学中，生产力被认为是人类社会发展和制度变迁的决定力量，人们通过分工协作能够极大地提升生产能力，解放生产力，从而推动生产关系的变革。因此，生产力不仅决定着生产关系，更是人类社会发展的决定力量。因此，马克思主义的社会发展理论指出，人的全面发展是通过人类社会生产力的解放来实现的。马克思、恩格斯在《共产党宣言》中指出："代替那存在着阶级和阶级对立的资产阶级旧社会的，将是这样一个联合体，在那里，每个人的自由发展是一切人的自由发展的条件。"[①] 马克思、恩格斯很早就提出了要致力于人类社会发展以及生产力解放的思想。我们党作为执政党，在推动中国特色社会主义建设和发展过程中始终秉承这一思想，从而形成我国社会发展的理论体系。

第一，以唯物史观为完善发展理论的基础，持续深化创新中国特色社会主义的发展理论。第二，始终坚持马克思主义实事求是、与时俱进的理论品格。马克思所在的时代与当今的时代是不同的，我国有自己的国情，面临的问题也与马克思所处的时代不同。因而，面对不同时代的不同问题，应当因地制宜、因时制宜地提出具有中国特色的社会主义发展理论，

---

① 马克思，恩格斯. 马克思恩格斯文集：第十卷 [M]. 北京：人民出版社，2009：666.

使发展理论能够不断创新。第三，"以人民为中心"的发展理念，始终使我党坚持为人民群众根本利益而奋斗的政治立场。邓小平同志提出的"三个有利于"，归根到底是为了人民的利益而奋斗，这是我党立党的根本所在。解放和发展生产力和提高我国的综合国力，最终的目的都是为了让人民生活得更加富裕，让人民群众的生活水平显著提升。江泽民同志在面对我国建设社会主义市场经济体制的新问题时指出，我国社会经济正面临多元化的主体，在此背景下，我们党不仅要始终坚持"以人民群众为本"的思想，而且应当清醒地认识到"我们党是代表最广大人民的根本利益的"①。江泽民同志提出人民群众的需求日趋多元，还强调了我党的根本宗旨是全心全意地为人民服务。胡锦涛同志在面对人民群众需求日趋多元化的基础上，提出了"以人为本"的理念，实际上再次明确了我党的根本宗旨。以人为本，不仅是将人民群众作为社会发展的基本组成部分，还表明人民是党服务的基本对象。由此看来，从邓小平同志"三个有利于"标准的提出，到江泽民同志"代表最广大人民的根本利益"，再到胡锦涛同志"以人为本"的思想理念，我们党对人民群众的认识持续深化，但立足于党的政治立场而言，党为人民群众根本利益而奋斗的实质没有改变，中国特色社会主义的发展理论的最终目标没有变化。第四，社会主义是以实现人的自由而全面的发展为理想的，这也是当代中国社会发展理论的最终目标。改革开放以来，历届党的领导集体无论在任何情况下，都没有放弃马克思主义提出的建设共产主义社会的最终理想。也正因如此，我国形成的中国特色社会主义的发展理论，始终坚持人的自由全面发展。

第三节　改革开放后至党的十八大发展理论实践的基本经验

一、把握现实发展的规律是发展理论创新的前提

改革开放以来，从我们党的发展理论的历史逻辑和思想理路可以看出，要让理论具有科学性，就需要把握发展的规律性，才能在此基础上进行富有时代性的理论创造。邓小平同志提出的"坚持解放思想、实事求

---

① 江泽民. 江泽民文选：第三卷 [M]. 北京：人民出版社，2006：3.

是"的发展思想，能够冲破当时社会中顽固的"两个凡是"的思想束缚，能够让大家思考是否摒弃苏联计划经济发展的模式，以及将工作重心转向经济建设的方向性问题，为"什么是社会主义、怎样建设社会主义"的问题提供了答案。这体现了我们党始终没有丢弃马克思主义实事求是的理念。邓小平同志在马克思主义生产力与生产关系辩证统一的基本原理的基础上，审视我国社会主义的发展，以生产力的解放和发展为基点提出了探索社会主义的发展规律的要求。正是在探索我国社会主义的发展规律的过程中，通过实事求是地总结经验、解决问题，才形成了具有中国特色的社会主义发展理论体系的基本框架。江泽民同志在对社会发展环境和条件全面分析的基础上，持续探索社会主义发展规律，并将中国共产党在执政过程中发现的基本规律与我国社会主义社会发展过程中的规律进行有机结合，从党、国家和社会发展的角度，进一步找到了我党的执政规律，也进一步从制度层面对中国特色社会主义的发展理论进行了深入探索和实践检验。胡锦涛同志继续高举中国特色社会主义的伟大旗帜，更加清晰、深刻地认识到了建设中国特色社会主义的基本规律，指出在充分把握基本规律的基础上进行社会实践活动，才能更加有效地解放和发展生产力，展现社会主义制度的优越性。

从我们党对中国特色社会主义的发展规律理解、认识、把握的历程可以得出以下经验和启示：第一，我们党对发展理论的创新，离不开对人类社会发展规律的认识；第二，中国共产党是以马克思主义理论为指导的，中国的发展理论是与当代西方发达资本主义国家发展理论具有不同的特征，因此，在看待我国的发展理论时，应当与西方发达国家的发展理论相区别，要用特殊的社会发展规律来看待社会主义的社会发展；第三，我国社会与马克思当时观察的社会不同，马克思主要是对当时英国、法国等社会生产力发展水平高、社会文明程度高的资本主义国家进行研究。因此，在生产力发展水平不高、人口众多的中国建立社会主义制度，实际上与马克思当初的研究和设想不同。因而，建设具有中国特色的社会主义的基本规律具有特殊性，我们要从人类社会发展的特殊、个别规律而非普适性规律来看待我国社会主义的发展实践和发展理论。由此，我们得到一个结论，我国是一个社会主义国家，既要坚持和遵循马克思主义社会发展理论的一般性规律和社会主义的基本价值取向，也要关注发展理论在中国特殊国情和特殊条件下的个性化特征。正是基于以上的经验，我们党的发展理论是马克思主义中国化时代化的成果。

二、重点突出和全面推进是发展理论形成的基本方法

自改革开放以来，我们党在发展理论的创新中采用的是率先解决重点难点问题，以点带面推动问题全面解决，这是马克思主义方法论在面对问题时的基本方法。因此，我们党坚持在马克思主义的发展价值取向和中国实际相结合的基础上，对发展理论持续进行创新。邓小平同志提出了"发展才是硬道理"的指导思想，以及符合中国实际的"以经济建设为中心"的发展战略和"物质文明和精神文明两手抓、两手都要硬"的发展方针。新中国成立之后，生产力较落后。改革开放之初，这种状况没有得到根本性改变，因此，我国不可能也不具备实现社会整体、全面发展的基础和条件。正是看到了我国客观的经济基础，邓小平同志指出："社会主义的本质，是解放生产力，发展生产力，消灭剥削，消除两极分化，最终达到共同富裕。"① 这一发展思想的形成，以及重点突出和全面协同发展的辩证思路，具有中国特色并符合中国社会的实际情况。在此基础上，江泽民同志不仅号召全党和全国各族人民在坚持以经济建设为中心的背景下始终坚持解放和发展生产力，而且提出了我国的发展要以发展先进生产力为重点，加大科技创新，通过科学技术的进步和全球化背景下的信息化建设，推动生产力的跨越式发展。江泽民同志还指出："我们建设有中国特色社会主义的各项事业，我们进行的一切工作，既要着眼于人民现实的物质文化生活需要，同时又要着眼于促进人民素质的提高，也就是要努力促进人的全面发展。这是马克思主义关于建设社会主义新社会的本质要求。"② 江泽民同志提出了"三个代表"重要思想，这一思想的提出就是上述本质要求的集中体现。胡锦涛同志在继续坚持我国以经济建设为中心的发展思路的基础上，结合当时我国经济发展的外部因素和内部结构变化，从以人为本的视角提出了全面、协调、可持续的发展观。

从重点突出与全面协同发展相统一的方法论视角，我们可以得到以下启示：首先，从发展的理论内涵看待社会整体的进步，发展是社会中各个方面的全面进步，要以全面的标准来衡量全社会的发展水平，局限于任何一个方面、领域、区域的发展都是片面的；其次，我国是在中国共产党领

---

① 邓小平. 邓小平文选：第三卷 [M]. 北京：人民出版社，1993：373.
② 江泽民. 江泽民文选：第三卷 [M]. 北京：人民出版社，2006：294.

导下的社会主义国家，国家的建设和发展若没有实现整个社会的进步，则无法体现中国共产党的先进性，也无法体现社会主义制度的先进性，更无法体现社会主义制度的优越性；最后，改革开放之初我国是一个发展水平比较低的国家，国家经济社会的基础落后，整体实现社会进步和发展是不符合实际的。因此，我国只能根据实际情况，采用重点突出和全面协同相结合的方法，逐步推动社会全面进步和持续发展。

三、党的领导是我国发展理论创新的方向保证

我国的发展理论在经济社会的发展中不断创新，其根本原因在于中国共产党的领导。中国共产党拥有自我革命的勇气和不怕失败的信心，源于党的群众基础。邓小平同志提出以经济建设为中心的发展思路，是以坚持四项基本原则为根本前提的，邓小平同志指出："我们要在中国实现四个现代化，必须在思想政治上坚持四项基本原则。这是实现四个现代化的根本前提。"[1] 四项基本原则中最为重要的是坚持党的领导，这也是社会主义发展理论的重要基础。江泽民同志也指出，党领导下的社会主义建设是我们必须坚持的基本原则，是与资本主义国家、资产阶级政党、资本主义发展方式和西方发展理论根本区别的发展道路，在我们推动社会主义建设发展过程中，必须坚持党的领导，在推进党的自身建设和发展中，构建党与社会发展互为结合的发展理论。胡锦涛同志正是充分认识到我国社会主义建设和发展过程中必须坚持党的发展的必要性，因此，基于国情和时代发展特征提出了符合我国实际的科学发展观，形成了以科学发展观为基础的包括党的理论、和谐社会理论、社会主义核心价值理论、创新型国家理论等在内的具有中国特色的科学发展理论。

由坚持中国共产党的领导，并持续对发展理论进行创新的经验，我们可以得出以下三点启示：第一，要清醒认识到社会主义道路是发展理论创新的基础和条件，没有马克思主义基本原理的指导，没有民族的独立，就不可能有中国社会的科学、可持续发展。第二，中国共产党从建立之初就坚持马克思主义，代表和维护最广大人民群众的立场和根本利益，将为人民服务视为根本宗旨。因此，要实现中国经济社会的全面发展必须坚持中国共产党领导下的无产阶级专政，只有实现无产阶级专政才能对资本扩张

① 邓小平. 邓小平文选：第二卷 [M]. 北京：人民出版社，1994：164.

进行控制。第三，在中国共产党的领导下，我国经济社会发展取得了世人瞩目的成绩，中国共产党领导下的中国发展实践，为我国发展理论的创新提供了重要的支撑。

第四节　改革开放后至党的十八大发展理论的基本结论与启示

一、中国特色社会主义是发展思想和理论形成的基础

中国特色社会主义理论是基于我国国情、反映我国社会主义发展实践的基本理论，是当前我国实现人民共同理想的思想基础和根本遵循。

第一，中国特色社会主义从根本上说，充分体现了人民群众追求全面发展的理想性与过程性的有机统一。社会经济的发展既是人民群众从事实践活动的目的，也是一个持续的动态追求物质和精神生活满足的过程，因此，社会的发展体现了各个历史阶段人们实现物质和精神目标的历史过程。因而，我们党领导全国各族人民建设中国特色社会主义的过程，实际上是党的共产主义最高纲领和基本纲领的统一，也是我们党的建设发展与社会发展的统一。由于我国正处于社会主义初级阶段，因而，首先要实现社会主义初级阶段的目标，作为实现共产主义的基础条件。从改革开放到党的十八大召开，我国经历了30多年的发展，取得了社会主义事业的伟大成就，获得了发展经验，为新时代的社会主义建设提振了信心，也为实现远大理想奠定了物质基础。

第二，中国特色社会主义为发展成果的共建共享提供了基础和保证。社会发展的成果归谁所有，是社会主义和资本主义的根本区别。因此，共建的发展成果最终能否为最广大人民群众所共享，是判断中国共产党执政能力是否符合马克思主义基本原理、是否符合先进生产力发展要求的重要标准。要建设中国特色社会主义，就要符合广大人民群众的根本利益，"以人为本"是发展的内在要求，也是社会主义的本质要求。因而，我们要坚决落实科学发展，实现人的全面发展、让发展成果惠及全体人民，这是当代中国最先进、最根本的发展理念。

二、发展理论不断创新才能推动中国科学发展

改革开放到党的十八大的发展经验表明，只有不断创新的发展理论，才是与时俱进、符合实际的发展理论，才能够保证和持续推动中国社会向前发展。

第一，实践是检验真理的唯一标准，任何发展理论都必须在实践中得到检验，在实践中进行创新，从而推动社会持续发展。改革开放之初，我国经济发展水平低、生产能力弱、社会发展动力不足、社会矛盾突出，为适应当时我国国情而提出的改革开放，符合社会发展的基本规律。党的发展思想和理论实际上是在实践中不断总结经验、校准理论的过程中形成的科学发展理论，在推动我国经济社会发展方面发挥了不可替代的作用。但实践的步伐不会止步，理论总是要与时俱进、持续创新才会具有生机活力。要通过不断总结实践发展经验，对发展理论做出新的提炼、概括和总结。因此，理论的创新推动实践的创新，实践的创新进一步丰富理论。要从理论和实践的双向互动中持续研究新情况、解决新问题，从而剥离和摘除思想和理论认识中那些不合时宜的东西，这才符合马克思主义实事求是的要求，这也是我们能够从主观错误和教条主义中解脱和解放出来，不断前进的根本原因。人民群众是最重要的实践主体，人民群众是发展理论创新的重要源泉。

第二，要学好用好马克思主义的矛盾论，保持问题意识，始终将认识和解决社会主要矛盾和人民群众最关心的问题作为实践创新、推动发展理论创新的着力点。马克思主义的发展理论与资本主义以及其他发展理论是不同的，区别就在于马克思主义的发展理论能够随着时代进步、解决时代问题。在我国社会发展经历曲折和挫折之后，邓小平同志总结经验并提出了回答"什么是社会主义、怎样建设社会主义"等根本性问题的邓小平理论。面对我国社会主义市场经济的发展，江泽民同志将执政党与社会发展问题进行结合，提出了"三个代表"重要思想，形成了新的社会发展理论。胡锦涛同志根据新的世界形势和时代背景，针对社会主义国家要"实现什么样的发展、怎样实现发展"这一重大问题，提出了科学发展观。

第五节　对我国改革开放后至党的十八大发展理论的评论

改革开放到党的十八大是我国发展理论不断丰富和发展的重要时期，在党的领导下，我国发展理论沿着发展速度理论—发展次序理论—增长方式理论—周期与波动等理论逻辑脉络，逐步实现了由零散向系统化发展、由浅层次向深层次发展、由本土化向国际化演变的趋势。

一、发展速度理论开了新阶段发展理论研究的先河

在新中国成立之后一段时间内，我国在经济增长方面已开始出现脱离现实生产力水平的情况，在实践探索中，从学习战略逐渐向赶超战略转变。在这一发展过程中，经济发展违背了客观规律，在多种因素的作用下，我国的经济增长与社会发展的多个方面都受到了负面影响。在此背景下，党的十一届三中全会开启了改革开放和社会主义现代化建设新时期。因此，在经济学界直接表明要加快社会主义现代化建设的步伐后，我国学者也针对发展问题开启了众多有价值的研究。1978 年，在《经济研究》上最先开始的经济增长问题的深刻讨论，实际上反映出我国学者对经济增长指导思想转变的要求，从不重视经济发展逐渐开始强调经济发展速度问题。在我国改革开放的初期，经济学家首先将我国经济发展的讨论聚焦于发展概念和政策方面，其中很多结论都充分结合了我国的实际国情探讨经济发展速度问题，充分反映了当时人们对经济较快发展的急切期盼。因此，当时对经济发展速度问题的讨论，不是理论的创新而是发展思想的转变，主要是为了克服斗争理念所带来的负面影响，在一定程度上对发展规律进行探索性研究。在对经济增长高速的概念和内涵的研究中，学者的观点主要还是集中在经济的高速发展方面，且对发展的高速度的内涵有更加广泛的探讨。这反映出人们在对原有发展思路进行反思的基础上，对改革开放初期经济增长速度的理解和认识的深化，相较之前的发展研究更为全面，逐渐由先前的单纯追求增长速度转变为注重经济增长的效益。

二、对马克思主义再生产理论中的生产资料优先增长理论的研究

生产资料的优先增长问题，是马克思再生产理论中的一个重要问题，

其核心思想是：在社会扩大再生产的过程中，资本的有机构成持续提高，相较于消费资料的增长速度而言，生产资料的增长速度要更快。此后，列宁在马克思相关研究的基础上，加入技术进步的因素，得到的结论是：生产资料的增长速度比消费品的增长速度更快。许多学者对列宁的这个结论进行了研究，有学者赞同，有学者不赞同。其中，持否定意见的代表人物包括朱家桢、鲁济典和孟连等，1979 年，《经济研究》对这些学者的文章进行了刊载。他们的主要观点是认为社会主义和资本主义生产的目的、发展的环境、技术有机构成和技术进步的条件不同，因而，社会主义国家不仅要重视经济的快速发展，还要兼顾物质和文化需要，生产资料的增速是否更高取决于科学技术能否进步。针对上述情况，陈伯庚、吴贤忠和马镔等学者于 1980 年在《经济研究》发表的文章中对生产资料先于消费品增长的理论表示赞成，他们认为：生产资料增速必须高于消费资料增速，才能保证在特定的技术约束下，更高效地扩大再生产。学者们的争论无疑在一定程度上反映了我国过度重视经济增速的问题，而要发展就应当既要注重生产，也要注重群众的消费。这表明我国的经济发展理论已经在一定程度上得到了发展。

三、改革开放探索符合我国国情的发展战略转型

随着改革开放步伐的加快，我国在 1982 年提出建设中国特色现代化的目标。现代化建设必须要结合我国国情，同时，中国的现代化必须要在对马克思主义相关理论的继承和创新中，确立符合我国国民经济实际状况的发展战略。学者开始关注经济发展战略，表明人们对经济的关注点已经不仅仅是产值增速，而将更多的关注点聚焦到经济增长的效益上来，在关注整体利益的同时开始关注局部利益。20 世纪 80 年代开始，学者们针对经济发展战略问题的研究和讨论，反映出人们对"以阶级斗争为纲"时期赶超思想的反思。在理论层面，经济发展战略的转变代表着经济增长方式的调整，也是对粗放型经济模式中过度强调经济规模增长所暴露出的缺陷和不足的反思，此时研究的重点开始转向如何转变增长模式、转变成什么样的经济增长模式。大部分学者都认为，应当将经济增长模式划分为结构型增长模式和速度型增长模式。在实际发展过程中，结构型增长模式往往被忽略掉，但从长期来看，结构型增长模式应当是更符合和适合我国经济的

增长模式。当然，也有学者将增长模式划分为数量型增长模式和质量型增长模式。在研究我国增长模式转变的过程中，学者们以现实中的各种矛盾和问题为突破口，探寻解决方法。其中比较有代表性的观点认为，要实现经济增长模式的有效转变，应当从微观和宏观两个方面入手，即从企业和国家层面双向入手。但由于我国社会主义市场经济体制是在探索中建立的，因此，直到 20 世纪 90 年代，我国依然还处在经济增长方式和发展模式的转变过程中。

四、在国际比较中探讨经济周期和波动问题

改革开放之前，国内多数学者对社会主义条件下存不存在经济周期和波动问题的认识是，将经济周期和波动与资本主义社会制度联系起来，不认为社会主义社会存在经济周期和波动问题。因此，在很长一段时间，我国学者未对经济周期和波动问题进行研究，直到改革开放之后相关研究才逐渐增加。随着我国参与国际经济活动的增多，学者们也开始拓展自己的研究视野，这在一定程度上推动了我国学者对经济周期和波动问题的研究。实际上，由我国改革开放的实践可以看出，我国的经济增长和发展过程中也是存在经济周期和波动情况的。因此，经济周期和波动与社会性质没有关系，而是可能存在于经济发展的各个阶段。从 20 世纪 90 年代开始，我国学者对经济周期和波动问题的研究逐步深化，推动了发展理论的改进。

总体而言，改革开放之后到党的十八大，我国对经济增长与经济发展的认识及研究日趋深化，相关的理论研究及成果逐步增加，为我们更加深刻和全面地认识我国经济发展提供了重要的理论指引。这也对我国经济稳健发展起到了重要的支撑作用，也进一步提升了我国经济决策的科学性、合理性，相关政策的制定和执行更符合我国国情，从而有力推动了我国社会的进步与发展。从我国发展理论逻辑的形成过程可以看出，自我国改革开放以来，我国学者对经济发展及相关发展理论的深入研究，既与党的经济发展战略思想的变化息息相关，也与我国经济社会的发展实践活动紧密相关，形成了具有我国特色的经济发展理论，这种演进的道路轨迹反映出我国经济发展理论已经逐渐系统化、成熟和完善。归纳起来，我国经济发展理论的演变主要有以下三个特点：一是学者们的研究使我们对经济增长

和经济发展有了更全面的认识，不再仅仅关注增长的速度，而开始更加全面地看待经济增长和经济发展之间的关系，制定出更加符合经济发展规律的政策举措；二是学者在发展理论的研究上，从发展思想向发展理论再到更加注重中国经济现实的实证研究转向，相关研究更加具有中国特色；三是随着对发展理论的研究深入，学者对发展理论的研究更加细化，研究的专业性越来越强。未来，我国的经济发展理论研究应当在结合我国国情的基础上，为世界经济发展贡献更多中国力量。

第六章　党的十八大以来对发展理论的探索

党的十八大以来，面对世界百年未有之大变局，着眼于实现中华民族伟大复兴的中国梦，以习近平同志为核心的党中央坚持运用马克思主义基本原理，在继承并贯彻落实科学发展观的基础上，科学借鉴和吸收了世界领域的先进发展理念，结合新时代中国经济社会发展的现实需求及社会主要矛盾转化的实际，进一步提炼和深化发展思想。

第一节　战略判断：中国的发展处于重要的战略机遇期

"战略机遇期"是一个通用术语，它意味着世界上许多国家对中长期发展前景进行宏观评估。它通常是指国际国内各种因素综合作用形成的，能够为一个国家或地区的经济社会发展及其国际地位提升提供良好条件和机遇的时期，是一个特定的历史时期，对历史轨迹有着长期而深刻的影响①。党的十六大报告指出，"综观全局，二十一世纪头二十年，对我国来说，是一个必须紧紧抓住并且可以大有作为的重要战略机遇期"。这是党中央第一次作出了"重要战略机遇期"的战略判断。

国际金融危机在 2008 年爆发后，世界经济开始了新一轮重大调整、变革以及转型，大国之间的战略博弈全面深化，全球治理体系和国际秩序的变革加快，人类发展面临着新的机遇和挑战，世界面临的不稳定性和不确定性日益突出。党的十八大以来，中国特色社会主义进入了新时代。习近平

---

① 何谓"战略机遇期"[J]. 中国职工教育，2012（17）：35.

总书记在党的十九大报告中指出："这个新时代，是承前启后、继往开来、在新的历史条件下继续夺取中国特色社会主义伟大胜利的时代，是决胜全面建成小康社会、进而全面建设社会主义现代化强国的时代，是全国各族人民团结奋斗、不断创造美好生活、逐步实现全体人民共同富裕的时代，是全体中华儿女勠力同心、奋力实现中华民族伟大复兴中国梦的时代，是我国日益走近世界舞台中央、不断为人类作出更大贡献的时代。"中国特色社会主义进入了新时代，这是我国发展新的历史方位，标志着中国特色社会主义事业进入了新的发展阶段。新时代，尽管国内外形势正在发生深刻而复杂的变化，但中国的发展仍然处于重要的战略机遇期。在党的十九届五中全会上，习近平总书记再次强调："我国发展仍然处于重要战略机遇期，但机遇和挑战都有新的发展变化。"以习近平同志为核心的党中央做出的这一重大战略判断，体现了我们党对当今时代形势的清醒认识和科学把握，为谋划新发展提供了根本遵循。

一、世界处于"百年未有之大变局"

党的十九大以来，习近平总书记多次指出"当今世界正处于百年未有之大变局"。这是我们党立足中华民族伟大复兴战略全局，科学认识全球发展大势、深刻洞察世界格局变化而作出的重大判断。党的二十大报告论述了"百年未有之大变局"给中国发展带来的机遇与挑战："当前，世界百年未有之大变局加速演进，新一轮科技革命和产业变革深入发展，国际力量对比深刻调整，我国发展面临新的战略机遇。同时，世纪疫情影响深远，逆全球化思潮抬头，单边主义、保护主义明显上升，世界经济复苏乏力，局部冲突和动荡频发，全球性问题加剧，世界进入新的动荡变革期。"这一重要论述为我们认识和把握发展的重要战略机遇期提供了全新指导。具体来看，新一轮科技革命和产业变革是大变局的重要推动力量，国际力量对比深刻调整尤其是"东升西降"是大变局发展的主要方向，新冠疫情全球大流行是加剧大变局演进的催化剂，世界进入动荡变革期是大变局的基本特征。大变局下世界发展的主要趋势呈现出八个方面的特点。

（一）新一轮科技革命和产业变革深入推进

进入 21 世纪以来，科学技术加速进步，全球科技创新进入空前密集活跃的时期，新一轮科技革命和产业变革深入推进，具有多点突破、交叉汇聚的特征，全球创新版图、全球经济结构正在被重构。物质科学、生命科学、地球与空间科学等领域不断取得重大原创性突破，信息技术、生物技术、制造技术、新材料技术、新能源技术等领域的颠覆性技术不断涌现，人工智能、互联网、大数据等新兴技术与传统技术相结合，孕育出以绿色、智能、泛在为特征的群体性重大技术变革。这带动了新一轮产业变革，创造出新产业新业态，如新能源汽车、智能装备、大数据、共享经济等，传统产业得到革命性重塑，产业更新换代不断加快；带来大量新投资机会，推动全社会对应用研究和基础研究、科技成果产业化等方面的投资持续增加；提高了技术进步对经济增长的贡献率，数字经济为全球经济增长注入了持久的发展新动能。《全球数字经济白皮书（2024）》显示，2023 年，美国、中国、德国、日本、韩国 5 个国家数字经济总量超过 33 万亿美元，同比增长超 8%；数字经济占 GDP 比重为 60%，较 2019 年提升约 8 个百分点；产业数字化占数字经济比重的 86.8%，较 2019 年提升 1.3 个百分点。各国科技竞争更为激烈，很多国家将支持新技术创新和新产业发展上升为国家战略，相继出台支持政策，迫切希望抢占科技竞争制高点，这将引发世界政治经济格局出现新调整。新一轮科技革命和产业变革推动生产方式、社会结构和生活方式发生深刻变化，在塑造世界政治经济格局、改变国家力量对比方面的决定性作用愈加凸显。这一切为我国转向高质量发展阶段提供了新的重大机遇。

（二）国际力量对比深刻调整

近年来一些发达国家经济社会发展陷入低迷，发展活力缺失，产业空心化、人口老龄化、收入差距扩大化严重威胁经济发展，社会内部严重分裂甚至走向对立。而新兴市场国家和发展中国家整体性崛起，呈现加速发展态势。近年来，新兴市场国家和发展中国家占全球经济总量的比重已接近 40%，对世界经济增长的贡献率已经达到 80%，成为全球经济增长的主要动力。国际力量对比的深刻调整，推动国际经济、科技、文化、安全、政治格局出现重大变化，推动全球治理体系出现深刻变革，"东升西降"是最具革命性的变化。西方垄断国际事务的局面难以为继，新兴市场国家和发展中国家的国际地位和话语权不断提升。中国，作为世界上最大的发展中国家，其崛起无疑是"东升西降"趋势中最引人注目的篇章，是世界大变局里最大的变量。

（三）经济全球化遭遇逆流

全球化有力地推动了世界经济快速发展，构成人类社会进步的重要动力，是大势所趋。然而最近若干年来各种因素给全球化带来较大不确定性，贸易保护主义、单边主义上升，新冠疫情对开放合作带来严重冲击，国际贸易投资持续低迷，全球产业链、供应链、价值链面临重构，经济全球化发展压力增大。世界多极化也遭遇阻挠，以美国为代表的一些发达国家不愿失去国际体系的主导权、控制权，频频通过其垄断的金融、科技权力遏制发展中国家，调整国际经贸规则以保护自身利益。国际经济政治格局变幻不定，全球性治理议题日趋复杂，全球性危机此起彼伏，不断挑战人类社会。

（四）国际政治格局的分化

近年来，国际政治格局呈现出明显的分化趋势。一方面，随着一大批新兴市场国家和发展中国家走上发展的快车道，几十亿人口正在加速走向现代化，多个发展中心在世界各地区逐渐形成，国际力量对比深刻调整，大国之间的竞争与博弈日益激烈，特别是中美之间；另一方面，俄乌冲突、巴以冲突等地缘政治冲突频发，成为威胁世界和平与稳定的重要因素。地缘性政治冲突往往涉及复杂的历史、文化和民族因素，其解决难度较大。冲突各方往往因利益纷争而难以达成妥协，导致局势持续紧张甚至升级。这种紧张局势不仅损害当事国的国家利益，还可能对周边国家及整个地区的安全稳定构成威胁。国际政治格局的分化加剧了地缘性政治冲突的复杂性。不同国家基于自身利益和战略考量，往往采取不同立场和行动，导致冲突解决进程受阻。此外，一些大国为了维护自身霸权地位，试图通过干涉他国内政、制造阵营对立等手段来削弱竞争对手，进一步加剧了国际局势的动荡。国际政治格局分化与地缘性政治冲突对当前世界和平与稳定造成了严峻威胁。面对这种百年未有之大变局，中国如何自处，如何与世界相处成为一个难题。以新发展理念引导新发展格局的构建成为中国应对当前世界之变的重要路径。

（五）全球工业化和城镇化深入发展

现代化的两大引擎是工业化和城镇化。城镇化的重要动力是工业化，城镇化也对工业化产生了重要的带动作用，推动现代化进程的不竭力量是二者的深入融合发展。随着全球工业化和城镇化的深入发展，世界经济增长的巨大空间和潜力将不断被释放。欧美发达国家引领和主导着工业化和城镇化进程，发展中国家处于追赶的阶段。从发达国家工业化的趋势来看，新一轮产业变革和科技革命成果显现，以信息技术为主导的新产业群的兴起，使得人工智能、大数据、量子信息、生物技术等成为世界经济的巨大推动力量；生态化发展成为新趋势，可持续发展观念深入人心。与此同时，发达国家进一步挖掘城镇化新内涵，为经济增长开辟新空间。一是大力发展大都市连绵区建设。目前，美国已经形成东北部大西洋沿岸巨大城市带、中西部巨大城市带、太平洋沿岸巨大城市带，美国一半的人口在此集聚。二是在城市更新改造过程中推动绿色环保理念，可持续社区建设、绿色建筑与建筑节能等成为城镇化转型发展的强大支撑。三是加大了城乡一体化建设力度。

（六）国际社会对绿色发展的重视程度空前提高

对工业文明的反思是国际上盛行的生态思想的萌芽。18世纪以来的工业革命为人类改变世界提供了强有力的工具，使经济社会发展取得了长足进步。然而，工业化进程也深深改变了世界，带来一系列严重的生态环境问题，使人类文明的发展陷入困境[①]。杰里米·里夫金在《第三次工业革命》的开头就指出，"工业文明正处在十字路口，化石能源正日趋枯竭，靠化石燃料驱动的技术已陈旧落后，以化石燃料为基础的整个产业结构运转乏力"[②]。传统的工业化道路引发了经济与生态的矛盾，造成了生态环境的恶化和资源、能源的枯竭。气候变化、环境污染和生态破坏逐渐成为全球性问题，使各国开始反思传统发展模式的弊端。国际社会为解决经济与生态之间的矛盾进行过长期努力，1972年，联合国召开"人类环境会议"，通过了《人类环境宣言》，呼吁保护环境，摒弃以破坏环境为代价发展经济的做法。1992年，联合国又召开"环境与发展大会"，《里约环境与发展宣言》和《21世纪议程》两个纲领性文件在会议上被通过，同时可持续发展战略被提出。2015年，联合国可持续发展峰会通过了《2030年可持续发展议程》，这表明国际社会对绿色发展愿景达成了新的共识，也为未来世界各国的可持续发展和国际合作指明了方向。21世纪以来，国际社会更加重视绿色发展，尊重自然、顺应自然、保护自然的生态价值观正深入人心，全球生态环境恶化趋势有望得到缓解。

（七）全球社会信息化和文化多样性深入发展

经济社会的数字化、网络化、智能化发展被新一轮科技革命和产业变革推动着，显著提高了全球社会信息化程度。当前，数字经济深刻改变着人类的生产和生活方式，深刻影响着各国的经济社会发展、全球治理体系

---

① 钱易，温宗国. 新时代生态文明建设总论［M］. 北京：中国环境出版集团，2021.
② 里夫金. 第三次工业革命［M］. 张体伟，译. 北京：中信出版社，2012.

和人类文明进程。从生产方式看，数字经济带来了产业技术革命性变化和商业模式突破性创新，推动产业范式转变和企业组织形态重构，推动生产方式智能化、产业形态数字化和产业组织平台化。从生活方式看，网络购物、电子商务以及虚拟现实技术使人们能够以互联网为载体直接体验购物过程。世界的基本特征是文化多样性，同时它也是人类进步的源泉。百年未有之大变局中，有一种十分明显的变化，那就是文明冲突已经上升为国际政治中的突出矛盾了①。文化已成为国际治理的重要组成部分，原因有三：第一，促进区域一体化的基本要素已成为文化。例如，20 世纪 90 年代以来，欧盟与东盟在一体化进程中都不约而同地把制定区域文化规则作为三大任务之一，把社会文化共同体建设作为支柱性战略②。第二，全球治理中西方学者提出的"文明冲突论"③，在一定程度上反映了文明差异影响国际合作的普遍现象和原因。第三，大国之间的软实力竞争与合作非常激烈。世界各国，特别是大国，都把提升文化软实力作为国家战略。从好的一面来看，世界范围内文化交流融合和多元发展态势进一步确立，推动人类文明进步和世界和平发展的重要动力变为文化交流互鉴。

（八）以多边主义为特征的全球治理体系是维护世界稳定的基石

习近平总书记指出，世界经济深刻调整，保护主义、单边主义抬头，经济全球化遭遇波折，多边主义和自由贸易体制受到冲击，不稳定不确定因素依然很多，风险挑战加剧④。当今世界局势错综复杂，世界比任何时候都更需要多边主义。国际社会支持多边主义的声音是主导力量，加强多边合作，秉持共商共建共享的理念，实现合作共赢，是全球治理的基本特征和趋势。世界贸易组织、国际货币基金组织、世界银行等国际机构，以其成员众多和专业化优势，为全球治理提供基本的规则体系；国际经济合作的重要平台已成为二十国集团；新兴市场国家和发展中国家积极参与全球治理的一个重要渠道是金砖国家和其他多边机制；我们将加强"一带一路"国际合作，坚持共同分享、共同建设的原则，通过双边合作、三方合作和多边合作，创建互利共赢的开放合作平台，促进世界经济的发展⑤。

---

① 于洪君. 理解"百年未有之大变局"［M］. 北京：人民出版社，2020.
② 郭树勇. 区域文化治理与世界文化秩序［J］. 教学与研究，2016（11）：62-70.
③ 亨廷顿. 文明的冲突［M］. 周琪，译. 北京：新华出版社，2013.
④ 习近平. 共建创新包容的开放型世界经济［M］. 北京：人民出版社，2018.
⑤ 中共中央宣传部. 习近平新时代中国特色社会主义思想学习纲要［M］. 北京：学习出版社，2019.

二、中国经济发展进入"新常态"

当今时代，风云变幻，面对世界"百年未有之大变局"，如何因势而动，顺势而为，科学施策，很考验执政党的执政能力。经济发展是螺旋上升的过程，需要根据发展的阶段性特征，提出相关的发展要求。改革开放以来，中国经济发展迅速，成绩显著。然而，2010年以后，由于全球经济增长总体放缓，中国经济发展转向常态化中高速发展阶段。2013年，党中央对"三个阶段叠加"的经济形势作出了重要的判断，即中国经济发展处于一个转变的增长速度、一个结构调整阵痛期、一个早期消化期。2014年12月9日，在中央经济工作会议上，习近平总书记进一步作出我国经济发展进入新常态的重大战略判断，"新常态下……发展方式要从规模速度型转向质量效率型，经济结构调整要从增量扩能为主转向调整存量、做优增量并举，发展动力要从主要依靠资源和低成本劳动力等要素投入转向创新驱动。这些变化，是我国经济向形态更高级、分工更优化、结构更合理的阶段演进的必经过程"[①]。习近平总书记在该会议上还分析了我国经济发展进入新常态的一些原因，强调当前和今后一个时期我国经济发展的大逻辑是认识新常态、适应新常态、引领新常态。我国经济发展进入新常态，这是党中央综合分析世界经济长周期和我国发展阶段性特征及其相互作用作出的重大战略判断，是发展思路的重大调整，深刻揭示了新时代我国经济呈现出"速度变化、结构优化、动力转换"的特点。2017年党的十九大报告明确指出，"我国经济已由高速增长阶段转向高质量发展阶段，正处在转变发展方式、优化经济结构、转换增长动力的攻关期"。2017年12月召开的中央经济工作会议将"经济发展新常态"作为习近平经济思想的重要组成部分。

我国经济发展新常态的特点主要有以下三个方面：

（一）增长速度的变化

我国经济从高速增长转变为中高速增长，从平均每年近10%的增长率转变为每年约7%的增长率[②]。经济增长率的变化不仅反映了经济增长的客观趋势，也反映了我国宏观调控目标的新取向。从经济增长客观趋势来看，随着国际政治经济环境的深刻变化和国内环境约束的日益趋紧，我国

①　习近平.习近平关于社会主义经济建设论述摘编［M］.北京：中央文献出版社，2017：96.
②　顾保国.新时代新发展理念要览［M］.天津：天津人民出版社，2020.

经济增长正在经受国内外资源、能源、环境等方面的诸多压力和挑战：世界经济增长持续乏力，国际市场需求持续疲软，中国投资和消费需求增速放缓，产能过剩问题严重。资源、生态环境约束加剧，劳动力成本上升等因素，加上高投入、高消费，使我国难以维持以数量扩张为主的高增长。从宏观调控的目标取向来看，在新常态下，发展模式具有从规模、速度型向质量、效率型转变的特点。宏观调控的目标是适应这一变化，从稳增长、促改革、调结构、惠民生、防风险五个方面进行统筹规划，使中国经济航向稳定。新常态经济需要 GDP，但不需要过去的 GDP 增长模式；我们需要增长，但我们应该把 GDP 增长放在发展模式中，让 GDP 增长成为再生增长模式和生产力发展模式的一部分。

（二）经济结构的优化

改革开放以来，我国经济取得了突出的成就，但我国多年形成的粗放型增长方式的弊端和结构性矛盾问题日益突出：企业竞争优势来源于低价格和规模效益，核心科技的竞争力不足；投资主导型经济导致消费对经济拉动不足；环境压力持续加大；人口老龄化加速和人口红利消失；城镇化发展的负面问题开始显现；区域经济发展不均衡等。我国经济发展达到一定阶段，必然要求进行经济结构优化，要从以增量扩能为主转向调整存量、做优增量并举来进行经济结构调整，特别是要将发展第三产业、高附加值产业和绿色、低碳、环保产业置于优先地位，推动产业由中低端向中高端发展①。在需求结构中，我国内需占比增加，外需占比逐渐下降，要降低我国经济的外向型依赖程度，有效防御未来的世界经济危机和贸易摩擦所带来的风险。

（三）发展动力的转换

发展动力要从主要依靠资源和低成本劳动力等要素投入向创新驱动转变。过去那种吃资源饭、环境饭、子孙饭的粗放式发展模式正在让位于以转型升级、生产率提高、创新驱动为主的科学发展、可持续性发展和包容性发展模式。

在出现上述深刻变化的同时，中国经济也有不变的一面。习近平总书记强调："新常态下，尽管我国经济面临较大下行压力，但'十三五'及

① 顾保国. 新时代新发展理念要览 [M]. 天津：天津人民出版社，2020.

今后一个时期，我国仍处于发展的重要战略机遇期，经济发展长期向好的基本面没有变，经济韧性好、潜力足、回旋空间大的基本特质没有变，经济持续增长的良好支撑基础和条件没有变，经济结构调整优化的前进态势没有变。"① 因此，中国经济发展新常态，作为中国经济发展阶段性特征的必然反映，实际上是变与不变的辩证统一。

第二节　理论探索：党的十八大以来提出的重大发展理论和理念

党的十八大以来，以习近平同志为核心的党中央针对不同时期经济社会发展的新要求，提出了许多重大的发展理论和理念（见表6.1）。党的十九大报告指出："我们党以巨大的政治勇气和强烈的责任担当，提出一系列新理念新思想新战略，出台一系列重大方针政策，推出一系列重大举措，推进一系列重大工作，解决了许多长期想解决而没有解决的难题，办成了许多过去想办而没有办成的大事，推动党和国家事业发生历史性变革。这些历史性变革，对党和国家事业发展具有重大而深远的影响。"②

表 6.1　党的十八大以来提出的重大发展理论和理念的时间

时间	理论来源	关键词	主要观点和政策取向
2013 年 11 月 9 日	中共十八届三中全会《中共中央关于全面深化改革若干重大问题的决定》	市场在资源配置中起决定性作用	我国实行的是社会主义市场经济体制，要使市场在资源配置中起决定性作用和更好地发挥政府作用
2014 年 12 月 9 日	中央经济工作会议《经济工作要适应经济发展新常态》	经济发展新常态	我国经济发展新常态有速度变化、结构优化、动力转换三大特点。认识新常态，适应新常态，引领新常态，是当前和今后一个时期我国经济发展的大逻辑

---

① 习近平. 在省部级主要领导干部学习贯彻党的十八届五中全会精神专题研讨班上的讲话 [N]. 人民日报，2016-05-10 (2).

② 习近平. 决胜全面建成小康社会 夺取新时代中国特色社会主义伟大胜利：在中国共产党第十九次全国代表大会上的报告 [M]. 北京：人民出版社，2017.

表6.1(续)

时间	理论来源	关键词	主要观点和政策取向
2015年 10月29日	中共十八届五中全会《以新的发展理念引领发展,夺取全面建成小康社会决胜阶段的伟大胜利》	新发展理念	坚持创新、协调、绿色、开放、共享的发展理念。创新发展注重的是解决发展动力问题,协调发展注重的是解决发展不平衡问题,绿色发展注重的是解决人与自然和谐问题,开放发展注重的是解决发展内外联运问题,共享发展注重的是解决社会公平正义问题
2015年 11月10日	中央财经领导小组第十一次会议《贯彻落实新发展理念,着力加强供给侧结构性改革》	供给侧结构性改革	牢固树立和贯彻落实创新、协调、绿色、开放、共享的新发展理念,适应经济发展新常态,坚持稳中求进,宏观政策要稳、产业政策要准、微观政策要活、改革政策要实、社会政策要托底,在适度扩大总需求的同时,着力加强供给侧结构性改革,着力提高供给体系质量和效率,推动我国社会生产力水平实现整体跃升
2015年 12月18日	中央经济工作会议《对新常态怎么看,新常态怎么干》	经济发展新常态	推进供给侧结构性改革,是适应和引领经济发展新常态的重大创新,是适应国际金融危机发生后综合国力竞争新形势的主动选择,是适应我国经济发展新常态的必然要求
2016年 1月29日	中共十八届中央政治局第三十次集体学习《新发展理念是指挥棒、红绿灯》	新发展理念	创新、协调、绿色、开放、共享的新发展理念,集中体现了"十三五"乃至更长时期我国的发展方向、发展着力点,是管全局、管根本、管长远的导向
2016年 12月21日	中央财经领导小组第十四次会议《坚持以人民为中心的发展思想,推进全面建成小康社会进程》	全面建成小康社会	准确把握全面建成小康社会的内涵,对实现第一个百年奋斗目标至关重要。小康指的是发展水平达到一定标准,全面强调的是发展质量。全面建成小康社会,不是一个"数字游戏"或"速度游戏",而是一个实实在在的目标。在保持经济增长的同时,更重要的是落实以人民为中心的发展思想

表6.1（续）

时间	理论来源	关键词	主要观点和政策取向
2017年1月22日	中共十八届中央政治局第三十八次集体学习《推进供给侧结构性改革要处理好几个重大关系》	供给侧结构性改革	推进供给侧结构性改革是我国经济发展进入新常态的必然选择，是经济发展新常态下我国宏观经济管理必须确立的战略思路。推进供给侧结构性改革要处理好政府和市场的关系、短期和长期的关系、减法和加法的关系、供给和需求的关系
2017年5月14日	国家主席习近平在"一带一路"国际合作高峰论坛上的演讲《携手推进"一带一路"建设》	"一带一路"	深入阐释以和平合作、开放包容、互学互鉴、互利共赢为核心的丝路精神，提出要将"一带一路"建成和平之路、繁荣之路、开放之路、创新之路、文明之路。中国将深入贯彻创新、协调、绿色、开放、共享的新发展理念，为"一带一路"注入强大动力，为世界发展带来新的机遇
2017年5月26日	中共十八届中央政治局第四十一次集体学习《推动形成绿色发展方式和生活方式是发展观的一场深刻革命》	绿色发展方式和生活方式	推动形成绿色发展方式和生活方式是贯彻新发展理念的必然要求，必须把生态文明建设摆在全局工作的突出地位，坚持节约资源和保护环境的基本国策，坚持节约优先、保护优先、自然恢复为主的方针，形成节约资源和保护环境的空间格局、产业结构、生产方式、生活方式，努力实现经济社会发展和生态环境保护协同共进，为人民创造良好生产生活环境
2017年10月18日	党的十九大报告《决胜全面建成小康社会，夺取新时代中国特色社会主义伟大胜利》	现代化经济体系	我国经济已由高速增长阶段转向高质量发展阶段，正处在转变发展方式、优化经济结构、转换增长动力的攻关期，建设现代化经济体系是跨越关口的迫切要求和我国发展的战略目标。必须坚持质量第一、效益优先，以供给侧结构性改革为主线，推动经济发展质量变革、效率变革、动力变革，提高全要素生产率，着力加快建设实体经济、科技创新、现代金融、人力资源协同发展的产业体系，着力构建市场机制有效、微观主体有活力、宏观调控有度的经济体制，不断增强我国经济创新力和竞争力

表6.1（续）

时间	理论来源	关键词	主要观点和政策取向
2017年 10月18日	党的十九大报告《决胜全面建成小康社会，夺取新时代中国特色社会主义伟大胜利》	乡村振兴战略	按照产业兴旺、生态家居、乡风文明、治理有效、生活富裕的总要求，建立健全城乡融合发展体制机制和政策体系，加快推进农业农村现代化
2017年 10月18日	党的十九大报告《决胜全面建成小康社会，夺取新时代中国特色社会主义伟大胜利》	生态文明体制改革	推进绿色发展，着力解决突出环境问题，加大生态系统保护力度，改革生态环境监管体制
2017年 12月18日	中央经济工作会议	习近平新时代中国特色社会主义经济思想	党的十八大以来，我们成功驾驭了我国经济发展大局，形成了以新发展理念为主要内容的习近平新时代中国特色社会主义经济思想。一是坚持加强党对经济工作的集中统一领导；二是坚持以人民为中心的发展思想；三是坚持适应把握引领经济发展新常态；四是坚持使市场在资源配置中起决定性作用，更好发挥政府作用；五是坚持适应我国经济发展主要矛盾变化完善宏观调控；六是坚持问题导向部署经济发展新战略；七是坚持正确工作策略和方法
2017年 12月18日	中央经济工作会议	高质量发展	新时代我国经济发展的特征，就是我国经济已由高速增长阶段转向高质量发展阶段。高质量发展，就是能够很好满足人民日益增长的美好生活需要的发展，是体现新发展理念的发展，是创新成为第一动力、协调成为内生特点、绿色成为普遍形态、开放成为必由之路、共享成为根本目的的发展

表6.1(续)

时间	理论来源	关键词	主要观点和政策取向
2017年12月28日	中央农村工作会议	乡村振兴战略	实施乡村振兴战略,要按照产业兴旺、生态宜居、乡风文明、治理有效、生活富裕的总要求,重塑城乡关系,走城乡融合发展之路;巩固和完善农村基本经营制度,走共同富裕之路;深化农业供给侧结构性改革,走质量兴农之路;坚持人与自然和谐共生,走乡村绿色发展之路;传承发展提升农耕文明,走乡村文化兴盛之路;创新乡村治理体系,走乡村善治之路;打好精准脱贫攻坚战,走中国特色减贫之路
2018年1月30日	中共十九届中央政治局第三次集体学习	现代化经济体系	建设现代化经济体系,这是党中央从党和国家事业全局出发,着眼于实现"两个一百年"奋斗目标,顺应中国特色社会主义进入新时代的新要求作出的重大决策部署
2018年5月18日	全国生态环境保护大会	习近平生态文明思想	一是坚持人与自然和谐共生,二是绿水青山就是金山银山,三是良好的生态环境是最普惠的民生福祉,四是山水林田湖草是生命共同体,五是用最严格制度最严密法治保护生态环境,六是共谋全球生态文明建设
2018年12月19日	中央经济工作会议	制造业高质量发展	要把制造业高质量发展放到更加突出的位置,采取有力措施,推动先进制造业和现代服务业深度融合,坚定不移建设制造强国
2019年2月22日	中共十九届中央政治局第十三次集体学习	金融业高质量发展	深化对国际国内金融形势的认识,正确把握金融本质,深化金融供给侧结构性改革,平衡好稳增长和防风险的关系,精准有效处置重点领域风险,深化金融改革开放,增强金融服务实体经济能力,坚决打好防范化解包括金融风险在内的重大风险攻坚战,推动我国金融业健康发展

表6.1(续)

时间	理论来源	关键词	主要观点和政策取向
2019年8月26日	中央财经委员会第五次会议	高质量发展的区域经济布局	新形势下促进区域协调发展，总的思路是：按照宏观经济规律调整完善区域政策体系，发挥各地区比较优势，促进各类要素合理流动和高效集聚，增强创新发展动力，加快构建高质量发展的动力系统，增强中心城市和城市群等经济发展优势区域的经济和人口承载能力，增强其他地区在保障粮食安全、生态安全、边疆安全等方面的功能，形成优势互补、高质量发展的区域经济布局
2019年9月18日	黄河流域生态保护和高质量发展座谈会	黄河流域生态保护和高质量发展	治理黄河，重在保护，要在治理。要坚持山水林田湖草综合治理、系统治理、源头治理，统筹推进各项工作，加强协同配合，推动黄河流域高质量发展
2019年12月10日	中央经济工作会议	贯彻新发展理念	新时代推动经济社会发展，必须坚定不移贯彻创新、协调、绿色、开放、共享的新发展理念，推动高质量发展
2020年4月10日	中央财经委员会第七次会议	新发展格局	构建以国内大循环为主体、国内国际双循环相互促进的新发展格局
2020年10月29日	中共十九届五中全会《中共中央关于制定国民经济和社会发展第十四个五年规划和二〇三五年远景目标的建议》	新发展阶段、新发展理念、新发展格局	新发展阶段贯彻新发展理念必须要求构建新发展格局
2021年1月11日	省部级主要领导干部学习贯彻党的十九届五中全会精神专题研讨班	新发展阶段、新发展理念、新发展格局	准确把握新发展阶段，深入贯彻新发展理念，加快构建新发展格局，加强党对社会主义现代化建设的全面领导
2021年1月28日	中共十九届中央政治局第二十七次集体学习	新发展理念	完整、准确、全面贯彻新发展理念

表6.1(续)

时间	理论来源	关键词	主要观点和政策取向
2021年4月30日	中共十九届中央政治局第二十九次集体学习	人与自然和谐共生的现代化	"十四五"时期,我国生态文明建设进入了以降碳为重点战略方向、推动减污降碳协同增效、促进经济社会发展全面绿色转型、实现生态环境质量改革由量变到质变的关键时期,要站在人与自然和谐共生的角度来谋划经济社会发展
2022年10月16日	党的二十大报告《高举中国特色社会主义伟大旗帜 为全面建设社会主义现代化国家而团结奋斗》	中国式现代化	新时代新征程中国共产党的中心任务是"团结带领全国各族人民全面建成社会主义现代化强国、实现第二个百年奋斗目标,以中国式现代化全面推进中华民族伟大复兴" 中国式现代化,是中国共产党领导的社会主义现代化,既有各国现代化的共同特征,更有基于自己国情的中国特色 高质量发展是全面建设社会主义现代化国家的首要任务 "加快构建新发展格局,着力推动高质量发展"的新部署:一是构建高水平社会主义市场经济体制;二是建设现代化产业体系;三是全面推进乡村振兴;四是促进区域协调发展;五是推进高水平对外开放
2023年12月11日—12日	中央经济工作会议	把坚持高质量发展作为新时代的硬道理 把推进中国式现代化作为最大的政治	"五个必须":必须把坚持高质量发展作为新时代的硬道理,完整、准确、全面贯彻新发展理念,推动经济实现质的有效提升和量的合理增长。必须坚持深化供给侧结构性改革和着力扩大有效需求协同发力,发挥超大规模市场和强大生产能力的优势,使国内大循环建立在内需主动力的基础上,提升国际循环质量和水平。必须坚持依靠改革开放增强发展内生动力,统筹推进深层次改革和高水平开放,不断解放和发展社会生产力、激

表6.1（续）

时间	理论来源	关键词	主要观点和政策取向
			发和增强社会活力。必须坚持高质量发展和高水平安全良性互动，以高质量发展促进高水平安全，以高水平安全保障高质量发展，发展和安全要动态平衡、相得益彰。必须把推进中国式现代化作为最大的政治，在党的统一领导下，团结最广大人民，聚焦经济建设这一中心工作和高质量发展这一首要任务，把中国式现代化宏伟蓝图一步步变成美好现实
2024年1月31日	中共中央政治局第十一次集体学习	新质生产力	发展新质生产力是推动高质量发展的内在要求和重要着力点，必须继续做好创新这篇大文章，推动新质生产力加快发展 绿色发展是高质量发展的底色，新质生产力本身就是绿色生产力
2024年7月18日	党的二十届三中全会《中共中央关于进一步全面深化改革 推进中国式现代化的决定》	进一步全面深化改革	需要突出重点，着力破除经济社会领域的深层次体制机制障碍，注重发挥经济体制改革的牵引作用 构建高水平社会主义市场经济体制 健全推动经济高质量发展体制机制 构建支持全面创新体制机制 健全宏观经济治理体系 完善城乡融合发展体制机制 完善高水平对外开放体制机制

　　由此可见，党的十八大以来，以习近平同志为核心的党中央高瞻远瞩、运筹帷幄，提出了许多重大理论和理念来促进经济社会发展，其中最重要的是创新、协调、绿色、开放、共享的新发展理念。"新发展理念是一个系统的理论体系，回答了关于发展的目的、动力、方式、路径等一系列理论和实践问题，阐明了我们党关于发展的政治立场、价值导向、发展模式、发展道路等重大政治问题"①，是习近平新时代中国特色社会主义思

① 习近平在省部级主要领导干部学习贯彻党的十九届五中全会精神专题研讨班开班式上发表重要讲话 [J]．中国民族，2021（1）：4-6．

想的重要内容。新发展理念的提出将党对发展的认识提升到了新的高度，深刻揭示了实现更高质量、更有效率、更加公平、更可持续、更为安全发展的必由之路，为全面建设社会主义现代化国家、实现高质量发展提供了根本遵循。

第三节　真知灼见：新发展理念提出的重大意义、理论依据与科学内涵

进入新时代以来，中国特色社会主义的发展环境发生了新的变化，需要我们把握好新形势。新时代要有新的理念、新作为，创新、协调、绿色、开放、共享的新发展理念应运而生。这是党的十八届五中全会以来，以习近平同志为核心的党中央治国理政思想的一大组成部分，也是在深刻分析世界矛盾和人类既有发展困境、总结中国特色社会主义建设实践经验基础上，对中国特色社会主义发展理论内涵的提升和完善。新发展理念集中反映了中国共产党对中国经济社会发展规律的认识和把握，是关于发展理念的重大理论创新，为决胜全面建成小康社会和全面建设社会主义现代化国家提供了有力的思想武器。从实践经验来看，在新发展理念提出后，我国的经济建设呈现出增长速度放缓、发展结构优化、增长动力转换的特点，顺应了经济发展保持中高速、迈向中高端的新要求，使得经济发展质量和效益不断提升。我国全面建成小康社会，第一个百年奋斗目标已经实现，中国特色社会主义迈向新的发展阶段，为我国乘势而上开启全面建设社会主义现代化国家新征程奠定了坚实的基础。

一、重大意义

习近平总书记指出："发展理念是发展行动的先导，是管全局、管根本、管方向、管长远的东西，是发展思路、发展方向、发展着力点的集中体现。"① 从理论逻辑上看，新发展理念是马克思主义发展理论在我国的具体应用；从历史逻辑看，新发展理念是我国经济进入新常态后经济发展的客观诉求，是百年来中国共产党人对我国经济发展道路探索的新成果；从

---

① 习近平. 关于《中共中央关于制定国民经济和社会发展第十三个五年规划的建议》的说明 [N]. 人民日报, 2015-11-04 (2).

现实逻辑看，新发展理念是利用社会主义制度优势、跨越"中等收入陷阱"、进入高质量发展的必然选择①。

（一）新发展理念开创了马克思主义发展理论的新境界

从发展理论的视角看，新发展理念超越了西方发展理论，开创了马克思主义发展理论的新境界，为世界发展提供了普遍意义上的指导。二战以后兴起的西方发展理论自诩为世界特别是为落后国家的现代化发展提供理论向导和政策指导。然而现实中，在所谓西方先进的现代化理论和政策指导下，许多发展中国家并没有摆脱困境，贫富悬殊、环境破坏以及失业等现实发展中的问题仍待解决。

面对百年未有之大变局，新发展理念汲取历史经验，科学应用和生动发展了马克思主义政治经济学基本原理，引领中国经济发展，对内统筹推进"五位一体"总体布局，提出供给侧结构性改革，书写中国特色社会主义政治经济学的新篇章；对外致力于打造人类命运共同体，围绕中国和世界面临的全球性问题，以世界的眼光把经济社会发展的普遍规律和国家的特殊性融会起来，为世界发展贡献中国智慧、中国方案。新发展理念在解决发展动力问题、发展不平衡问题、人与自然和谐问题、社会公平正义问题等方面，既有顶层设计，又对应着现实的"发展议程"②，形成了一系列策略和方法，为发展新时代中国马克思主义作出了重要理论贡献。

（二）新发展理念是党对经济社会发展规律认识的再深化

改革开放以来，中国共产党人始终坚持把"发展"作为关键词，不断探索适应不同时期发展需求的发展理论。在发展实践方面，从最初学习国外先进技术和经验变为提高国内创新能力，从以经济建设为中心变为"五位一体"总体布局，从吸引外企投资变为"引进来"和"走出去"双向发展，从优先发展经济变为绿色发展，从全面小康变为共享发展，实现了我国发展从数量向质量的提升。在发展理论方面，从改革开放初期的"发展才是硬道理"搭配科学发展观的"全面、协调、可持续发展"，变为如今的新发展理念。每一个发展理念的初步形成和逐步演化都是对马克思主义社会发展理论的继承和发展，都是在此基础上来解决中国发展过程中遇到的现实问题，指导中国特色社会主义的建设，从而实现中华民族伟大复

---

① 郭冠清. 新发展理念生成逻辑及其对新发展格局的引领作用研究 [J]. 河北经贸大学学报，2021，42（4）：19-25.

② "五大理念"的重大意义 [J]. 实践（党的教育版），2016（2）：13.

兴的历史使命。新发展理念是对如何实现科学发展的理论自觉，是以习近平同志为核心的党中央在进一步深化对经济社会发展的本质、内涵、实现路径等的认识后提出的，赋予"实现什么样的发展、怎样发展"的问题以更深刻的中国特色社会主义新内涵①。

新发展理念在中国特色社会主义实践中，创造性地把中国共产党的执政规律、社会主义建设规律以及人类社会发展规律有机结合，系统地回答了新时代背景下中国经济发展的现实问题。其中，"创新、协调、绿色、开放、共享"从五个维度解释了中国特色社会主义发展方向和着力点，反映了经济社会发展的兼容性、互通性、渗透性，深刻揭示了新时代中国特色社会主义实现更高质量、更有效率、更加公平、更可持续、更为安全发展的必由之路的具体路径②。新发展理念是我们党认识和把握发展规律的再深化和新飞跃。

（三）新发展理念同人民群众对发展的新期待相呼应

中国特色社会主义进入新时代，人民群众的需求呈现多样化、高层次的特点。在新时代，我国社会主要矛盾已经转化为人民日益增长的美好生活需要和不平衡不充分的发展之间的矛盾。在新时代，人们对美好生活的需求越来越大，对物质文化方面的期望也越来越高。正如习近平总书记在党的十八届中央政治局常委同中外记者见面时所说："我们的人民热爱生活，期盼有更好的教育、更稳定的工作、更满意的收入、更可靠的社会保障、更高水平的医疗卫生服务、更舒适的居住条件、更优美的环境，期盼孩子们能成长得更好、工作得更好、生活得更好。人民对美好生活的向往，就是我们的奋斗目标。"③ 新发展理念与人民群众对发展的新期待相呼应，积极践行以人民为中心的发展思想，指导人们朝着共同富裕的目标前行。

（四）新发展理念对中国引领世界经济发展有着重要的意义

新发展理念不仅对于中国的经济社会发展有意义，而且对于中国引领世界经济发展具有重要的意义。当今世界，不平衡发展问题凸显。新发展理念站在世界历史发展的角度考察人类历史的演变，代表了科学的发展方

① 郭冠清. 论习近平新时代中国特色社会主义经济思想的理论创新［J］. 社会科学辑刊，2018（5）：44-54，2.

② 任丽梅. 新发展理念［M］. 北京：人民日报出版社，2020.

③ 习近平. 习近平谈治国理政［M］. 北京：外文出版社，2014.

向。新发展理念是在把握世界发展脉络以及总结国内外发展历史的基础上提出的科学发展理念，对于解决当今世界发展过程中遇到的难题具有重要的指导意义。新发展理念是以人民为中心的发展理念，不仅展示了中国的发展优势和特色，而且包括向世界提出的"构建人类命运共同体"、共建"一带一路"等一系列合作共赢的发展举措。践行新发展理念，中国成为世界经济增长的主要贡献者和推进构建"人类命运共同体"的主要动力源。新发展理念开辟了中国式现代化发展道路，超越了"西方中心论"，终结了"历史终结论"，为世界社会主义发展开创了"新纪元"①。

二、理论依据

唯物史观认为，事物的发展不以人的主观意志为转移，并且遵循着量变与质变辩证统一的客观规律。唯物史观为新发展理念的形成提供了理论指导。在马克思主义世界观和方法论指导下，中国确立了解放和发展生产力的根本任务，将增进人民福祉和共同富裕作为发展的根本目标。新发展理念坚持马克思主义的发展理论逻辑，五个部分相辅相成，以"发展"为核心，形成一个稳定的体系和有机的整体②。新发展理念是马克思主义发展理论在中国的创造性发展。

（一）继承马克思主义辩证否定观，形成以创新为主要引领和支撑的社会发展动力理论

新发展理念中的创新发展理念是对马克思主义有关扬弃的观点和辩证否定观的继承。按照马克思的辩证否定观，事物的发展是一个否定之否定的螺旋上升的发展过程。按照历史唯物主义的观点，人类社会的每一次辩证否定的扬弃过程即促进社会生产力发展的过程。在生产劳动过程中始终存在技术创新，并在相关协作、分工和组织中始终贯穿着制度创新、文化创新。新发展理念主张"破"与"立"的统一，即打破传统的经济发展方式，确立全面、协调、可持续的发展模式。新发展理念把创新摆在首要位置，强调抓住创新，就抓住了发展的关键，不断在理论、制度、科技等方面推陈出新。这实际就是对马克思主义辩证否定观的自觉实践，也是对马克思主义辩证否定观的继承和发展。新发展理念中的创新发展理念，不仅

---

① 张新光. 践行新发展理念的世界历史意义 [J]. 宁波工程学院学报，2021，33（2）：1-6.

② 冒佩华，王宝珠. 新发展理念的思想渊源与世界意义 [N]. 光明日报，2016-12-14（15）.

强调了科技创新对生产力发展的重要性和引领作用，还从动力的角度强调了创新对于社会发展的作用。

（二）继承马克思主义普遍联系和系统全面的观点，形成以协调为标度的社会发展方法理论

马克思主义认为，世界是普遍联系的统一体，事物与事物之间以及事物内部各要素之间都处于普遍联系之中。又由于事物之间是相互矛盾相互依存的，这就要求人们要用全面的观点看问题，用全面联系的观点去认识和改造世界。新发展理念中的协调发展理念是把发展看作一个整体、一个系统，运用系统思维认识和解决问题，统筹兼顾，将各方面、各环节和各因素协调联动，这是对唯物辩证法中的普遍联系和系统全面观点的继承。新发展理念中的协调发展理念着力解决的是发展的不平衡问题。当前，我国发展不平衡问题较为突出，主要体现在城乡、经济、社会、区域以及国防等方面。"物质生活的生产方式制约着整个社会生活、政治生活和精神生活的过程。"① 物质基础不扎实，物质生产方式不先进，则社会整体发展就会相对落后。因此在经济水平较低的情况下，首先抓的就是经济建设。当经济发展起来后，就要注重协调发展。党的十八大以来，中央统筹推进"五位一体"总体布局，协调推进"四个全面"战略布局，以促进城乡区域发展、经济社会发展以及新型工业化、信息化、城镇化和农业农村现代化发展为重点，在增强国家国防军事等硬实力的同时注重软实力的提升，不断增强发展的平衡性、协调性。协调既是发展的手段又是发展的目标，同时还是评价发展的标准和尺度。

（三）继承马克思主义生态哲学思想，形成以绿色发展为诉求的可持续发展模式

马克思主义生态哲学思想认为人与自然是辩证统一的整体，"人本身是自然界的产物，是在自己所处的环境中并且和这个环境一起发展起来的"②，主张人与自然要和谐相处。新发展理念中的绿色发展理念，从建设将环境保护和经济增长相统一的生态文明的角度，强调必须坚持节约资源和保护环境的基本国策。通过对马克思主义生态哲学思想的继承和发展，我国坚持走绿色发展道路，坚定不移地走生产发展、生活富裕、生态良好的文明发展之路。中国在过去40多年创造的经济"奇迹"，是以牺牲环境

① 马克思，恩格斯.马克思恩格斯选集：第二卷［M］.北京：人民出版社，2012：8.
② 马克思，恩格斯.马克思恩格斯选集：第三卷［M］.北京：人民出版社，1995：374-375.

为代价的。因此，资源环境已成为制约我国全面建设社会主义现代化国家的最大瓶颈。绿色发展观拓展了马克思主义生态哲学理论的视野，不仅强调生态与经济的相互依存关系，更是把生态与政治、经济、文化与社会等紧密地结合起来。中国共产党在充分认识到"生态兴则文明兴，生态衰则文明衰"这一科学发展规律的基础上，首先提出加快建设资源节约型、环境友好型社会，走可持续发展道路，形成了人与自然和谐发展的新局面；其次提出构建现代化建设新格局，形成资源节约型和环境保护型产业结构；最后提出加快建设美丽中国，为全球生态贡献自己的一份力量。

（四）继承马克思主义唯物辩证法的内外因辩证关系的原理，形成以开放为特征的人类命运共同体思想

马克思主义唯物辩证法提出，矛盾促进事物的发展。事物内部矛盾是事物发展的内因，是事物变化的基础；外因是事物变化的条件，它可以影响事物的状况和发展过程。当今世界，所有国家形成了一个相互关联的整体。经济全球化已经让世界各国成为一个"命运共同体"，和平、发展、合作和共赢已成为世界潮流①。习近平总书记指出，"各国经济，相通则共进，相闭则各退""开放带来进步，封闭导致落后"②。新发展理念中的开放发展理念着力解决发展的内外联动问题，提出要奋力推动世界范围内的经贸合作，以及加强各国之间的人文交流，开创对外开放新局面。这一发展理念体现了马克思主义唯物辩证法中内外因辩证关系的原理，是马克思主义中国化时代化的又一体现。开放发展理念提出既要立足于国内，以国内大循环为主体，充分利用中国资源，发挥中国制度优势，又要更好地利用国际国内两个市场，两种资源，从而推动国内国际双循环协调发展，推动构建人类命运共同体，与世界各国共享发展成果。开放发展理念，顺应世界发展潮流，能推进"一带一路"建设和各种多边、双边合作机制，从而推动经济全球化朝着普惠共赢的方向发展。

（五）继承历史唯物主义的群众观点，形成马克思主义人民共享理论

新发展理念中的共享发展理念继承了历史唯物主义的群众观点，创立了当代中国马克思主义的公平分配、人民共享的理论。这一理论以人民为中心，强调坚持发展依靠人民，发展为了人民，发展成果由人民共享。共享发展理念强调要通过合理的制度设计，扩大广大人民群众的参与机会；

① 任丽梅. 新发展理念［M］. 北京：人民日报出版社，2020.
② 习近平. 谋求持久发展 共筑亚太梦想［N］. 人民日报，2014-11-10（2）.

通过更有效的教育，提高广大人民群众的参与水平；通过健全的社会保障制度，使得全体人民享有更多的权利，在发展中获得更多满足感，从而增进人民团结，获得人民拥护，朝着共同富裕的方向前进。

三、科学内涵

新发展理念是我们党的一个重大理论创新，属于新时代中国特色社会主义理论体系。新发展理念具有高度的战略性、纲领性和引领性，有着十分丰富的科学内涵。

（一）创新发展注重的是解决发展动力的问题

当今世界，国际竞争愈发激烈。创新是提高国际竞争力的必然要求。习近平总书记强调，"国际经济竞争甚至综合国力竞争，说到底就是创新能力的竞争"①。创新是发展的第一动力，唯有创新，才能让中国摆脱对于要素投入推动经济增长的依赖，从而实现经济的持续健康发展。创新，是中国经济转型发展的核心，是第一驱动力，必须把创新摆在国家发展全局的核心位置，坚持创新发展，在关键领域、"卡脖子"的地方下大功夫，为发展增添新动能，加快形成以创新为主要引领和支撑的经济体系和发展模式。

（二）协调发展注重的是解决发展不平衡问题

当前，我国发展的不平衡和不足问题依然严重，特别是区域发展不平衡、城乡发展不平衡、产业结构不合理等问题突出。这是中国经济社会持续健康发展的短板，也加大了当前经济下行压力。故协调发展是中国经济均衡发展的关键所在。协调，体现了发展的全面性和整体性，是发展的内在要求。

（三）绿色发展注重的是人与自然和谐问题

绿色是永续发展的必要条件和人民追求美好生活的重要体现。绿色，是中国经济永续发展的基础，是质量保障，我国要从高污染、单纯追求GDP 的粗放式发展转向遵循自然规律的绿色发展。实现绿色发展的前提是要理顺人与自然的关系，"我们要构筑尊崇自然、绿色发展的生态体系。人类可以利用自然、改造自然，但归根结底是自然的一部分，必须呵护自然，不能凌驾于自然之上"②。因此，我们要坚持可持续发展战略，走绿色

---

① 习近平. 习近平关于社会主义经济建设论述摘编 [M]. 北京：中央文献出版社，2017：125.
② 习近平. 习近平在联合国成立70 周年系列峰会上的讲话 [M]. 北京：人民出版社，2015.

发展道路，构建人与自然和谐共生的新格局，推动建设美丽中国。

（四）开放发展注重的是解决发展内外联动问题

开放，是中国经济繁荣发展的外部条件，是必由之路。如今，中国特色社会主义进入新时代，我国的对外开放也进入一个新阶段，要从低水平的开放转向更高水平的开放，要通过内外联动增强发展活力。当今国内外环境发生巨大变化，国际经济合作和竞争局面面临重大调整。"引进来、走出去"在深度、广度、节奏上都是过去所不可比拟的[①]。面对复杂多变的国际形势，我国坚持发展更高层次的开放型经济，同时积极参与全球化治理体系的构建，从而提高我国在经济全球化治理中的制度性话语权，推动构建人类命运共同体。

（五）共享发展注重的是解决社会公平正义问题

共享是中国特色社会主义经济和谐发展的目标和最终目标。共享发展对应着人民群众追求公平正义的期待。社会公平正义是中国特色社会主义的本质要求，是资本主义社会无法解决的现实问题。贯彻共享发展理念，应当着重解决社会公平正义问题，以人民为中心，坚持问需于民、问计于民、问效于民，使人民在共建共享中获得满足感、成就感和幸福感。同时我国要做出行之有效的制度设计，解决好关系人民群众切身利益的教育、就业、收入、社保、医疗、安全等问题，以满足人民日益增长的美好生活需要，从而让社会发展的成果惠及人民。

第四节　战略选择：以新发展理念引领推动高质量发展

党的十八大以来，我国经济社会发展取得了重大成就，中国特色社会主义进入了新时代，以习近平同志为核心的党中央根据新时代发展需要，提出高质量发展。推动高质量发展，是当前和今后一个时期确定发展思路、制定经济政策、实施宏观调控的根本要求。"高质量发展，就是能够很好满足人民日益增长的美好生活需要的发展，是体现新发展理念的发展，是创新成为第一动力、协调成为内生特点、绿色成为普遍形态、开放

---

① 习近平. 在党的十八届五中全会第二次全体会议上的讲话（节选）[J]. 求是，2016（1）：3-10.

成为必由之路、共享成为根本目的的发展"①。新发展理念引领我国不断破解经济发展中的难题。贯彻新发展理念，推动高质量发展，是中国经济实现由大到强的关键。

一、高质量发展的必要性及内涵意蕴

（一）高质量发展的必要性

2017 年 12 月，中央经济工作会议强调我国经济发展已经进入了新时代，其基本特征是经济发展已由"高速增长"转向"高质量发展"。该会议正式定调推动"高质量发展"是当前和今后一个时期确定发展战略、制定经济政策、实施宏观调控的根本要求。2020 年，党的十九届五中全会提出以推动高质量发展为主题。2022 年，党的二十大报告强调高质量发展是全面建设社会主义现代化国家的首要任务。2023 年，中央经济工作会议指出，"必须把坚持高质量发展作为新时代的硬道理"。

1. 高质量发展是应对国际环境变化的战略选择

对我国发展而言，复杂多变的国际局势是机遇，也是严峻的、不可回避的挑战。虽然世界处于百年未有之大变局，但是和平与发展仍是时代主题，以合作谋求发展仍是世界发展的主流，这为我国发展提供了重要的战略机遇。但是，我国面临的挑战也前所未有，局部战争、逆全球化现象、保护主义抬头、生态环境恶化、疫情的深远影响等，都使得影响我国发展的不确定性因素增多、风险增大、隐患频出。对此，我们就要把大势、观大局，坚定"四个自信"，保持战略定力。面对复杂多变的国际环境，只有高质量发展，才能提升科技创新能力，增强国际竞争力；才能加快现代经济体系、新发展格局的构建，促进经济社会全面高质量发展，提升国家综合实力，在国际舞台上掌握主动权；才能实现发展与安全的统筹发展，提升应对国际挑战与风险的能力。

2. 高质量发展是解决社会主要矛盾的必然要求

在党的全面领导下，我国"十三五"建设成就巨大，历史性的绝对贫困问题得到了解决，全面建成小康社会。但是，我国的基本国情没变，这就决定了发展具有不平衡性、不充分性，有发展的短板。这实际上就是发展的质效问题，影响人民的高品质生活。因此，人民日益增长的美好生活

---

① 习近平. 习近平谈治国理政：第三卷［M］. 北京：外文出版社，2020：238-239.

需要和不平衡不充分的发展之间的矛盾是新时代我国社会的主要矛盾。要解决这一矛盾，就要推动高质量发展。在发展中，要把质量和效益放到首位，在教育、医疗、就业、安全等方面补齐短板，在提质增效中实现全面的协调的高质量发展，从而更好地满足人民的美好生活需要。

3. 高质量发展是全面建设社会主义现代化国家的首要任务

党的二十大报告提出，"到二〇三五年，我国……经济实力、科技实力、综合国力大幅跃升，人均国内生产总值迈上新的大台阶，达到中等发达国家水平……到本世纪中叶，把我国建设成为综合国力和国际影响力领先的社会主义现代化强国"。这一目标要求既有质的规定性，也有量的要求。2023 年，我国人均国内生产总值约为 1.27 万美元，处于世界银行界定的上中等收入经济体行列，但与中等发达国家相比仍有不小的差距。我们必须有力推动高质量发展，在一个相当长的时期内保持经济平稳健康发展，不断提高社会生产力水平，积累扎实的物质基础，才能使 14 亿多人口大国的发展水平和人民生活水平逐步赶上发达国家。当前，发展的不平衡不充分使得我国在创新、民生、生态、社会治理、农业发展、收入分配等方面还有短板、弱项，制约着我国由大国向强国迈进。唯有通过推动高质量的经济社会的全面发展，补短板、强弱项，才能通过一个个近期目标的实现而逐渐向着 2035 年远景目标迈进，并最终建成社会主义现代化强国。因而习近平总书记在党的二十大报告中强调："高质量发展是全面建设社会主义现代化国家的首要任务。"

（二）高质量发展的内涵意蕴

1. 高质量发展阶段是我国发展的新阶段

随着社会进步和发展目标的不断提升，我国的发展逐渐由较低水平向较高水平迈进，由注重规模速度向注重质量效益转变，也就是由高速增长阶段向高质量发展阶段转变，进而由经济高质量向全面高质量转化。高质量发展，强调的就是提质增效的发展。

2. 高质量发展是能更好满足人民美好生活需要的发展

在第一个百年奋斗目标实现的基础上，人们对美好生活的需要日益增长，需要的范围更广泛了，需要的层次更高了，但是我国经济发展依然还不平衡不充分。要解决这一问题，就不能只靠发展的规模和速度，还要依靠提质增效的发展。因为发展的规模和速度解决的是有无、多少的问题，满足的是人民对美好生活的低层次需求，只有提质增效的高质量发展，才能解决好坏、优劣的问题，才能更好地满足人民对美好生活的高层次需求。

3. 高质量发展是指全面的高质量发展

它不只是指经济领域的高质量发展，还是指各领域的全面的高质量发展。"十四五"的"六新"发展目标，2035 年远景目标中的文化、教育、人才、体育、健康、海洋、贸易强国等，都从侧面体现了高质量发展的全面发展内涵，表明要高质量全方位地发展，从"五位一体"总体布局上解决发展的好与优的问题。高质量发展不仅要求在经济上高质量发展，为人民的美好生活需要提供物质基础，而且要在政治、文化、社会、生态以及国家安全等方面实现高质量发展。高质量发展是"更高质量、更有效率、更加公平、更可持续、更为安全的发展"①。

4. 高质量发展是体现新发展理念的发展

不同于高速增长阶段，我们现在是以新发展理念为引领，通过供给侧结构性改革，推动我国进入高质量发展阶段。这一阶段更注重发展的质量而不是发展速度，更注重满足人民在物质以外的美好生活需要。我们要坚持以新发展理念为指导，把新发展理念贯穿于高质量发展的全过程、全方位，始终坚持创新为第一动力，协调为内生特征，绿色为普遍形式，开放是必由之路，共享是根本目的②。

二、推动高质量发展要完整、准确、全面贯彻新发展理念

"创新、协调、绿色、开放、共享"，是中国经济发展进入新常态和世界经济发展低迷的解决方案，体现了中国共产党对经济社会发展规律和执政规律的深刻理解。新发展理念是面对当前发展问题提出的治本之策，是引领高质量发展、建设美好生活的一面旗帜。从逻辑关系看，新发展理念，是要通过供给侧结构性改革，推动我国进入高质量发展阶段。这一阶段与高速增长阶段相比，更加注重发展的质量而不是发展速度，更加注重满足人民在物质以外的美好生活需要③。"十三五"以来，习近平总书记多次阐述了高质量发展与新发展理念的关系。在这一问题上，全党和全社会

① 中共中央关于制定国民经济和社会发展第十四个五年规划和二○三五年远景目标的建议[N]. 人民日报，2020-11-04（1）.

② 习近平. 习近平谈治国理政：第三卷［M］. 北京：外文出版社，2020：237.

③ 郭冠清. 论习近平新时代中国特色社会主义经济思想的理论创新［J］. 社会科学辑刊，2018（5）：44-54，2.

已形成共识，但仍需要把贯彻新发展理念的实践引向深入。

"创新、协调、绿色、开放、共享"五大理念相互关联、相互依存，必须得到充分理解和落实。新发展理念深刻揭示了实现更高质量、更高效、更可持续和更公平的发展道路，为解决当前我国面临的经济发展问题、实现高质量发展的目标提供了思路。2017年12月，习近平总书记在中央经济工作会议上强调，高质量发展，就是能够很好满足人民日益增长的美好生活需要的发展，是体现新发展理念的发展，是创新成为第一动力、协调成为内生特点、绿色成为普遍形态、开放成为必由之路、共享成为根本目的的发展①。

（一）创新是实现"高质量发展"的第一动力

党的十九大报告强调，"创新是引领发展的第一动力"。坚持创新发展，是我们总结改革开放以来的历史经验得出来的。对于我国这么大体量的经济体而言，只有把创新摆在首位，提高创新能力，增强发展动力，才能实现经济持续健康发展，继而实现在2035年"跻身创新型国家前列"的目标。正如习近平总书记所指出的："发展动力决定发展速度、效能、可持续性。对我国这么大体量的经济体来讲，如果动力问题解决不好，要实现经济持续健康发展和'两个翻番'是难以做到的。"② 我们要将创新摆在国家发展全局的首位，通过理论、制度、科技、文化等各个方面的创新，从而把握发展主动权，塑造更多先发优势引领新发展。

当今世界，经济社会的发展离不开理论创新、制度创新、科技创新、文化创新等。其中，最关键、最核心的是科技创新，最困难、最具挑战性的也是科技创新。习近平总书记指出，"科技创新是核心，抓住了科技创新就抓住了牵动我国发展全局的牛鼻子"③。"就是从总体上看，我国科技创新基础还不牢，自主创新特别是原创力还不强，关键领域核心技术受制于人的格局没有从根本上改变。"④ 虽然我国经济总量居世界第二，但大而不强的问题依然突出，主要体现在创新能力不足。要想推进经济高质量发展，就必须解决好这一瓶颈问题。以创新引领和带动高质量发展，既是我

---

① 习近平. 习近平谈治国理政：第三卷 [M]. 北京：外文出版社，2020：237.
② 习近平. 深入理解新发展理念 [J]. 社会主义论坛，2019 (6)：4-8.
③ 习近平. 习近平总书记谈创新 [N]. 人民日报，2016-03-03 (10).
④ 习近平. 在中国科学院第十七次院士大会、中国工程院第十二次院士大会上的讲话 [M]. 北京：人民出版社，2014：10.

国发展的迫切要求，也是解决我国当前经济发展中突出矛盾和问题的关键。

（二）协调是实现"高质量发展"的内生特点

发展要统筹兼顾，只有加强顶层设计和总体布局，增强各个领域、各个部门、各个地区之间的协同合作，才能实现社会的均衡发展和整体性进步。党的十八大以来，在协调发展理念的指导下，我国在推动城乡区域协调发展、促进经济社会协调发展、推进软实力和硬实力整体发展方面做出了巨大努力，取得了许多新成就。但当前我国经济社会仍旧存在一定的发展不平衡不充分问题，在一定程度上影响了对人民美好生活需要的满足。协调发展是两点论和核心论的统一。在推进我国现代化发展的过程中，既要弥补不足，又要培育优势，实现全面、高水平的发展。习近平总书记强调："从当前我国发展中不平衡、不协调、不可持续的突出问题出发，我们要着力推动区域协调发展、城乡协调发展、物质文明和精神文明协调发展，推动经济建设和国防建设融合发展。"①

中央经济工作会议明确将区域协调发展战略作为促进我国经济社会高质量发展的重要工作之一，论述了我国区域协调发展的任务和基本目标，以高质量发展理念为核心，共同推进区域协调发展，构建多维区域协调发展评价机制，以指导我国区域发展实践。

（三）绿色是实现"高质量发展"的普遍形态

改革开放以来，中国经济高速增长的背后积累了一系列问题，最为突出的是资源环境承载力逼近极限，高投入、高消耗、高污染的传统发展方式已不可持续。党的十八大以来，党中央立足社会发展的新情况，坚持以问题为导向。习近平总书记强调"绿水青山就是金山银山""保护生态环境就是保护生产力，改善生态环境就是发展生产力"，不断推动我国的生态文明建设，满足人民群众对美好生活的向往。

党的十九大报告指出，要"推进绿色发展。加快建立绿色生产和消费的法律制度和政策导向，建立健全绿色低碳循环发展的经济体系"。绿色发展是高质量发展的内涵。首先，推动高质量发展，必须树立浓厚的环保意识。高质量发展应是严格保护环境、形成人与自然和谐相处良好格局的发展。其次，推动高质量发展，必须发展绿色产业。高质量发展应当是全

---

① 习近平. 深入理解新发展理念 [J]. 社会主义论坛, 2019 (6)：4-8.

面节约和高效利用资源的发展，是以绿色低碳循环利用的产业体系和节俭、简约、生态、自然的生活方式为支撑的发展；是运用绿色理念、绿色技术与生产生活各个方面协调融合的发展；是与国家现代化发展进程相呼应的山水林田湖草生态协调发展。最后，推动高质量绿色发展，要走产业融合的路子，要坚持生态优先，绿色发展。绿色发展体现了人与自然和谐共生的发展内涵，不以牺牲环境为代价换取短暂的经济发展，而是让良好生态环境成为人民生活的基础，让广大人民群众切实享有经济发展带来的环境效益，让中华大地天更蓝、水更清、环境更优美，从而走向生态文明新时代。

（四）开放是实现"高质量发展"的必由之路

改革开放以来，党领导人民实现从富起来到强起来的飞跃，对外开放的基本国策功不可没。从四十多年来改革开放的历程来看，中国发展开放型经济的成就非常显著。面对全球化进程，开放是国家繁荣发展的必由之路，不仅需要对外开放，而且需要建立更加开放的国内市场。没有开放，就无法建立畅通的国内国际双循环。党的十八大报告强调中国的大门不会关闭，只会越开越大。实行高水平对外开放之所以必要，除了我国生产力水平达到了前所未有的高度外，一个重要原因是，过去按照比较优势原理引进技术和设备，靠出口劳动密集型产品获得相对优势从而实现合作共赢的时代已经过去。国家统计局数据显示，2019 年我国的外贸依存度为 32%左右，相较于 2006 年的 63% 显著下降，而 2019 年 GDP 实际增长率 6.1%中，货物和服务净出口的贡献仅为 0.7 个百分点[①]。习近平总书记在 2018年参加十三届全国人大一次会议广东代表团审议时就指出，加快发展更高层次的开放型经济对我国经济发展具有重大意义，要求以更宽广的视野、更高的目标要求、更有力的举措推动全面开放。高质量发展要求以更高水平的开放提供动力，激发活力；要求积极参与全球经济治理体系的构建以及增加国际公共产品的供给；要求提高对外开放的水平和质量，从而扩大中国在全球经济治理体系中的发言权，构建广泛的利益共同体。

以习近平同志为核心的党中央站在世界发展整体趋势的制高点，俯瞰世界发展开放与合作的新情况新特点，把握世界开放发展的新矛盾新挑战，坚持问题导向，创造性地提出共建"一带一路"倡议，作出了构建人

---

① 郭冠清. 构建双循环新发展格局的理论、历史和实践 [J]. 扬州大学学报（人文社会科学版），2021，25（1）：28-40.

类命运共同体的重大判断。尽管 2020 年新冠疫情席卷全球，以开放发展理念引领我国经济社会高质量发展的难度上升，但党的十九届五中全会仍明确提出，要实行高水平对外开放，开拓合作共赢新局面，要在建设更高水平开放型经济体制、推动共建"一带一路"高质量发展、积极参与全球经济治理体系改革等方面取得新突破。

（五）共享是实现高质量发展的根本目的

共享理念的实质是坚持以人为本，体现了共同富裕的本质要求。以人民为中心，就是要坚持人民的主体地位，要通过深化改革、创新驱动，提高经济发展的质量和效益，从而满足人民日益增长的美好生活需要。这就是说，高质量发展的根本目的就是共享。

共享是实现高质量发展的必然选择，习近平总书记指出，"共享理念实质就是坚持以人民为中心的发展思想，体现的是逐步实现共同富裕的要求"①。治国有常而利民为本，以人民为中心应当体现在经济社会发展的各个环节，不断维护好、发展好、实现好最广大人民的根本利益，做到发展为了人民、发展依靠人民、发展成果由人民共享，坚持问需于民、问计于民、问效于民，做到既服务人民、又依靠人民，既相信人民、又团结人民。要坚持社会主义基本经济制度和分配制度，完善再分配调节机制，维护社会公平正义，真正实现社会共享，使发展成果更多地惠及人民。

① 习近平. 深入理解新发展理念 [J]. 社会主义论坛, 2019 (6)：4-8.

第七章　创新发展理念的理论逻辑、历史逻辑与现实逻辑

　　党的十八大以来，习近平总书记对创新的内涵不断深化拓展，不仅从发展动力、战略支撑、道路选择等方面对创新进行了宏观阐述，还从体制改革、进步方向、人才战略等多方面进行了具体部署，各个方面逻辑严密、相辅相成，形成了一个有机统一的理论体系，为我国的创新指明了方向。

第一节　创新发展理念的理论逻辑

　　创新发展理念既根植于经典，又立足于现实。一方面，创新发展理念继承了马克思、恩格斯、列宁等伟大革命导师的经典理论，对生产力发展与科学技术进步的关系进行了更深层次的论述。另一方面，创新发展理念的提出结合了我国实际，是对马克思主义经典理论的丰富与发扬。

一、生产力与生产关系理论

　　马克思早已意识到以创新为基石的生产工具进化是推动社会生产力进步和社会变革的重要力量。他认为促进人们生产力提升的先进生产工具是人的劳动的产物，这些先进生产工具是人类驾驭自然的辅助工具。同时，他也指出，"在这些生产力中也包括科学"①。可见，马克思也意识到作为科学和技术进步结晶的先进生产工具不仅是劳动的产物，也会反过来提升

---

　　① 马克思，恩格斯. 马克思恩格斯全集：第三十一卷 [M]. 北京：人民出版社，1998：94.

劳动生产力,且具有广泛而强劲的影响力。正如他在《机器、自然力和科学的应用》中所说:"随着资本主义生产的扩展,科学因素第一次被有意识地和广泛地加以发展、应用并体现在生活中,其规模是以往的时代根本想象不到的。"①

同时,马克思还指出了科学与技术创新对生产关系变革的影响。他在《哲学的贫困》中阐述生产关系的含义时指出:"随着新生产力的获得,人们改变自己的生产方式,随着生产方式即谋生的方式的改变,人们也就会改变自己的一切社会关系。手推磨产生的是封建主的社会,蒸汽磨产生的是工业资本家的社会。"② 由此可见,马克思认为基于科学技术进步的工艺革命是生产力革命的具体表现形式。最终,生产力革命会引致生产工具的革命和生产关系的革命。以资本主义为例,三次工业革命带来的生产工具的创新突破为资本主义生产关系释放了更多的兼容空间,是资本主义生产关系并未如同马克思和恩格斯在《共产党宣言》中预言的那样走上穷途末路的重要原因。

二、劳动价值理论

劳动价值理论是马克思主义政治经济学的基石。马克思的劳动价值理论指出,一切商品的价值都是由人的劳动创造的,决定商品价格变动的最终原因是凝结在商品价值中的社会必要劳动时间。但马克思认为个体的劳动生产力是存在差异的。正如马克思所说:"劳动生产力是由多种情况决定的,其中包括:工人的平均熟练程度,科学的发展水平和它在工艺上应用的程度,生产过程的社会结合,生产资料的规模和效能,以及自然条件。"③

其一,人的劳动是商品价值的唯一源泉,科学技术对劳动的客观条件和人的主观能动性具有重要影响。比如,"工人的平均熟练程度"取决于工人所受的教育水平和工人的身体健康状况,二者都与科学技术发展水平有着重要关系。世界近现代史上先后出现的三次科技革命深刻地影响着高等教育的发展④。第一次工业革命后,德国著名教育改革者威廉·冯·洪堡提出了著名的大学办学三原则。第二次工业革命后,美国兴起了大学应

---

① 马克思,恩格斯.马克思恩格斯全集:第四十七卷 [M].北京:人民出版社,1979:572.
② 马克思,恩格斯.马克思恩格斯选集:第一卷 [M].北京:人民出版社,1995:142.
③ 马克思,恩格斯.马克思恩格斯文集:第五卷 [M].北京:人民出版社,2009:53.
④ 邓成超.高等教育与科学技术的辩证关系 [J].中国高校科技,2018 (7):51-53.

用科学技术为社会服务的浪潮。第三次工业革命后，海洋技术、空间技术、生物技术、新材料技术、新能源技术和信息技术等诸多领域都取得了重大突破。信息时代充满了大量的数据和信息，促使人们时刻保持学习和技术创新。

其二，人是"科学的发展水平和它在工艺上应用的程度，生产过程的社会结合"① 的决定性因素。科学技术的创新发展决定了生产力的规模、状况及作用范围。科学技术天然具有创新这一要求和属性，必然要求人们不断提升认识和改造自然的能力。恩格斯还指出："社会一旦有技术上的需要，这种需要就会比十所大学更能把科学推向前进。"② 反之，以创新引领的生产力发展又决定了人们对自然的认知。

其三，在劳动价值论中，人作为创造商品价值的主体，是科技创新最关键的因素。因此，劳动价值论所隐含的一个重要指向就是要做好人才队伍建设。列宁在《苏维埃政权的当前任务》中就曾指出，"没有各种学术、技术和实际工作领域的专家的指导，向社会主义过渡是不可能的"③。

三、资本积累理论

在资本主义社会，科学技术的进步提高了劳动生产力，最终加快了资本积累。第一次工业革命极大地提高了生产力，资产阶级的统治地位得以巩固，从而为资产阶级力量的壮大打下了基础。第二次工业革命使得资本主义生产的社会化程度大大提升，垄断组织也应运而生，从而促进了世界殖民体系的形成。第三次工业革命极大地推动了人类社会在政治、经济、文化等领域的变革，深刻地影响了人类的思维方式和生产生活方式。三次工业革命的结果充分证明，科技创新是资本主义维持其统治地位的重要手段。

第二节　创新发展理念的历史逻辑

创新发展理念的提出有历史根源和历史依据。中国发展的历程表明，创新是第一动力，是发展的引擎。当前，全球产业变革和新科技革命正在

① 马克思，恩格斯. 马克思恩格斯全集：第四十二卷 [M]. 北京：人民出版社，2016：26.
② 马克思，恩格斯. 马克思恩格斯选集：第四卷 [M]. 北京：人民出版社，1995：732.
③ 列宁. 列宁选集：第三卷 [M]. 北京：人民出版社，2012：482.

孕育，创新加速产业变革，对世界经济结构和竞争格局产生了重大影响①。党的十八大以来，党中央、国务院高度关注创新工作。习近平总书记多次在重要会议、重要场合和重要文章中对创新工作做出理论阐述和实践指导。

一、创新是引领发展的第一动力

2010 年我国经济总量超过日本，跃居世界第二位，我国的综合国力、社会生产力、科技实力迈上了一个新的台阶。但是，我国发展不平衡、不协调、不可持续问题仍然突出。要实现涉及十几亿人的现代化建设，必须及早转入创新驱动发展轨道，更好地释放科技创新潜力。2013 年 9 月 30 日，习近平总书记在党的十八届中央政治局第九次集体学习时的讲话中指出，创新驱动是形势所迫。我国现代化涉及十几亿人，走全靠要素驱动的老路难以为继，我们必须及早转入创新驱动发展轨道，释放科技创新潜力。

第一，创新是一个民族进步的灵魂，也是一个国家兴旺发达的不竭动力。将创新作为引领发展的第一动力，是习近平总书记基于对国际国内形势的充分了解和精确把握所作出的英明决断，也是新时代我国社会主义现代化建设和实现中华民族伟大复兴中国梦的坚实基础。习近平总书记 2014 年 5 月 11 日在《人民日报》发表的文章中指出，一个地方、一个企业，要突破发展瓶颈、解决深层次矛盾和问题，根本出路在于创新，关键要靠科技力量。2014 年 8 月 18 日，习近平总书记在中央财经领导小组第七次会议上的讲话中指出，纵观人类发展历史，创新始终是推动一个国家、一个民族乃至整个人类社会向前发展的重要力量。创新包括人才、制度、体制、理论等多面的创新，其中科技创新的地位和作用十分重要。我国目前正在为实现第二个百年奋斗目标而努力，正在大力推进经济结构调整和经济发展方式转变。因此必须实施好创新驱动发展战略。

第二，以创新为引领发展的第一动力有助于发现和培育新的增长点。近年来，我国经济发展调结构、转动力，亟须培育和发现新的经济增长点。2014 年 12 月 9 日，习近平总书记在中央经济工作会议上的讲话中指

① 秦书生，于明蕊. 习近平关于科技创新重要论述的精髓要义 [J]. 思想政治教育研究，2020，36（6）：1-5.

出，我国经济发展进入新常态，我们必须更加自觉地坚持以提高经济发展质量和效益为中心，大力推进经济结构战略性调整。要更加注重科技进步和全面创新，更加注重市场和消费心理分析，更加注重发挥企业家才能，更加注重加强产权和知识产权保护，更加注重引导社会预期，更加注重加强教育和提升人力资本素质，更加注重生态文明建设，更加注重满足人民群众需要，等等。做到这些，关键在于全面深化改革、实施创新驱动发展战略、破解发展难题。因此，我们必须勇于推进改革创新，加快转变经济发展方式，切实转换经济发展动力，在新的历史起点上努力开创经济社会发展新局面。

二、实施创新驱动发展战略

过去，我们更多依靠要素投入来支撑经济快速增长和规模扩张。新时代，再要像过去那样以要素投入为主，既没有当初的条件，也不符合我国现代化建设主旨，必须转变经济发展战略。实施创新驱动发展战略，就是要推动以科技创新为核心的全面创新，改变发展方式，实现经济高质量发展。

第一，实施创新驱动发展战略，是加快转变经济发展方式、提高我国综合国力和国际竞争力的必然要求与战略举措。习近平总书记在 2015 年 11 月 16 日《人民日报》的文章中写道，总结历史经验，我们会发现，体制机制变革释放出的活力和创造力，科技进步造就的新产业和新产品，是历次重大危机后世界经济走出困境、实现复苏的根本。新一轮科技革命和产业革命催生了智能制造、3D 打印、分享经济、"互联网+"等新业态新理念，这些新业态新理念的产生带来了新的历史性机遇，也蕴含着巨大的商机。我们应该紧抓机遇，将推动创新驱动和打造新增长源作为二十国集团新的合作重点，重视供给端和需求端协同发力，加快新旧增长动力转换，共同创造新的、有效的、可持续的全球需求，引领世界经济发展方向。

第二，面对新形势新挑战，我们必须尽快转变经济发展方式，发挥科技创新的支撑引领作用。习近平总书记指出，在一些科技领域，我国正在由"跟跑者"变为"同行者"，甚至是"领跑者"。但我们也要清晰地认识到：在中国发展的同时，世界也在发展。尤其是我国科技创新的基础与发达国家相比还不牢固，创新水平也与发达国家间存在明显的差距，而且这种差距有明显的扩大趋势。

第三，要实现中华民族伟大复兴，必须坚定不移贯彻科教兴国战略和创新驱动发展战略，坚定不移走科技强国之路。科技兴则民族兴，科技强则国家强。近代以来，我国屡屡被经济总量远不如我们的国家打败，为什么？原因在于科技落后。新中国成立以来，我们取得了"两弹一星"、超级计算机、载人深潜、载人航天等一系列重大科技突破，极大地振奋了全国人民的斗志，提升了我国的国际地位。历次产业革命都有一些共同特点：一是有新的科学理论作基础，二是有相应的新生产工具出现，三是形成大量新的投资热点和就业岗位，四是经济结构和发展方式发生重大调整并形成新的规模化经济效益，五是社会生产生活方式有新的重要变革。这些要素，目前都在加快积累和成熟中。即将出现的新一轮科技革命和产业变革与我国加快转变经济发展方式形成历史性交汇，为我们实施创新驱动发展战略提供了难得的重大机遇①。

第四，科技创新重在全面，要充分发挥市场在资源配置中的决定性作用，要坚持以需求为导向、以产业化为方向，坚持企业在创新中的主体地位，充分发挥科技进步对经济增长的促进作用，推动以科技创新为核心的企业创新、产品创新、市场创新和品牌创新。

三、科技创新是提高社会生产力和综合国力的战略支撑

2014 年 1 月 6 日，习近平总书记在会见嫦娥三号任务参研参试人员代表时的讲话中指出："科技创新是提高社会生产力和综合国力的战略支撑，必须把科技创新摆在国家发展全局的核心位置。"② 与西方国家"串联式"的发展过程不同，我国发展是一个工业化、信息化、城镇化、农业现代化叠加发展的"并联式"发展过程。其中科技创新在改革开放取得的重大成就中发挥了重要的作用。

虽然我们用了 40 多年的时间走完了西方发达国家两百多年才走完的路程，但与西方发达国家相比，我国科技创新的基础还不牢固，创新水平还存在明显差距，并且在某些领域这种差距还有明显的扩大趋势。我们必须坚持将科技创新作为提高社会生产力和综合国力的战略支撑，加快向创新驱动发展转变，全面建设社会主义现代化国家，实现中华民族伟大复兴中国梦。

---

① 习近平. 习近平关于社会主义经济建设论述摘编［M］. 北京：中央文献出版社，2017：127.
② 习近平. 习近平关于科技创新论述摘编［M］. 北京：中央文献出版社，2016：26.

四、坚定不移走中国特色自主创新道路

改革开放至今，我国发展主要靠引进和利用国外技术，从早期的二手技术到后期的同步技术都严重缺乏创新。这样的发展思路不仅会使我国与发达国家的差距逐渐拉大，还会将我国长期锁定在产业分工格局的低端。西方发达国家能称雄世界，一个重要原因是掌握了高端科技。现在，西方发达国家加强了对我国的技术封锁，我国正常的技术引进也受到种种限制。我们必须加强自主创新，将核心技术掌握在自己手中。这样才能真正地掌握竞争和发展的主动权，才能从根本上保障国家经济安全、国防安全和其他方面的安全。

走中国特色自主创新道路就是要充分发挥中国特色社会主义"集中力量办大事"的最大的制度优势，促进协同创新，优化创新环境，更加强调自主和统筹协调。未来，我国科技创新最重要的就是要坚定不移地走中国特色自主创新道路，坚持自主创新、重点跨越、支撑发展、引领未来的方针，增强自主创新能力，加快建设成为创新型国家。

五、加快科技体制改革步伐

多年来，我国一直存在着科技成果向现实生产力转化不力、不顺、不畅的痼疾，其原因就在于科技创新链条上存在着诸多体制机制关卡，创新和转化各个环节衔接不够紧密。2013 年 7 月 17 日，习近平总书记在中国科学院考察工作时的讲话中指出，要深化科技体制改革，坚决扫除阻碍科技创新能力提高的体制障碍。因此，我国要加快科技体制改革的步伐。

科技体制改革要优化政策设计，打通科技转化通道，营造良好的创新环境，完善科技评价体系。

第一，有效地将科技创新成果转化为推动经济社会发展的现实动力的关键是要处理好政府和市场的关系。实践证明，市场才是配置创新资源的真正力量，企业才是技术创新的真正主体。因此，全面深化科技体制改革，要进一步突出企业的技术创新主体地位，使企业真正成为技术创新决策、研发投入、成果转化的主体；要围绕产业链部署创新链，聚集产业发展需求，集聚各类创新资源，着力突破共性关键技术，加快实现科技成果转化和产业化；要与其他方面改革协同推进，加强和完善科技创新管理，

促进创新链、产业链、市场需求有机衔接①。

第二，科技创新成果转化需要公平的市场环境，充分发挥中小微企业应对商业模式、技术路线变化的独特优势。科技创新不能只是实验室里的研究，我们必须将科技创新成果转化为推动经济社会发展的现实动力。解决这一问题的关键在于改革，在于处理好政府和市场的关系，要让市场真正成为配置创新资源的力量，让企业真正成为技术创新的主体，为企业培育公平的市场环境。同时，政府要在关系国计民生和产业命脉的领域积极作为，加强支持和协调，确定技术方向和路线。因此，要引导金融机构加强和改善对企业技术创新的金融服务，加大资本市场对科技型企业的支持力度；要完善推动企业技术创新的税收政策，激励企业开展各类创新活动。

第三，科技创新要取得突破，不仅需要基础设施等"硬件"的支撑，更离不开制度等"软件"的保障。近年来，通过不懈努力，我国科技"硬件"条件得到很大改善，但"软件"条件仍相对滞后。因此，要加大政府科技投入力度，积极引导企业和社会增加研发投入。要加强自主创新团队建设，搞好科研力量和资源整合，健全政府、企业、科研院所、高校的协同创新机制，最大限度地发挥各方面优势，形成推进科技创新整体合力②。要加快建立主要由市场评价技术创新成果的机制，打破阻碍技术成果转化的瓶颈，使创新成果加快转化为现实生产力③。要着力加快完善基础研究体制机制，把基础前沿、关键共性、社会公益和战略高技术研究作为重大基础工程来抓，实施好国家重大科学计划和科学工程，加快在国际科学前沿领域抢占制高点。要强化激励，用好人才，使发明者、创新者能够合理分享创新收益。要着力以科技创新为核心，全方位推进产品创新、品牌创新、产业组织创新、商业模式创新，把创新驱动发展战略落实到现代化建设整个进程和各个方面④。

六、牢牢把握科技进步大方向和产业革命大趋势

习近平总书记指出，实施创新驱动发展战略，首先要看清世界科技发

① 习近平. 习近平关于科技创新论述摘编 [M]. 北京：中央文献出版社，2016：56.
② 习近平. 习近平关于科技创新论述摘编 [M]. 北京：中央文献出版社，2016：60.
③ 习近平. 习近平关于科技创新论述摘编 [M]. 北京：中央文献出版社，2016：60.
④ 习近平在中国科学院第十七次院士大会、中国工程院第十二次院士大会上的讲话 [N]. 人民日报，2014-06-10（2）.

展大势。科学技术是世界性的、时代的，发展科学技术必须具有全球视野、把握时代脉搏。当今世界，科学技术发展很快，例如大数据、先进制造、量子调控、人造生命等新突破、新趋势就十分值得我们关注。这些新突破、新趋势蕴含着巨大生产力和商机，谁掌握了它们，谁就掌握了发展的资源和主动权。当前，从全球范围来看，创新驱动已是大势所趋，科学技术已经成为推动经济社会发展的主要力量。新一轮的科技革命和产业变革正在孕育，一些重要科学问题和关键核心技术已经表现出了革命性突破的先兆。物质构造、意识本质、宇宙演化等基础科学领域取得重大进展，信息、生物、能源、材料和海洋、空间等应用科学领域不断发展，带动了关键技术交叉融合、群体跃进，变革突破的能量正在不断积累。这一系列的动向十分值得我们高度关注。

第二，我国科技创新必须充分把握国际上新一轮科技革命的关键方向。2014年5月，习近平总书记在上海考察时的讲话中指出，牢牢把握科技进步大方向。推进科技创新，首先要把方向搞清楚，否则花了很多钱、投入了很多资源，最后也难以取得好的成效。未来五到十年，世界可能发生一系列重大科技事件，我们要瞄准世界科技前沿领域和顶尖水平，树立雄心，奋起直追，潮头搏浪，树立敢于同世界强手比拼的志气，着力增强自主创新能力，在科技资源上快速布局，力争在基础科技领域做出大的创新，在关键核心技术领域取得大的突破①。

第三，进入21世纪以来，新一轮科技革命和产业变革正在加速孕育，全球科技创新也呈现出了新的发展态势与特征。学科间交叉融合加速，新兴学科不断涌现，前沿领域也不断延伸，传统意义上的技术开发、应用研究、基础研究以及产业化的边界日趋模糊，意识本质、生命起源、宇宙演化等基础科学领域也正在或有望取得重大突破性进展，科技创新链条更加灵巧，技术更新和成果转化更加快捷，产业更新换代不断加快。"科技创新"就像一根撬动地球的杠杆，总能带来令人意想不到的奇迹。

面对当前世界科技发展的新趋势，全球大部分国家都选择加快新兴产业的发展速度，推进数字技术与制造业的加速结合，实现"再工业化"，致力于抢占先机，占据未来科技和产业发展的制高点。在把握科技进步大方向和产业革命大趋势的基础上，我们不仅要坚持自主创新，同时也要加

---

① 习近平. 习近平关于科技创新论述摘编 [M]. 北京：中央文献出版社，2016：80.

强国际合作，制定详细的技术进步战略规划，紧密结合我国发展遇到的瓶颈制约，进一步明确技术创新和产业化的方向和重点，实现核心技术和瓶颈技术的双重突破。

七、牢牢把握集聚人才大举措

人才资源是第一资源，也是创新活动中最为活跃也最为积极的因素。习近平总书记一再强调人才对科技创新的重要性，他指出，综合国力的竞争归根到底是人才的竞争。哪个国家拥有人才上的优势，哪个国家最后就会拥有实力上的优势。走创新发展之路，首先要重视集聚国内外的优秀创新人才。在充分发挥好现有人才作用的基础上，"广招天下贤才"，择天下英才而用之。各级党委和政府要完善相关政策，积极探索集聚人才、发挥人才作用的体制机制，进一步创造人尽其才的政策环境，充分发挥优秀人才的主观能动性。

第三节 创新发展理念的实践逻辑

三次工业革命对人类社会产生了深远且广泛的影响，极大地改变了人们的思维、生产、生活方式。同时，三次工业革命使得西方发达国家成为世界近现代史上的主导力量。对我国而言，新时代面对复杂多变的国内外环境，要实现第二个百年奋斗目标，实现中华民族伟大复兴中国梦，就必须在创新领域占据一席之地。因此，创新具有十分重要的现实意义与时代意义。

一、创新是适应世界时代变迁要求的有力支撑

第一，创新发展是新科技革命和全球产业变革的重要支撑。当前，以美、德、英、日为代表的发达国家掀起了制造业转型升级的浪潮，这对全球经济结构和竞争格局产生了重大影响。新科技革命和全球产业变革正在兴起，新技术突破带动产业变革加速。历史经验告诉我们，只有在科学技术领域率先突破创新，并将先进科学技术转化为生产力，才能带动新一轮的科技革命和产业变革。

第二，创新发展是推动经济复苏和全球化进程的重要动力。在 2020 年

新冠疫情影响下，一方面全球产业链和供应链遭到极大打击，经济复苏的程度有限；另一方面逆全球化和民粹主义势力抬头，掌握先进科学技术的西方发达国家不断加强对技术的封锁，尤其在高端芯片、新能源、低碳技术、空间、海洋开发等领域。只有提升以科学技术为核心动力的全要素生产力，才能尽快刺激全球经济复苏，继续推进世界经济全球化。

第三，创新发展是加强国家间合作交流和协调国际关系的重要纽带。当前全球产业链、供应链高度完善，国际分工明确，国家之间的交流合作更加紧密。在科技创新领域，各国充分发挥各自的特长与优势，加强在政策、技术及人员等方面的交流合作，有助于各国间创新成果的分享，从而实现创新能力的提升。

二、创新发展是符合我国历史发展新方位要求的重要武器

2017 年 10 月 18 日，习近平总书记在中国共产党第十九次全国代表大会上的报告中提出："经过长期努力，中国特色社会主义进入了新时代。"从时间节点上来看，中国特色社会主义新时代与第四次工业革命开启的时间点高度契合，这对于中国而言，是最大的历史机遇。面对新时代的机遇与挑战，要推动经济高质量发展，提升人民的生活品质，构建新发展格局，顺利开启全面建设社会主义现代化国家新征程，离不开创新发展的支撑。

创新发展是更好满足人民美好生活需要的有力保障。当前，我国社会主要矛盾是人民日益增长的美好生活需要和不平衡不充分的发展之间的矛盾。随着收入水平的提高，人们对生活质量的要求也越来越高，需求更加个性化、多元化，这对产业结构转型升级提出了更深层次的要求。加快推进创新发展，释放出更多的生产力和创新活力，才能更多、更有效地提供能满足人民生活生产需求的产品和服务，让人民共享改革发展成果。

创新发展是现代化的决定性力量。在新时代，我们以决胜全面建成小康社会为起点全面建设社会主义现代化，我国现代化的范围从部分领域、部分地区向全方位覆盖，现代化的程度从较低层次向较高层次跃升，现代化的性质从物质层面向精神层面、人的素质层面延伸。因此，我国的现代化建设必须要有明确的战略目标及实现途径。我国早在 2015 年就发布了《中国制造 2025》，对核心技术创新突破提出了明确目标，科技创新将成为现代化建设的发动机。

创新发展是新时代伟大斗争的重要武器。当前国际形势波谲云诡，不确定性和风险明显增加，同时国内改革发展任务艰巨繁重，当前的国内国际环境意味着新时代必将会是一个伟大斗争的时代。在这个时代我们必须要有重器在握，我们必须始终坚持不懈以创新发展为引领发展的第一动力，打造国之重器、国之利器，才能战胜一切艰难险阻，朝着伟大目标奋勇前进。

创新发展是优化产业结构的推动力量。推进产业结构优化升级，要以增强竞争力、增加附加值、延长产业价值链、提高技术含量为重点，大力发展战略性新兴产业、先进制造业和以生产性服务业为重点的现代服务业，积极推动信息化与工业化深度融合，加快形成竞争力强、附加值高、功能完善、结构优化的现代产业体系。这些产业、产业链和产业体系的优化升级都离不开创新发展。

第八章　协调发展理念的理论逻辑、历史逻辑与现实逻辑

第一节　协调发展理念的理论逻辑

马克思、恩格斯和众多西方经济学者都对协调发展进行了深入系统的理论分析。其中，马克思和恩格斯主要从社会发展整体层面、经济社会发展层面和人与自然的关系层面论述了协调发展的理论逻辑，而弗朗索瓦·佩鲁、冈纳·缪尔达尔等西方经济学家则重点从区域协调发展、产业协调发展、经济社会与环境资源协调发展等方面进行了丰富的理论研究。

一、马克思主义中的协调发展理论

马克思、恩格斯很早就意识到协调发展的重要性，对协调发展进行过系统的理论研究。马克思认为，生产力是社会发展的基础，社会的其他方面都是跟随生产力的变化而变化的。可以看出，马克思的唯物史观本质上就是一种协调发展的历史观，认为社会各部分都要及时调整自己的状态以保持和生产力发展水平相适应。马克思的协调发展理论有两个基本特征。第一是对于较长时期的历史，其主要从生产方式变革的角度论证协调发展。第二是认为在科学社会主义诞生之前，社会生产方式等各个方面的协调发展不是自发形成的，具有非自觉性。出于对资本主义不自觉、非协调发展困境的思考，马克思提出了自觉的协调发展理论。

从社会发展整体层面、社会经济发展层面、人与自然的关系层面出发，马克思、恩格斯深入地阐释了他们对协调发展的理解。第一，从社会发展整体层面论述协调发展。他们提出，在人类社会中，生产力和生产关

系的矛盾、经济基础和上层建筑的矛盾是两个最为基本的矛盾。协调发展最为重要的内容，就是要处理好这两对矛盾关系。第二，从经济社会发展层面论述协调发展。马克思、恩格斯在研究了社会产品总量和结构的均衡性之后深刻地指出，不同生产领域的这种保持平衡的经常趋势，说到底是一种对这种平衡常常被打破的反作用①。因此，为了实现经济总量和结构的平衡发展，必须促进社会物质产品的供需平衡，让社会各生产部门保持合理比例的生产关系。第三，从人与自然的关系层面来阐述协调发展。马克思、恩格斯认为要实现人类社会的可持续发展，就必须维持好和自然的协调统一关系。资本主义社会在处理人与自然的关系时，具有盲目性和反自然性，没有实现和谐统一。也正是因为如此，马克思、恩格斯警示人们，不要过于迷恋于人类在对抗自然时取得的胜利，对于这些人类表面上取得的胜利，自然界都会加以报复②。可以说，马克思和恩格斯关于协调发展的观点，奠定了马克思主义协调发展理论的基石，也为马克思主义协调发展理论勾勒出了清晰的框架③。

在关于协调发展的具体内容上，马克思、恩格斯重点对区域协调发展、城乡协调发展、经济文化协调发展进行了详细阐释。一是关于区域协调发展的阐述。由于地域分工的差异和工业发展程度的不同，区域之间的发展可能出现不协调的情况。比如，那些交通条件较好的地方更容易发展出早期的资本主义。马克思和恩格斯认为，共产主义不会使区域发展的特点消除，但能够解决区域发展不协调的问题。在国家同国家、地区同地区之间通常有某种不平等的条件，这种不平等的现象可以被降低到很低的程度，但是无法完全消除④。也就是说，因为资本主义造成的区域不协调是可以随着社会历史的发展而消除的。这种不协调的消除得益于两方面力量推动，一方面是技术的进步降低了工业生产对于自然条件的依赖性；另一方面是合理的地域分工带来的人的全面发展将取代对利润的过度追逐。二是关于城乡协调发展的阐述。在马克思主义经典作家看来，由于生产力的落后和私有制的存在，城乡的不协调发展是人类社会发展中必将出现的情

---

① 马克思. 资本论：第一卷 [M]. 北京：人民出版社，1975.

② 马克思，恩格斯. 马克思恩格斯全集：第三卷 [M]. 北京：人民出版社，1979.

③ 黄俊，张晓峰. 科学发展观：马克思主义协调发展理论的时代解读：以协调发展为例 [J]. 湖北社会科学，2008 (1)：11-13.

④ 马克思，恩格斯. 马克思恩格斯全集：第三卷 [M]. 北京：人民出版社，2012.

况。城市的资本主义化必然导致城市对乡村形成支配地位。但随之而来的是，在城乡的不协调发展中其实也孕育着促进城乡协调发展的因子。一方面是科学技术的进步将削弱自然条件对工业发展的束缚，使工业可以在更广的区域内布局；另一方面是随着社会关系的发展将消除城乡对立的历史障碍。也就是说，在共产主义社会，工农业在城乡的均衡发展使城乡对立失去了经济基础，而所有人既从事工业又从事农业，使城乡对立没有了阶级基础，从而达到城乡协调发展的目的。三是关于经济文化协调发展的阐述。马克思认为经济文化的协调发展是指个人的文化消费随着经济的繁荣而日益丰富，文化的内容能反映经济发展的情况，文化的功能还能为经济发展提供动力。相比起资本主义社会，社会主义社会能够充分做到经济文化的协调发展。由于劳动时间的缩短和劳动者对文化的创造，文化也会因为劳动者获得消费的条件而产生在资本主义社会中无法想象的需求。社会关系的物化将在社会主义社会被消除，因此文化异化的现象也会消失，个人与社会的关系将在文化中得到正确的反映。在社会主义社会中，文化会随着经济的发展而不断进步，但不会成为制约经济发展的障碍，反而会为经济发展提供更强的动力。因此，从上述意义上说，社会主义能做到经济和文化的协调发展①。

二、西方经济学中的协调发展理论

西方学者主要在区域协调发展、产业协调发展、经济社会与环境资源协调发展等方面进行了丰富的研究。一是对区域经济的协调发展问题进行了研究。弗朗索瓦·佩鲁在增长极理论中认为，在现实的区域经济演进过程中，各类生产要素不是一直处于平衡的静止状态，而是持续在发生极化变化。增长极理论认为，某个特定的国家和地区要达到平衡发展状态是不具有可行性的，绝对的平衡发展状态只是一种理想化情况，不平衡发展反而才是经济发展的正常状态。可以说，增长极理论的基础逻辑是建立在经济增长的不平衡性之上的②。再比如，冈纳·缪尔达尔提出了循环累积因果论，认为受区域发展不均衡的深刻影响，生产要素在初始阶段会源源不断地流入较发达的地区，推动发达地区的经济发展越来越繁荣，而落后地

① 孙代尧，李健，何海根，等. 协调发展研究 [M]. 北京：高等教育出版社，2018.
② 吴顺昌. 增长极理论在经济实践中的成功运用及其对区域经济发展的启示 [J]. 中国商界（上半月），2010 (9)：132, 130.

区的经济发展越来越滞后，并且发达地区的这种增长态势还会演变为一种长期趋势。他认为，企图借助市场自主的力量来实现区域均衡发展的目标是不现实的，应该更恰当地发挥政府的功能①。除此之外，美国经济学家威廉姆森的倒"U"形理论也论述了经济发展的不平衡性和协调性关系。这一理论发现，当经济发展处于起步阶段的时候，区域和区域之间会出现发展不平衡不断扩大的趋势，从而引发经济增长不平衡的情况，但是随着经济的持续发展，区域与区域之间的不平衡程度将不断降低，直至趋于稳定。当经济发展到比较成熟的状态后，区域与区域之间经济增长的差距会持续缩小，也就是走向均衡增长。所以，从较长的历史时期来看，区域经济增长实质上是一个从不均衡到均衡的趋同化演进过程②。二是对区域产业协调发展进行了研究。许多国外研究人员认为，产业分工能显著提高效率，推动劳动生产率上升，推进地域之间的分工与合作能有效提高效率，从而达到区域协调发展的目的。亚当·斯密提示，各区域可通过交换本地区有绝对优势的产品，进而达到效率的有效提升。还有一些西方学者从劳动分工的视角入手，指出因为各区域有资源禀赋上的差别，所以才发生交换的行为，而各个区域之间的交换与合作又使得它们能够充分释放自身的比较优势。所以在生产活动中，各区域和各领域之间相互补充，一起为实现社会协调发展而贡献力量。三是对经济社会与环境资源协调发展进行了研究。在罗马俱乐部的观点中，人口、粮食、资本、环境和资源等几方面是推动经济增长的最关键要素，如果这几方面没有得到进一步的发展，那么人类社会将不可避免地发生衰退。早在 20 世纪末，Norgaard 在协调发展理论中就提出，在社会系统、生态系统中间有一个起重要沟通作用的反馈环，我们可以此为载体推动两个系统共同发展。Norgaard 提出，新兴工业和经济活动的创新创造是推动经济持续增长的重要力量，但是也会源源不断地产生新的资源和环境问题，从而导致既得利益集团排斥环境监控政策，所以他并不认为经济增长和环境保护能得到有效协调。罗马俱乐部的Mishan 认为，人类社会受惠于经济发展所产生的物质财富，但经济发展也带来了很多的污染物，导致环境质量越来越差，使原来的福利正效应相应减少，甚至产生负效应。Georgescu-Rogen 和 Daly 用物理思维来思考这一问题，他们从热力学第一、二定律中导出熵的概念，提出在经济活动中所

---

① 王冀平. 我国区域均衡发展的实现路径研究［J］. 管理观察，2015（12）：50-51.
② 刘建磊. 浅析威廉姆森的倒"U"型理论［J］. 知识经济，2012（21）：5，7.

需要的物质和能量在转换的过程中必然会造成熵的损失，其中一部分能量会变成无法再使用的废弃物。受消费和产出持续增长的影响，熵必定会有所增加，环境恶化的程度也会持续加快，而绝对稀缺性也将越来越明显，所以经济的增长到最后会走向停止。Sieber 和 Opschoor 提出，应高度重视环境的承载力，一旦经济活动的强度超过环境的承载极限时，生态系统必然会崩溃，从而影响人类社会的经济发展。

第二节　协调发展理念的历史逻辑

新中国成立后，在历任领导人的部署推进下，我国在促进协调发展方面进行了积极的探索，形成了从均衡协调到非均衡协调，再到整体协调的历史逻辑，这为我国在经济社会建设中取得伟大历史成就奠定了重要基础。

一、毛泽东同志对协调发展理念中国化的探索

毛泽东同志以马克思主义理论为基石，在充分吸取苏联社会主义建设经验的基础上，通过总结建立新中国的斗争实践经验，提炼出了社会主义社会的矛盾学说，将马克思主义协调发展理论进行了中国化解读和应用。毛泽东同志提出的社会主义协调发展，是一种覆盖经济、社会各个方面的均衡发展状态。毛泽东同志认为，社会主义建设本身就是一个有机统一的整体，因此各方面都应共同、全面发展，不应该因为发展某个领域而牺牲其他领域。同时，他还认为，各种矛盾和矛盾的各个方面通过综合协调都可以达到相对统一的共时性理想状态。

（一）区域均衡协调发展

在促进区域均衡协调发展方面，毛泽东同志的政策主要集中体现在两个方面：一是要对内地的工业发展加强支持；二是要充分发挥好沿海地区的工业基础，促进沿海和内地的均衡发展。毛泽东同志的均衡发展思想充分体现在他所写的《论十大关系》一文中。在该文中，毛泽东同志对区域均衡发展的思路展开了阐释：在充分建设好沿海工业基地的前提下，要进一步平衡好工业发展空间布局，所以必须加大力量促进内地工业发展。新的工业大部分要向内地倾斜，从而促进工业布局更加平衡。但与此同时，

沿海也要发展一些新的厂矿，部分厂矿还可以是比较大规模的。用好用足沿海的工业老底子，从而使国家有更加强大的力量来支持内地工业发展①。除了提出促进区域均衡发展的思想，毛泽东同志还将之运用到经济社会发展的实践当中。在新中国经济发展的初期阶段，原本发展基础十分薄弱的西部地区的基础设施投资规模远远超过了东部地区。比如，在 156 个国家重点工业基本项目中，80% 左右都布局在内陆地区，沿海地区只有 20% 左右。这些国家级项目的落地，大幅提高了西部地区的基础设施和工业发展水平，从而有效扭转了旧中国区域发展极不平衡的局面。这一时期，区域均衡发展战略对于改善西部地区人民生产生活条件、强化国防安全等，具有深远的历史影响。

（二）城乡均衡协调发展

在促进城乡均衡协调发展方面，毛泽东同志提出的发展思路主要集中在三个方面。第一，要摆正工业、农业的关系和位置。农业和其他产业现代化的重要基础就是工业现代化。因此，工业的发展，特别是重工业的发展，是社会主义建设初期的重点工作。但是，如果单纯只重视重工业发展，忽略农业，会导致工业发展所需要的原料、市场和资金短缺，从而影响工业的可持续发展。毛泽东同志提出，城市的工业和农村的农业要均衡发展，在以重工业发展为重点的前提下，加大对轻工业和农业的投入力度。比如，在《论十大关系》一文中，他首先就讨论了农轻重之间的关系，提出重工业"还是为主，还是投资的重点"，"但是，农业、轻工业投资的比例要加重一点"②。也就是说，只有兼顾城乡矛盾的主要方面和次要方面，才能真正实现城乡均衡发展。第二，要促进工业品和农产品的等价交换。众所周知，西方资本主义国家依靠对劳动者的剥削实现了原始积累。对于社会主义国家的原始积累，苏联采取了利用工业产品和农业产品的价格差距来获取工业化所需要的资金的做法。但是，这样一种思路也导致了城市和乡村之间的发展差距持续扩大。毛泽东同志认为这样的做法是不可取的，他要求有效缩小工农业"剪刀差"，促进公平交换和城乡协调发展。他明确提出，对于工业品和农业品之间的交换，我国所实施的是缩小"剪刀差"，实行等价交换或者接近于等价交换的方法③。第三，要促进

① 毛泽东. 毛泽东文集：第七卷 [M]. 北京：人民出版社，1999.
② 毛泽东. 毛泽东文集：第七卷 [M]. 北京：人民出版社，1999.
③ 毛泽东. 毛泽东文集：第七卷 [M]. 北京：人民出版社，1999.

城乡公共服务的均等化发展。在 1949 年之前，中国大部分地区的农村社会事业和公共服务都是非常落后的，农民在教育、卫生、文化、体育等各个方面都不具备和城市居民同等的服务。对此，毛泽东同志提出，要增强农村集体力量，做到基础教育和基本医疗在农村地区的普及，并动员基层群团组织积极开展丰富多样的文体活动。在这种思想的指引下，1949 年新中国成立之后，我国在促进城乡均衡发展方面获得了非常显著的进步。

（三）经济文化均衡协调

在促进经济文化均衡协调发展方面，毛泽东同志也做出了积极的探索。他认为，旧民主主义革命时期所体现的是旧民主主义的经济和文化，而新民主主义革命时期应该有新民主主义的经济和文化。在全国政治协商委员会一次会议上，毛泽东同志表示，一旦经济建设的热潮到来后，将必然会随之出现文化建设的热潮[1]。从他的这些言论中，可以明显看出经济文化协调发展的思想。

和马克思一样，毛泽东同志也认为社会主义文化应当是惠及全体劳动人民的文化。对于刚刚成立的中华人民共和国而言，扫除文盲成为当时文化建设最主要的内容，也是促进经济文化协调发展的核心要义。毛泽东同志提出了"每人必须认识 1 500 字到 2 000 字"的标准，并领导开展了大规模的扫盲运动。根据人口普查的结果，到 1964 年我国文盲率下降到 52%，1982 年下降到不到 35%[2]，这是新中国经济文化协调发展的重要成果。

毛泽东同志经济文化协调发展思想的另一个重要内容就是要建设与社会主义经济发展基础相协调的社会主义文化，既要坚持马克思主义在文化发展中的指导性地位，又要鼓励形成开放多元包容的文化发展环境。一方面，无论是在文艺创作研究中，还是在群众思想理念中，都要坚持马克思主义理论和方法。另一方面，也要坚持"百花齐放，百家争鸣"的方针，允许一部分文艺工作者在创作过程中保持自己的意见，促进社会主义文化更加繁荣。对于苏联所采取的用"一刀切"的政治标准来评价文艺工作的做法，毛泽东同志明确表示否定。在这样的理念下，新中国的文化与经济朝着协调发展的方向取得了进步。

① 毛泽东. 毛泽东文集：第五卷 [M]. 北京：人民出版社，1996.
② 安新利. 我国文盲率变动趋势与前瞻 [J]. 中国国情国力，1998（3）：44-45.

二、改革开放以来对协调发展理念的中国化

均衡协调的发展方式对我国社会主义建设发挥了很大的促进作用。但是，这一方式也有弊端，最明显的就是过于追求均衡而忽略了效率。改革开放后，我们党在深刻领悟马克思主义理论、毛泽东思想精髓要义的基础上，立足我国发展实际，提出了非均衡协调发展理论。相对于均衡协调，非均衡协调更加强调要抓住主要矛盾，用解决主要矛盾的方式带动其他各种矛盾的解决。邓小平同志认为，中国过去实行平均主义，也就是所谓的吃"大锅饭"，其实造成了共同落后，共同贫穷。所以，实行改革就必须摒弃平均主义，一定要打破"大锅饭"①。邓小平同志所说的"打破平均主义"，从根本上来看，就是要转变以往的均衡协调发展模式，走非均衡协调之路。非均衡协调发展不是步调完全相同的同水平发展，也不是整齐划一的同速度发展，而是有一定差别而又总体协调的发展。具体来说，就是要创造合适的条件使一部分地区、一部分人先于其他地区和人群实现富裕，之后再通过"先富带后富"的途径推动完成共同富裕②。

（一）区域非均衡协调发展

在均衡协调发展思想的指引下，新中国在推进西部地区发展方面取得了明显成效，但与此同时东部沿海地区的经济发展速度也明显减缓。改革开放以来，为了提高经济社会发展总体效率，邓小平同志提出了"两个大局"理论，实施了区域非均衡协调发展战略。邓小平同志"两个大局"理论有三个鲜明的特点：一是区域发展是非均衡的，沿海和内陆地区的发展速度并不是一样的，一段时间沿海地区发展快，一段时间内陆地区发展快；二是要注意总体发展速度，鼓励沿海地区先发展起来，就是要为提高全国发展速度打下坚实基础；三是发展的最终目的是协调，无论是让沿海地区先富起来，还是鼓励沿海地区带动内陆地区富裕起来，最终都是为了实现共同富裕。

区域非均衡协调发展在改革开放以来共经历了两个发展阶段。一是改革开放初期主要推进实现"第一个大局"，支持沿海地区率先实现现代化。国家不仅在深圳、珠海、厦门、汕头等沿海地区设立了经济特区，还通过扩大投资、税收优惠、金融支持等方式积极推动沿海地区经济发展。在这

① 邓小平. 邓小平文选：第三卷 [M]. 北京：人民出版社，1993.
② 邓小平. 邓小平文选：第二卷 [M]. 北京：人民出版社，1994.

一时期，东部沿海的经济增长速度大大提高，带动了我国经济发展总体速度快速提高。二是改革开放深入推进时期积极促进实现"第二个大局"。当东部地区的发展进入小康水平以后，国家开始将区域发展战略的重心放在加快中西部地区发展上。比如，江泽民同志就明确表示，推进中西部地区加快发展的条件已经成熟①。胡锦涛同志也多次强调，促进区域协调发展，是深入落实全国上下一盘棋思想的题中之义，是发挥我国各个地区优势、形成全国发展合力的必然要求，更是促进民族团结、实现边疆稳定、保障国家长治久安的需要②。实现区域协调发展，不仅仅是改革开放和社会主义现代化建设的战略安排，还是推进全面建设小康社会、建设社会主义和谐社会的必然要求③。在以上思想的指导下，我国先后实施了西部大开发、东北振兴和中部崛起等战略，促进沿海地区的人才、资金、项目等发展要素向中西部转移集聚。在系统总结改革开放以来我国区域协调发展经验的基础上，胡锦涛同志提出了"坚持统筹城乡、区域发展""加快形成主体功能区""健全区域协调互动机制""完善分类管理的区域政策"四条主要路径④。党的十八大报告更是明确指出，持续推进区域发展总体战略，更加充分地发挥我国各地区的比较优势，优先推进西部地区大开发，全面推进东北地区等老工业基地振兴发展，大力促进中部地区实现崛起，同时还要支持东部地区加快发展⑤。这一论述是改革开放以来，我国从区域均衡协调发展走向区域非均衡协调发展的历史总结。

（二）城乡非均衡协调发展

在社会主义革命和建设时期，在保证城市重工业发展的基础上，我国加大了对农村建设的投入，大大促进了城乡的均衡发展。但是，客观来说，比起农村地区，城市具有集聚人口、资金和技术的良好基础，经济发展的潜力更大。因此，改革开放以来，邓小平同志提出了城乡非均衡协调发展的规划，一是通过农村改革为城市改革提供基本的物质保障和经验，二是在城市经济快速发展起来以后由城市带动反哺农村发展。

邓小平同志认为，农业农村的发展是城市和工业发展的基础条件，不

---

① 江泽民. 江泽民文选：第一卷 [M]. 北京：人民出版社，2006.
② 胡锦涛. 胡锦涛文选：第二卷 [M]. 北京：人民出版社，2016.
③ 胡锦涛. 胡锦涛文选：第二卷 [M]. 北京：人民出版社，2016.
④ 胡锦涛. 胡锦涛文选：第二卷 [M]. 北京：人民出版社，2016.
⑤ 胡锦涛. 胡锦涛文选：第二卷 [M]. 北京：人民出版社，2016.

能脱离农村来谈城市发展。他认为，如果农业搞不好，那么工业也就没有希望，吃、穿、用等问题都无法解决①。邓小平同志认为中国的改革应该从农村开始抓，这对国家的稳定发展具有重大意义。他认为，从中国经济社会发展的实际出发，要首先解决农村发展问题。中国八成以上的人口都居住在农村，国家稳定与否首先要看这八成的人是不是稳定。城市建设得再美丽，如果没有农村的稳定也是不行的②。所以，改革开放以来城乡协调发展的第一步就是通过农村改革为城市改革提供坚实的物质基础和经验。关于第二步，邓小平同志认为，当农村的改革获得成功之后，就可以转到城市建设了③。在这一阶段，不是只建设城市而不建设农村，而是城市、农村都在建设，只不过城市建设的速度快一些，而农村的发展速度慢一些。当城乡发展差距到了一定程度的时候，就开始推进城市反哺农村，积极缩小城乡差距。正如邓小平同志所说的，工业发展支援农业发展，推进农业现代化，是工业发展的重大使命④。江泽民同志也多次强调，加强农业发展是国民经济发展第一要考虑的问题。我国的农业不仅承担着为全国人民提供粮食和其他农产品的重要任务，还要承担起为第二产业、第三产业提供原材料和市场的重要任务。加强农业发展，其实也就是支持工业发展和第三产业发展，为农业发展作出贡献也就是为国民经济发展作出贡献⑤。一旦农业发展出现了反复，那么整个经济工作都将会陷入被动之中⑥。2000 年以后，党中央根据我国城乡发展实际，又提出了建设社会主义新农村的重要部署。胡锦涛同志提出，中国在总体上已经走进"以工促农、以城带乡"的历史阶段⑦。胡锦涛同志还强调，妥善解决农业农村农民的发展问题是全党工作的重点任务，推进城乡一体化发展是破解"三农"问题的根本方法⑧。上述思想的提出和实施，为我国城乡协调发展提供了重要指引和遵循，也为党的十八大以后更加深入推进城乡协调发展奠定了重要基础。

---

① 邓小平. 邓小平文选：第一卷 [M]. 北京：人民出版社，1994.
② 邓小平. 邓小平文选：第三卷 [M]. 北京：人民出版社，1993.
③ 邓小平. 邓小平文选：第三卷 [M]. 北京：人民出版社，1993.
④ 邓小平. 邓小平文选：第二卷 [M]. 北京：人民出版社，1994.
⑤ 江泽民. 江泽民文选：第一卷 [M]. 北京：人民出版社，2006.
⑥ 江泽民. 江泽民文选：第二卷 [M]. 北京：人民出版社，2006.
⑦ 胡锦涛. 胡锦涛文选：第二卷 [M]. 北京：人民出版社，2016.
⑧ 胡锦涛. 胡锦涛文选：第三卷 [M]. 北京：人民出版社，2016.

（三）经济文化非均衡协调发展

改革开放以前，党中央很重视经济文化的协调发展，但是对于经济、文化之间关系的理解并不清晰。改革开放以后，以邓小平同志为主要代表的中国共产党人慎重考虑了经济和文化之间的关系，作出了经济文化非均衡协调发展的决策部署。其关键要点在三个方面：第一是文化发展要服从经济发展，第二是文化发展要服务于经济发展，第三是文化要随着经济的发展而发展起来。

文化发展要服从经济发展，就明确了经济发展是中心。邓小平同志认为，文化和经济发展都十分重要，但必须以经济的发展来带动文化事业的发展。在谈及文化和经济的关系时，邓小平同志首先强调它们是一个整体，"都有相互依存的关系，不能顾此失彼"，并提出要改变我国文化投入较低的问题。但是他也着重指出经济建设才是中心工作，始终要将经济建设置于中心地位。如果没有了经济建设这个中心，那么就将造成丧失物质基础的严重风险。其他的一切发展任务都必然要服从于这个中心，紧紧围绕于这个中心，绝对不能干扰到这个中心，对这个中心产生负面影响[1]。在经济建设上，邓小平同志也反对各行业均衡用力，提出要着重发展农业、交通、能源等重点行业，并以此促进经济的全面发展。

文化发展要服务于经济发展，首要表现就是高度重视科技、教育。邓小平同志多次强调，"科学技术是第一生产力"，要求重视科学技术和相关教育事业的发展。他认为，中国要实现现代化进程，最为关键的是要把科学技术能力提上去。而想要发展好科学技术，必然要下大力气抓好教育[2]。文化服务于经济发展，还突出表现为文化要为经济的发展提供方向指引。邓小平同志旗帜鲜明地提出了"精神文明建设"这一理念。他认为，必须要解决物质文明硬而精神文明软的问题，牢固树立"两手抓，两手都要硬"的发展目标和前进方向。邓小平同志还认为，如果不重视精神文明建设，那么物质文明建设也必然会遭到破坏，就必然会走弯路[3]。

文化的发展要紧紧跟随经济的发展，从另一种角度看，也就是要通过经济的发展来推动文化的发展。在"文化大革命"中，曾经形成一种观点，认为意识形态的"革命"成功了，经济自然就会发展起来。邓小平同

---

① 邓小平. 邓小平文选：第二卷 [M]. 北京：人民出版社，1994.

② 邓小平. 邓小平文选：第二卷 [M]. 北京：人民出版社，1994.

③ 邓小平. 邓小平文选：第三卷 [M]. 北京：人民出版社，1993.

志认为这是将文化和经济的关系颠倒了。邓小平同志认为，经济的发展为文化的发展奠定了重要基础，在经济发展好起来的前提下，文化繁荣才具备基本条件。这也就是他经常强调的，物质建设是基础，人们的物质生活变好了，文化水平上升了，那么精神面貌也会有很大的变化①。

沿着邓小平同志的思路，江泽民同志和胡锦涛同志也都高度重视处理好文化和经济之间的发展关系，在突出经济建设是党执政兴国"第一要务"的同时，也要求更加突出文化建设的重要作用。江泽民同志认为，在加强物质文明建设的同时，必须把社会主义精神文明建设置于更加显著的位置②。在"三个代表"重要思想中，他明确提出，中国共产党要始终代表先进文化的前进方向。胡锦涛同志强调，发展和谐文化是建设社会主义和谐社会的重要任务，他研究提出了以"八荣八耻"为核心内容的社会主义荣辱观。与此同时，胡锦涛同志还认为，在社会主义社会中，我们绝对不能模糊是非、善恶、美丑的界限，对于"坚持什么、反对什么、倡导什么、抵制什么"必须有鲜明的态度③。党的十四届六中全会、十七届六中全会都对文化建设进行了谋划部署，党的十八大进一步提出要积极培育和践行社会主义核心价值观。

三、习近平总书记对协调发展理念中国化的升华

党的十八大以来，以习近平同志为核心的党中央根据中国经济社会文化发展的新趋势和新情况，将马克思主义理论中国化时代化，形成了整体协调发展理论。习近平总书记认为，在生产力发展较为落后的情况下，让部分地区加快发展速度是必然选择，但是到了一定的发展阶段，非均衡的发展反而会成为一种制约。他认为，在经济发展水平还比较落后的阶段，发展的主要任务还是要"跑得快"；但发展到一定阶段和程度之后，就要及时调整，提升发展的总体效能。不然的话，就会出现"木桶效应"，并且会带来一系列社会矛盾。因此，我们必须高度重视把握好中国特色社会主义事业的总体布局，科学正确地面对和处理好发展中的重大关系，持续提高发展的整体性④。可以看出，习近平总书记认为当前的协调发展应该

① 邓小平. 邓小平文选：第二卷 [M]. 北京：人民出版社，1994.
② 江泽民. 江泽民文选：第一卷 [M]. 北京：人民出版社，2006.
③ 胡锦涛. 胡锦涛文选：第二卷 [M]. 北京：人民出版社，2016.
④ 习近平. 在党的十八届五中全会第二次全体会议上的讲话（节选）[J]. 求是，2016（1）：3-10.

将重心放在补齐短板上。在党的十八届五中全会上，习近平总书记针对我国发展不平衡、不充分、不可持续的突出问题，特别强调要推动城乡之间、区域之间、物质文明和精神文明之间等多个方面的整体协调发展。

（一）区域整体协调发展

新中国成立初期，毛泽东同志根据沿海和内地的关系，提出了均衡发展区域经济的思路。改革开放以来，邓小平同志从"两个大局"出发提出了非均衡区域经济发展思路。习近平总书记在继承他们的精神内涵的基础上，根据我国实际提出了区域整体发展思路，主要的路径是缩小地区发展差距、优化区域分工和推进区域一体化发展。

一是不断缩小地区发展差距。改革开放40余年中，我国经济突飞猛进，一些沿海地区率先实现小康，经济达到了发达国家的水平。然而，在我国中西部地区尤其是西部地区，经济社会发展的整体水平明显落后于沿海地区。在一些西部农村地区，教育、医疗、社会保障等的服务水平与沿海地区存在非常大的差距。面对这样的发展情况，如果不加快改善落后地区发展状况，缩小区域发展差距，社会的公平正义就不能有效实现，会影响到国家的长治久安。所以，党的十八大以来，在阐述区域整体协调发展思想时，习近平总书记总是着重强调西部地区，尤其是革命老区、民族地区、边疆地区和贫困地区的发展，并大力推进东西部扶贫协作和对口支援，目的就是加快缩小区域差距，补齐短板。

二是持续优化区域分工。以往的协调发展理论往往容易陷入误区，将协调发展视为速度统一、内容统一的均质化发展，忽略了区域之间的异质性特征。但是，在实际的发展中，各个区域并非同质的，而是有着非常大的差异，每个区域都有自身特有的功能，并且与其他区域相互协调补充，构成一个统一的整体。就好像人体，手和脚都有自己的分工，但是又相互配合，支撑着人体的各项活动。习近平总书记提出了主体功能区的发展概念，从整体协调发展的角度出发将我国国土空间进行了科学的布局划分，在支持一些地区优先开发的同时，通过划定生态红线对需要生态涵养和环境保护的地区限制开发或者禁止开发，从而保障国土整体安全。主体功能区制度的建立对优化区域分工、促进区域整体协调发展起到了重要的推动作用。

三是积极推进区域一体化。区域一体化是指通过政策制度的引导，促进基础设施互联互通和资金、人才、商品的自由流动，对区域内各部分的功能进行重新规划，实现要素的优化配置，从而形成具有明显引领作用的增长极。截至目前，粤港澳大湾区、长三角地区和京津冀地区的一体化发展走在我国前列，成渝地区双城经济圈、长江经济带地区的一体化发展也在快速推进中。习近平总书记高度重视区域一体化建设，对各大经济增长极的发展多次作出安排部署。他认为这不仅能够推动区域内各个部分的协调发展，更能带动其他区域的发展，从而实现全国范围的整体协调发展。对于粤港澳一体化发展，习近平总书记要求，要牢牢把握建设粤港澳大湾区的重大历史机遇，推动广东、香港、澳门经济运行规则和机制的衔接与对接，加快区域内城际铁路的布局建设，实现人员、货物等各种要素资源的充分流动，推进市场一体化发展①。对长三角一体化，习近平总书记要求上海浦东发挥好龙头作用，增强重要大宗商品的价格影响力，为实体经济发展提供更好的服务②。总体来看，对于区域一体化发展，习近平总书记特别要求做到三点：一是完善区域交通物流网络，缩短时间、距离；二是强化分工协作，区域内各城市都有自身明确的产业分工；三是保护和改善生态环境，有效扩大环境容量和承载能力。

（二）城乡整体协调发展

在城乡协调发展方面，毛泽东同志强调城乡公平，邓小平同志注重发展速度，而习近平总书记则有机地将二者结合起来，提出了城乡整体协调发展战略。这一战略的中心思想是工业要积极反哺农业，城市要支持农村发展。目前，我国的现实情况是工业相对于农业有发展优势，城市比农村的发展水平要高，所以实现城乡整体协调发展的关键是要建立健全城乡一体化的发展机制，实现城镇地区和乡村地区在发展机会和发展结果上的均等化。

城乡整体协调发展的首要条件是农村发展要享有和城镇发展同样的市场权利。对于农村人口来说，当下我国实行的户籍制度导致了城乡二元分割局面，造成农村居民无法享受和城镇居民均等的教育、医疗和公共服务，在社会竞争中处于弱势地位。对于农村土地来说，由于集体所有制的属性，无法享有和国有土地同等的财产性质，所以农村土地在城镇化的过

---

① 习近平. 在深圳经济特区建立 40 周年庆祝大会上的讲话［EB/OL］.（2020-10-14）［2023-07-09］. http://www.xinhuanet.com/politics/leaders/2020-10/14/c_1126611290.htm.

② 习近平. 在浦东开发开放 30 周年庆祝大会上的讲话［EB/OL］.（2020-11-12）［2023-07-09］. http://http://www.xinhuanet.com/politics/leaders/2020-11/12/c_1126732554.htm.

程中无法为农民带来和国有土地同等的红利。所以，只有让农民拥有完全充分的市场权利，才能使他们手里所掌握的生产要素进入市场，并实现与其他要素的平等交换，获得同等的经济回报。除此之外，还要将城镇的公共服务向农村有效延伸，实现基本公共服务均等化。这样才能让农民在市场经济中增强风险抵御能力和生活保障能力，真正实现城乡的整体协调发展。

总体来说，可以通过三种渠道来推进城市和乡村之间的整体协调发展。一是对于有条件有能力在城镇落户的农民，可以直接将农村户籍转变为城镇户籍，从而实现生产要素和公共服务均等化。二是对于长时期在城镇居住的农民，可以实行居住证制度，使他们享受和城镇居民相同的公共产品和服务。三是对于仍然生活在农村的居民，必须消除他们与城镇居民的机会不对等的问题，通过土地确权颁证等赋予农民财产权利，并且国家要进一步将公共服务向农村地区全面延伸，实现全覆盖。总之，实现城乡整体协调发展，需要加大力度扭转农村和城镇资源配置不合理的状况，推动新型城镇化和新农村建设协调发展。

（三）经济和文化整体协调发展

习近平总书记认为，一个国家综合国力最核心、最本质的体现还是文化实力，文化实力体现了一个民族的凝聚力与向心力。如果某个国家仅仅具备经济竞争力，而缺乏文化竞争力，那就不是真正意义上的强国。一个综合国力真正强大的国家，能在经济困难时期找到平稳过渡的方法，一个关键的原因就是依靠强大的文化软实力凝聚起社会共识，汇聚多方力量，对发展中遇到的困难客观理性看待，并且让各方冷静团结地共同执行应对方案。如果经济和文化能够实现整体协调发展，那么能对综合国力的提升起到关键推动作用；如果文化发展跟不上经济发展，那么会导致国家可持续发展能力下降。

新中国成立后，我国在经济建设方面获得了举世瞩目的成就，但文化事业的发展却相对滞后，成为短板。最显著的表现就是在意识形态领域，我们在一定程度上丧失了对自己所取得的成就的解释权，部分西方国家认为我国的经济发展成就是照搬照抄西方模式的结果，而我国的政治制度也遭到部分西方国家的抨击。这既表明部分西方国家妄图通过自身文化实力在综合国力比拼中获得胜利，也凸显出我国在文化建设发展方面存在的不足。如果我们不尽快补齐文化短板，那么将继续丧失对自身发展的话语权和解释权，甚至危及国家的安全稳定。习近平总书记敏锐地洞察到这一危机，他指出，我们务必要紧紧把握意识形态工作的领导权、管理权、话语权。可以看出，习近平总书记深刻地认识到文化建设短板带来的危害，对于补齐短板，促进经济和文化整体协调发展有坚定的决心。

对于如何促进经济和文化整体协调发展，习近平总书记认为，主要有两条思路和四项重大举措。第一条思路，就是要充分用好社会主义核心价值观的凝聚力。党的十八大提出了三个层面、十二条、二十四个字的社会主义核心价值观，旨在通过其来凝聚起最广泛的社会共识，增强文化软实力。习近平总书记多次在不同场合积极鼓励广大青年学子自觉地践行社会主义核心价值观。第二条思路，就是要做好中华优秀传统文化的继承工作。我们有几十年的社会主义建设和改革历史，更有五千多年的灿烂文明。传统文化的优秀基因，不仅为绝大部分在中国文化氛围中成长起来的中国人所接受，更成为他们日常生活潜移默化的价值标准。传承和发扬中华优秀传统文化，社会基础雄厚又具有鲜明的中国特色，是提升文化软实力的重要路径。如何贯彻执行这两条发展思路？习近平总书记提出了一系列的具体措施，可以归纳为四项。一是要坚定不移地走中国特色社会主义文化发展道路；二是要切实地巩固马克思主义在意识形态领域的指导性地位，巩固全党全国人民团结奋斗的共同思想基础；三是文化工作者要始终做到守土有责、负责、尽责，不能丢失文化阵地，而且还要积极发展文化阵地，保障经济发展的意识形态安全；四是要向广大人民群众讲清楚，由于历史文化、基本国情等要素条件的不同，各个国家的发展道路不可能整齐划一。可以看出，习近平总书记提出的经济文化整体协调发展，既包含了理论基础，又具有现实思路和具体举措，是对马克思主义经济文化协调发展理论中国化时代化的又一次重大推进。

第三节　协调发展理念的现实逻辑

在带领全国各族人民开展中国特色社会主义建设的过程中，中国共产党形成了许多关于协调发展的思想。比如，在社会主义革命和建设时期，党提出了统筹兼顾的"弹钢琴"工作方法；在改革开放和社会主义现代化建设新时期，邓小平同志提出了"两个大局"思想。随着我国改革事业的纵深推进，在促进协调发展方面我们又面临很多新情况以及新问题。党的十八大以来，习近平总书记提出了"五位一体"总体布局和"四个全面"战略布局，这是对协调发展进行的积极探索和深入实践。当前，我们所处的国际环境正面临百年未有之大变局，中国也正式踏上了全面建设社会主义现代化国家的新征程，协调发展依然是体现我国社会主义本质要求、解决发展不平衡问题，以及跨越"中等收入陷阱"的必然选择，具有深远的现实逻辑。

一、协调发展符合中国特色社会主义的本质要求

中国共产党经过上百年的探索和实践，多次证明，为了实现国家的可持续发展，我们必须毫不动摇地走中国特色社会主义发展道路。改革开放初期，在实行了一段时间的"效率优先、兼顾公平"和"让一部分人先富起来"的非均衡发展后，党和广大人民群众对于社会公平正义的关注度越来越高。习近平总书记认为，让全体中国人民共享国家改革发展的成果，是社会主义的本质要求①。国家发布的"十四五"规划也要求，以人民为中心必须体现在经济社会发展的方方面面②。可以看出，强调协调发展的一个重要目的，就是要推进实现共同富裕。

从现实需求看，我国日益显著的贫富差距、城乡差距和区域差距要求国家大力实施协调发展战略。在贫富差距方面，改革开放以来，我国的基尼系数长时间高于0.4的国际警戒线，收入和财产呈现两极分化现象。在城乡差距方面，国际上的城乡收入差距平均水平在两倍左右，而我国城乡收入差距最大的时期超过三倍，农村居民的获得感和幸福感受到严重影响。在区域差距方面，虽然近年来东西部发展差距明显缩小，但南北发展差距持续扩大，发达地区的平均工资水平高出欠发达地区数倍。所以，从当前我国经济社会发展失衡的现实情况出发，我们必须走协调发展之路，这不仅是一个经济问题，还是一个与社会主义本质密切相关的政治问题。

二、协调发展是扭转发展不平衡趋势的必然选择

翻开中国近代史，发展的不平衡普遍存在于城乡、区域之间，以及新

---

① 中共中央召开党外人士座谈会 [N]．人民日报，2015-10-30（1）．
② 中共中央关于制定国民经济和社会发展第十四个五年规划和二〇三五年远景目标的建议 [N]．人民日报，2020-11-04（1）．

中国成立之前的各阶级之间。由于政治制度落后、科技发展水平低下、统治集团内部腐败以及西方列强的入侵，清政府和民国政府都没有能力解决我国发展不平衡的问题。新中国成立后，中国共产党始终将解决不平衡问题作为工作的重中之重，毛泽东同志、邓小平同志、江泽民同志、胡锦涛同志、习近平总书记等党和国家领导人多次对平衡发展做出重要安排部署，在发展的思路上主要经历了从均衡发展到非均衡发展，再到协调发展的历史性演进。

新中国70多年的发展实践证明，协调发展是解决我国发展不平衡问题的必然选择，并且这种协调发展一定是动态的、有差别的、非平均主义的。首先，中国的协调发展是动态的协调。协调发展不是遥不可及的理想目标，也不是以"一刀切"的方式马上消除城乡、区域和收入差距，而是在唯物辩证法指导下的一种动态实现状态。在实现协调发展的进程中，发展的不平衡是绝对的，发展的平衡是相对的，发展通常都是从不平衡到相对平衡，再打破平衡到新的不平衡，再实现平衡。因此，看似我国的协调发展经历了一个反复的过程，但实质上是在不断实现更高层次的平衡。其次，要正确认识到不平衡在发展中起到的作用。佩鲁深刻地揭示出，在人类社会的经济发展史中，尚未出现一个不同群体和地区经历相同的、均衡的经济发展的案例，也没有一个不同的群体和地区发生了分布均匀的经济持续增长的案例[①]。各个不同的区域，由于资源禀赋、人口分布、地理条件等因素的不同，发展本身就没有处于同一起跑线。这些禀赋条件的不同，导致部分地区在资金、人才、技术等方面拥有明显的比较优势，发展速度和发展水平自然就要领先于其他地区，造成实质上的发展不平衡。但是，这种不平衡不是静态的，根据增长极理论，当资金、人才、技术密集的区域成长为区域经济增长极后，就会产生扩散效应，推动产业和资源向周边地区扩散，带动这些地区发展，从而促进整个国家的经济整体提升。改革开放以来，我国采取的正是这种发展策略，通过支持沿海地区率先发展起来，从而带动中西部和东北内陆地区的经济发展。当前阶段，我们再次强调要促进协调发展，一个很重要的发展策略就是在中西部和东北等地区培育发展增长极，通过以点带面的形式促进整个中西部和东北地区的发

---

① 佩鲁. 新发展观 [M]. 张宁，丰子义，译. 北京：华夏出版社，1987.

展。可以发现，不平衡的发展其实是推进协调发展的一种重要途径，将产生正面的影响。最后，必须努力将不合理的不平衡发展控制在一定范围内。增长极理论揭示，当一个国家的增长极地区与非增长极地区发展差距过大，虹吸效应远远大于扩散效应时，就会造成资源的过度集中，加剧两极分化，甚至影响到社会的稳定和国家的安全。所以，对于不平衡发展，一定要掌握好度，将其控制在合理的范围内。改革开放以来，我国城乡差距、区域差距、收入差距不断扩大，已经危及经济社会的可持续发展，成为一种消极的不平衡发展。所以，在当前阶段，我们必须坚持协调发展理念，采取多种手段缩小发展差距。总而言之，无论是非均衡协调，还是整体性协调，都是中国经济社会发展的客观要求。我们要在根本上解决不平衡发展的问题，在中国特色社会主义的伟大实践中积极践行协调发展理念。

三、协调发展是跨越"中等收入陷阱"的必然之举

在中国共产党的领导下，我国已经完成全面建成小康社会的历史伟业。当前阶段，我国能否成功跨越"中等收入陷阱"，关乎能否如期实现全面建成社会主义现代化强国的宏伟目标，对我国未来的经济社会发展有着深远的影响。

世界银行的研究显示，当一个国家（地区）的人均收入达到世界中等水平之后，经济通常就容易停滞，相比那些更加富裕或更加贫穷的国家，这些中等收入国家"被主导成熟产业的、低工资的穷国竞争者和主导技术迅速变化产业的、追求创新的富国挤在中间"[1]，如果不能及时有效地转变经济发展方式，则极有可能经济增速变得低下，陷入"中等收入陷阱"。对中国而言，改革开放40余年来，我们在短时期内就发展成为世界第二大经济体，大踏步地走完了很多发达国家需要上百年才能走完的路程。当下的中国，已经走入跨越"中等收入陷阱"最为关键的历史时期。

跨越"中等收入陷阱"是一个长期的过程，不仅要解决经济增长的问题，还要全面系统地解决发展过程中出现的方方面面的社会文化问题。我国要加快解决内部发展结构存在的问题。2013年以来，我国经济增速、发

---

① 吉尔，卡拉斯，巴塔萨里，等. 东亚复兴：关于经济增长的观点 [M]. 黄志强，余江，译. 北京：中信出版社，2008.

展方式和结构动力都发生了重大变化，经济下行的压力不断增加。如何在保持经济中高速发展的背景下有效解决经济结构的转型问题是我国面临的严峻挑战。协调发展是我们积极妥善应对这些挑战的重要举措。我国当前存在的内部转型任务，几乎都与协调发展理念密切相关。实现协调发展，一方面是要在宏观上促进经济社会总体平衡发展；另一方面是要在微观上促进产业结构更加均衡，推动区域之间协调发展、城乡之间协调发展、物质文明和精神文明协调发展、经济建设和国防建设协调发展。有了协调发展，就能补短板、强整体，就能增强发展的平衡性、包容性和可持续性，促进各区域各领域各方面协调配合、均衡一体发展，促进新发展理念互为条件、同步践行，为完成第二个百年奋斗目标和实现中华民族伟大复兴中国梦创造有利的条件。

第九章　绿色发展理念的理论逻辑、
历史逻辑与现实逻辑

在中国特色社会主义建设进程中，必须始终坚持并坚定不移贯彻落实绿色发展理念。践行绿色发展理念、坚定不移走绿色发展道路，是保护生态环境、维持资源环境对经济发展的承载力的必然举措。它直接影响生产力发展，关乎人类身体健康，影响民生福祉，关系中华民族以至人类社会的永续发展。在全面建设社会主义现代化国家的新征程中，必须始终坚持绿色发展理念。践行绿色发展理念，需要准确把握绿色发展理念的内涵和精神实质，为此我们需要从理论上厘清绿色发展理念的理论依据和演进逻辑，以从中领会绿色发展内涵和践行绿色发展理念的客观必然性，增强践行绿色发展理念的理论自觉和行动自觉。

第一节　绿色发展理念的理论逻辑

中国共产党以马克思主义生态文明理论为基础，根据发展实际创新地提出了绿色发展理念，体现了新时代中国经济社会发展规律和发展实际。绿色发展理念是新时代经济高质量发展的必然要求，全面建设社会主义现代化国家必须遵循和贯彻这一重要发展理念。

一、绿色发展的核心、要义与目标

（一）绿色发展的核心

绿色发展的核心在于正确处理人与自然的关系，实现人与自然和谐共生。社会主义现代化是人与自然和谐共生的现代化。绿色发展就是要通过绿色生产方式和绿色生活方式，使人类在经济发展、社会进步的过程中，在人类的生存发展需要不断得到满足的过程中，尽量不影响生态环境，不对生态环境造成不良影响和破坏，从而使人与自然形成和谐共生、和谐共处的良性关系。

生态环境是人类赖以生存和发展的基础，生态环境质量和状况直接影响着人类的生存质量和发展的可持续性。一方面，人类生存和发展的主要物质来源于生态环境。人类的生存、发展需要各种各样的生活资料、生产资料，而人类的生产、生活资料来自自然或自然物加工品，人类的生存和发展需要有可持续利用的各类自然资源，资源是否可持续利用则取决于生态环境的好坏。良好的生态环境会提高资源利用的可持续性，反之则会使资源加速耗竭，使人类可以利用的生产资料、生活资料减少甚至消耗殆尽，从而危及人类发展的可持续性。另一方面，生态环境是人类各种活动作用的结果，人类会利用自然界各种资源生产各种产品，人类的生产和生活不可避免地会影响生态环境，人类活动的废弃物会造成生态环境恶化，对自然资源的无序、过度利用会影响人类生存和发展的可持续性。为使人类生存发展具有可持续利用的自然资源、适宜居住的生存环境，一方面需要集约、节约利用资源，尽量减少对自然资源的消耗特别是要减少对自然资源的浪费；另一方面需要尽量减少人类生产、生活对生态环境的污染、破坏，维护良好的生态环境，实现生态文明。

生态环境对于人类的极端重要性决定了人类必须保护自然、维护良好的生态环境。保护生态环境，最终实现人与自然和谐共生的途径在于绿色发展。只有绿色发展方式才能保护好生态环境，实现人与自然和谐共生。绿色发展理念正契合了人类可持续发展的需求。

（二）绿色发展的要义

绿色发展要求正确处理人与自然的关系，形成人与自然和谐共生的良好局面。保护和建设生态环境，一是要加快形成绿色的生产方式和生活方式，提高资源的利用率，减少生产、生活对生态环境的负面影响；二是要加强生态环境建设，注重污染治理，努力改善生态环境。

绿色的生产方式和生活方式是绿色发展理念的应有之义，是实现生态环境保护和建设的具体举措。一方面，我们要通过绿色生产方式，促进资源集约节约利用、循环利用，减少资源消耗，增强资源利用的可持续性；通过节能减排技术和生产方式，减少污染物排放，减轻人类活动对生态环

147

境的污染、破坏。另一方面，我们要通过绿色出行、低碳生活等绿色生活方式，减少生活资料的消耗和浪费，减轻生活行为对环境的负面影响。

践行绿色发展理念，需要把生态环境保护和建设放在全局工作的突出位置。党的十九届五中全会对通过绿色发展建设美丽中国做了详尽的战略部署，明确提出把"广泛形成绿色生产生活方式，碳排放达峰后稳中有降，生态环境根本好转，美丽中国建设目标基本实现"作为 2035 年基本实现社会主义现代化的远景目标之一。对于已经形成的环境污染、生态损坏，需要通过环境治理加以修护、改善，通过对大气污染、水体污染、土壤污染等环境污染的治理，减轻以至消除污染、修复生态，还大自然以"绿水青山"、碧水蓝天，实现人与自然和谐共生。

(三) 绿色发展的目标

践行绿色发展理念，直接目的是保护自然、保护生态环境，实现人与自然和谐共生，终极目标是实现人类经济社会可持续发展、永续发展。

党的十九大报告指出，"我们要建设的现代化是人与自然和谐共生的现代化，既要创造更多物质财富和精神财富以满足人民日益增长的美好生活需要，也要提供更多优质生态产品以满足人民日益增长的优美生态环境需要"。只有通过绿色生产方式和绿色生活方式保护生态环境，才能满足人民的优美生态环境需要。可见，贯彻落实绿色发展理念是新时代全面建设社会主义现代化国家的必然要求，绿色发展的目标就是要提供更多优质生态产品，以满足人民群众的优美生态环境需要，实现人与自然和谐共生。

从长远看，绿色发展的最终目标是经济社会可持续发展、永续发展。人类生产生活的目标是生活质量持续提高、生存环境不断改善，对我国而言就是要建设"美丽中国"。"美丽中国"需要同时具备两方面的特性，一是资源利用的可持续性，二是生态环境的宜居性。自然环境好坏既关乎人类生存发展所需物质资料来源状况好坏及其是否可持续，又关乎人类生存环境是否宜居、宜生存。良好的生态环境是人类得以生存、社会得以安定的基本条件。贯彻落实绿色发展理念，就是要促进人与自然和谐共生，最终实现人类经济社会可持续发展、中华民族永续发展。

二、绿色发展是全面建设社会主义现代化国家的必然要求

绿色发展理念源于党中央对绿色发展对人类经济社会发展极端重要性的现实感受和深刻认识，蕴含着绿色发展是可持续发展的重要保证、是我

国顺利实现第二个百年奋斗目标必然要求的理论内涵。

（一）绿色发展是全面建设社会主义现代化国家的重要内容

社会主义现代化是新时代中国特色社会主义建设的总任务。社会主义现代化包括多方面内容，其中一项重要内容是绿色现代化。习近平总书记指出，"走向生态文明新时代，建设美丽中国，是实现中华民族伟大复兴的中国梦的重要内容"①。通过践行绿色发展理念促进生态文明建设，实现绿色现代化，是全面建设社会主义现代化国家的题中应有之义。因此，在实现第二个百年奋斗目标的新征程中，全面建设社会主义现代化国家必须切实践行绿色发展理念，通过绿色发展方式实现绿色现代化。

（二）绿色发展事关最普惠的民生福祉

让广大人民群众共享改革开放成果和发展成果，必须坚持共享发展理念。其中，公共产品共享是共享发展的重要组成部分。习近平总书记指出，"良好生态环境是最公平的公共产品，是最普惠的民生福祉"②。生态环境属于公共产品，让人民群众共享改革开放成果和发展成果包括共享优美生态环境、拥有美丽家园。践行绿色发展理念、保护和建设生态环境直接关系人民群众对发展成果的共享，直接影响最广泛的民生福祉。实现共享发展、确保民生福祉，需要践行绿色发展理念，保护和建设好生态环境。

（三）绿色发展是生产力发展的必然要求

习近平总书记指出：保护生态环境就是保护生产力，改善生态环境就是发展生产力③。生态环境对解放和发展生产力进而推动经济高质量发展具有重要的影响，与经济竞争力和经济可持续发展具有密切关系。

在城市群发展模式下，资源要素进一步向经济竞争力强的地区集聚，而在这个过程中生态环境是影响要素集聚的重要因素之一。美国著名的社会思想家乔尔·科特金指出："哪里环境好，精英就会在哪里聚集。"对一个国家或地区而言，营商环境优越，才能进一步吸引人才、资本、技术等要素汇集。绿色发展会促进生态环境改善，生态环境改善将推动投资经营

---

① 习近平. 习近平谈治国理政 [M]. 北京：外文出版社，2014：211.

② 习近平. 习近平关于社会主义生态文明建设论述摘编 [M]. 北京：中央文献出版社，2017：4.

③ 习近平. 习近平关于社会主义生态文明建设论述摘编 [M]. 北京：中央文献出版社，2017：4.

环境优化，从而推动生产力发展。所以，绿色发展是生产力发展的必然要求。

（四）绿色发展关系中华民族的永续发展

习近平总书记指出，生态环境保护是功在当代、利在千秋的事业，建设生态文明不仅关系人民福祉，而且关系民族的未来。习近平总书记将践行绿色发展理念、保护和建设生态环境上升到中华民族和全人类永续发展的高度，认为贯彻绿色发展理念的生态文明建设不仅关系当代的民生福祉，而且关系中华民族永续发展。这充分说明绿色发展在中华民族永续发展和人类可持续发展中的重要意义，表明践行绿色发展理念不仅具有重要的现实意义，而且具有深远的历史意义。

第二节　绿色发展理念的历史逻辑

绿色发展理念不是凭空产生的，其诞生既有特定的理论渊源和理论依据，又有现实的时代背景和经济社会发展需求。它是在马克思主义生态观基础上，经过一代又一代共产党人的长期探索，基于我国经济发展过程中经济增长与生态环境的矛盾，以及经济高速增长的同时伴随着严重环境污染、生态退化的严峻形势，中国共产党顺应时代发展潮流，适应我国全面建设社会主义现代化国家的需要，从可持续发展和中华民族永续发展的角度提出的科学发展理念。

一、绿色发展理念是对马克思主义生态观的继承和发展

绿色发展以可持续发展为目标，力求在实现经济增长、经济发展的同时保护好生态环境，实现经济发展过程中人与自然和谐共生。这种新发展理念是对马克思主义生态观的继承、深化和发展。

（一）马克思主义生态观的主要内容

欧洲工业革命时期资本主义生产方式对人类生存环境造成巨大破坏的严峻现实，促使马克思、恩格斯关注环境问题，在他们对环境问题进行分析论述的过程中形成了马克思主义生态观。马克思主义生态观主要包括以下内容：

（1）生态环境是人类生存和发展的基础。马克思、恩格斯认为，对人

类而言，生态环境极端重要，生态环境是人类生存和发展的基础。马克思、恩格斯认为，人与自然的关系密不可分，二者是密不可分的有机整体，人是自然的一部分，自然是人类生存和发展的基础。马克思指出，"现实的、有形体的、站在稳固的地球上呼吸着一切自然力的人……本来就是自然界"，是自然界的一部分①；同时，自然界又是人类得以生存的基本环境，是人类生存和发展的基础，"植物、动物、石头、空气、光等等"是人类生活不可缺少的自然物，"人在肉体上只有靠这些自然产品才能生活"②。

（2）人对自然具有主观能动性。马克思指出，"人创造环境，同样，环境也创造人"③。马克思认为，人与自然的关系具有二重性。自然是人类生存发展的基础，而人具有主观能动性，人类在尊重自然的基础上可以影响自然、改造自然。

（3）人类必须尊重自然。马克思、恩格斯指出，"人在生产中只能像自然本身那样发挥作用"④，"自然规律是根本不能取消的"⑤。按照马克思主义生态观，自然界有其特有的运动规律，人类的一切活动必须尊重自然和自然规律。人类只有在尊重自然和自然规律的基础上从事各种经济社会活动并节约利用资源，才能实现人与自然和谐共生，否则就会对自然环境造成破坏，会受到大自然的惩罚。

（二）绿色发展理念与马克思主义生态观的关系

绿色发展理念与马克思主义生态观一脉相承。绿色发展理念与马克思追求人与自然和谐、在尊重自然规律前提下发挥人的主观能动性的思想一致。马克思主义生态观认为，解决生态环境问题、实现人与自然和谐的途径是在尊重自然和自然规律的前提下发挥人的主观能动性。就绿色发展理念而言，绿色发展要解决的是人与自然和谐共生的问题，绿色发展在内涵上将资源、环境作为经济社会发展的内在要素，这与马克思将人作为自然的一部分的生态思想一致；绿色发展追求经济发展与资源、环境协调，这

---

① 马克思，恩格斯. 马克思恩格斯全集：第四十二卷 [M]. 北京：人民出版社，1979：167.
② 马克思，恩格斯. 马克思恩格斯全集：第四十二卷 [M]. 北京：人民出版社，1979：95.
③ 马克思，恩格斯. 马克思恩格斯选集：第一卷 [M]. 北京：人民出版社，2012：172-173.
④ 马克思，恩格斯. 马克思恩格斯全集：第四十二卷 [M]. 北京：人民出版社，1979：56-57.
⑤ 马克思，恩格斯. 马克思恩格斯全集：第三十二卷 [M]. 北京：人民出版社，1974：541.

与马克思关于人与自然和谐的生态目标一致；绿色发展的实现途径在于经济活动过程和活动结果的"绿色化""生态化"，这不仅与马克思关于发挥人对自然的主观能动性、"节约地利用自然力"的生态观点一致，而且进一步深化、发展了马克思关于人与自然和谐实现途径的思想。

总之，绿色发展理念与马克思生态思想内涵一致，马克思主义生态思想是绿色发展理念的理论基础；与此同时，在继承马克思主义生态思想的基础上，绿色发展理念结合当代中国实际，创造性地丰富和发展了马克思主义生态思想，是马克思主义生态思想在当代中国的深化和进一步发展。

二、绿色发展理念是中国共产党生态理论和实践探索的结晶

中国共产党从成立特别是执政以来，针对不同时期生态环境实际状况，在继承马克思主义生态观的基础上，经过不懈的理论探索和实践总结，最终形成了具有中国特色的绿色发展理念。

（一）社会主义革命和建设时期绿色发展思想萌芽——植树造林、绿化祖国

1949—1977 年，中国共产党在带领中国人民进行社会主义革命和建设的过程中，尽管没有明确提出"生态""生态文明""绿色发展"之类的概念，也没有系统的生态文明理论，但是当时党的领导人的著作、讲话以及一些文件、法规中已经有与绿色发展理念一致的生态思想，还有以植树造林为典型代表的环境保护和建设实践。这些生态思想和环境建设行动为绿色发展理念提供了理论和实践来源。

1. 人与自然密不可分，人类要尊重自然

在社会主义革命和建设时期，中国共产党正确认识到人与自然密不可分，是不可分割的有机整体，要正确处理人与自然的关系，要在尊重自然和自然规律的基础上利用自然。

对于人与自然的关系，毛泽东同志认为人一方面要尊重自然，另一方面可以利用和改造自然。他指出，"人类同时是自然界和社会的奴隶，又是它们的主人"[①]。人类是地球的主人，人类要想做大自然的主人，首先要亲近大自然，了解大自然中万物的生长和生活状态，才可以达到利用自然

---

① 中共中央文献研究室. 建国以来毛泽东文稿：第十一册 [M]. 北京：中央文献出版社，1996：103.

的目的①，要了解大自然的规律，在认识的过程中，去改造和利用它②。可见，在社会主义革命和建设时期，我们党已经认识到人是自然的一部分，人类要利用自然、改造自然就必须认识自然、尊重自然和自然规律。同时，毛泽东同志认识到，人类和自然界的关系不是一成不变的，人类的认识与活动要随着自然的发展而发展，这体现了人对自然的认识和利用随着自然变化而与时俱进的思想。

2. 植树造林，"绿化祖国"

毛泽东同志等新中国领导人认识到，人在尊重自然和自然规律的基础上可以利用自然、改造自然，人类利用自然和改造自然的目的是"绿化祖国""美化全中国"。在社会主义革命和建设时期，绿化祖国的主要方式是植树造林。

早在新中国成立以前，党中央就开始关注环境问题。党在中央苏区就鼓励群众广植树木，延安时期党的领导人更加重视植树造林，认为树木不仅可以提供人们所需的物质资料，还可以绿化环境。战争期间，为保护森林资源、促进植树造林，党还就此颁布了一系列法令、决议、条例和法则。

新中国成立后，面对西方资本主义国家严重的环境污染和国内长期战争造成的环境破坏以及频发的自然灾害，我们党更加注重环境绿化和环境保护，形成了这一时期的生态环境建设思想。

首先，重视生态环境保护，主张通过植树造林绿化环境、"绿化祖国"。在《论十大关系》中，毛泽东同志阐述了自然资源的重要性，并于1956年正式发出"绿化祖国"的号召，主张在全国范围内植树造林并提出具体绿化目标。针对解决生态环境问题的艰巨性，毛泽东同志认为，绿化需要经过长期的艰苦奋斗才可能实现，要实事求是、尽最大努力搞好绿化。随后，借鉴西方发达国家园林建设经验，党进一步提出实现"园林化""美化全中国"的生态环境建设目标，"要使我们祖国的河山全部绿化起来，要达到园林化，到处都很美丽，自然面貌要改变过来"，"一切能够植树造林的地方都要努力植树造林，逐步绿化我们的国家，美化我国人民劳动、工作、学习和生活的环境"③。

① 毛泽东. 毛泽东著作选读：下册［M］. 北京：人民出版社，1986：485.
② 毛泽东. 毛泽东早期文稿［M］. 长沙：湖南人民出版社，1990：194.
③ 中共中央文献研究室，国家林业局. 毛泽东论林业（新编本）［M］. 北京：中央文献出版社，2003：77.

其次，为推动植树造林、绿化环境工作，政府制定和发布了一系列相关指示、条例、通知或规定，如 1950 年发布《政务院关于全国林业工作的指示》，1963 年颁布《森林保护条例》，1973 年发布《国务院关于保护和改善环境的若干规定（试行草案）》①。党和政府通过明确的条例和规定，使植树造林、绿化祖国具有制度化保障。

3. 重视水土保持，节约利用资源

面对新中国成立初期多发的洪涝、干旱等自然灾害，毛泽东同志主张积极兴修水利、加强水土保持、减少资源消耗和浪费。在这一时期，党带领全国人民大力兴修水利工程、水利设施，一系列水利设施建成并投入使用，不仅有效抵御了水、旱等自然灾害，而且对水土保持、环境保护起到了良好作用。

鉴于新中国成立初期贫穷落后需要进行大规模经济建设、资源总量多但人均拥有量少的情况，党注重资源的综合利用和节约利用，提出了节约增产的经济建设方针，主张各行各业厉行节约，努力克服各种资源浪费行为。毛泽东同志指出，"在生产和基本建设方面，必须节约原材料，适当降低成本和造价"②。针对资源浪费现象，毛泽东同志主张勤俭节约，反对铺张浪费，而且生活中毛泽东同志以身作则，是勤俭节约的典范。他要求全面、广泛、持久地开展勤俭节约活动，反对铺张浪费，要求"我们 6 亿人口都要实行增产节约，反对铺张浪费"，"要使我国富强起来，需要几十年艰苦奋斗的时间，其中包括执行厉行节约、反对浪费这样一个勤俭建国的方针"③。为减少资源消耗和资源浪费，毛泽东同志提出了带有循环经济思想的资源综合利用思路，指出工业生产下一环节可以综合利用上一环节的废料④。

社会主义革命和建设时期我们党的生态文明思想，既是对马克思主义人与自然关系理论的继承和发展，又为"人与自然和谐共生"的绿色发展理念提供了理论源头。尽管不同时代环境保护建设的重点和内容有所不同，但社会主义革命和建设时期有关植树造林、绿化环境的环境保护思想

① 韩秀霜. 毛泽东生态思想二重性评析 [J]. 云南行政学院学报，2013，15（5）：52-55.
② 中共中央文献研究室. 毛泽东文集：第七卷 [M]. 北京：人民出版社，1999：160.
③ 顾龙生. 毛泽东经济年谱 [M]. 北京：中共中央党校出版社，1993：395.
④ 陈春燕，宋瑞恒. 毛泽东绿色发展观探析 [J]. 长春理工大学学报（社会科学版），2015，28（5）：20-23.

和举措，仍然为绿色发展理念的实践路径提供了理论参考和实践启示；"绿化祖国"的生态建设目标则成为新时代建设"美丽中国"目标的理论渊源；注重水土保持和资源节约，为践行绿色发展理念的路径和举措提供了启迪。可见，在社会主义革命和建设时期，我们党已经有了绿色发展理念的萌芽，这一时期的生态思想和环境保护建设实践已经具有绿色发展色彩，处于绿色发展理念的萌芽状态。

（二）改革开放和社会主义现代化建设新时期绿色发展思想逐渐丰富——从环境保护成为基本国策到可持续发展战略、科学发展观

从党的十一届三中全会召开至党的十八大前，党在领导全国人民推进经济体制改革和对外开放的同时，从生态环境的状况出发，对生态环境问题从理论上思考、在实践中探索，使我国生态文明理论从无到有、逐渐丰富，绿色发展思想从混沌到日渐清晰，为绿色发展理念的形成提供了理论来源和路径启示。

1. 改革开放初期——环境保护受到重视并成为基本国策

1978—1997 年，以邓小平同志为主要代表的中国共产党人在继承马克思主义生态思想的基础上，汲取社会主义革命和建设时期我国生态保护和建设的经验教训，认真总结社会主义革命和建设时期党的生态思想，前所未有地将生态环境保护作为基本国策，并采取了一系列环境保护措施，使我国的生态思想更加丰富，绿色发展思路日渐清晰。

党的十一届三中全会之后，随着改革开放的逐渐推进，经济高速增长，人民收入水平、物质生活水平持续提高。但是，在改革开放初期以经济建设为中心的发展模式下，各行各业片面追求经济增长和高速发展却忽视生态环境问题，结果导致日益严重的环境污染和生态失衡。面临日趋严峻的生态环境形势，党开始关注生态环境问题，思考如何协调处理经济建设与生态环境保护的关系。在此过程中，党对生态文明的认识逐渐深化，形成了党在改革开放初期的生态环境保护和建设思想。

（1）高度重视生态环境保护

改革开放以后，面对片面追求经济增长带来的环境污染、资源过度消耗和频发的自然灾害，党中央开始对生态环境问题进行反思，在继承马克思主义生态理论、吸取社会主义革命和建设时期的环境保护和建设经验教训的基础上，将环境保护作为基本国策纳入党和国家的重要工作议程。

1981 年四川等地发生特大洪灾，为遏制生态恶化，保护生态环境，维

护生态平衡，党中央作出加强生态环境保护和建设的决定。1981年11月召开的第五届全国人民代表大会第四次会议首次将生态环境保护和建设作为一项基本国策。五届人大四次全会通过的《关于开展全民义务植树运动的决议》全面阐述了植树造林、绿化祖国的重大意义，意味着国家对生态环境保护和建设重要性的认识进一步深化。为保证上述决议得到贯彻落实，1982年2月国务院颁布了《关于开展全民义务植树运动的实施办法》，具有公益性、法定性、全民性和义务性的植树运动由此在全国蓬勃兴起。1983年12月，时任国务院副总理李鹏在第二次全国环境保护大会上指出，"环境保护是中国现代化建设中的一项战略任务，是一项基本国策"，这意味着生态环境保护和建设作为一项基本国策的重要地位基本确立。党的十三大指出"人口控制、环境保护和生态平衡是关系经济和社会发展全局的重要问题"[1]。这说明党对生态环境重要性的认识进一步深化，认识到生态环境问题不仅关系到生产、生活环境，而且关系到发展全局。

（2）主张经济与资源、环境协调发展

改革开放后，随着经济增长与资源、环境间矛盾的日益凸显，党逐渐认识到统筹经济发展与生态环境保护的重要性，提出经济与资源、环境协调发展的思路。

为正确处理经济发展与资源环境的关系，党的十二大报告指出，"要保证国民经济以一定的速度向前发展，必须加强能源开发，大力节约能源消耗"[2]，党的十三大报告指出，"必须清醒地认识到，技术落后，管理落后，靠消耗大量资源来发展经济，是没有出路的"[3]，"在推进经济建设的同时，要大力保护和合理利用各种自然资源，努力开展对环境污染的综合治理，加强生态环境的保护，把经济效益、社会效益和环境效益很好地结合起来"[4]。这说明我们党已经不是孤立地看待生态环境问题了，而是将生态环境与经济、社会发展结合起来，主张经济与资源、环境协调发展。

（3）多措并举促进经济与资源、环境协调发展

为促进经济与资源、环境协调发展，党在这一时期做了多方面探索和

---

① 中共中央文献研究室. 十三大以来重要文献选编：上 [M]. 北京：人民出版社，2011：22.

② 中共中央文献研究室. 十二大以来重要文献选编：上 [M]. 北京：人民出版社，2011：12.

③ 中共中央文献研究室. 十三大以来重要文献选编：上 [M]. 北京：人民出版社，2011：15—16.

④ 中共中央文献研究室. 十三大以来重要文献选编：上 [M]. 北京：人民出版社，2011：21—22.

实践。概括而言，促进经济与资源、环境协调发展主要有加强环境保护和建设、控制人口、健全法律法规等举措。

在环境保护和建设方面，这一时期党提出了一系列保护和建设生态环境的措施，包括植树造林、节约能源、合理利用自然资源、提高经济效益等。例如，邓小平同志在继承毛泽东同志以植树造林、发展林业为基本内容的生态思想的基础上，认为植树造林、绿化祖国是造福子孙后代的事业，主张并号召全民植树。1982 年，邓小平同志在全军植树造林表彰大会上发出"植树造林，绿化祖国，造福后代"的号召。1987 年，党的第十三次全国代表大会在分析生态建设在我国经济社会发展中的基础地位的基础上，首次提出由粗放型管理向集约型发展方式转变的发展思想。

自党的十四大开始，我们党更加重视生态环境保护和建设。党的十四大报告指出，"要增强全民族的环境意识，保护和合理利用土地、矿藏、森林、水等自然资源，努力改善生态环境"①。为推动经济与人口和资源、环境协调发展，党在这一时期重视人口问题，主张控制人口数量。邓小平同志较早认识到人口与资源、环境以及经济发展之间相互影响、相互依存的关系，认为人口过多是我国现代化进程的一个重要制约因素。为促进人口、资源、环境与经济协调发展，需要控制人口增长，使人口增长与资源、环境承载力相适应。

在这一时期，党逐渐认识到，生态环境问题具有长期性、全面性、复杂性，靠短期性、临时性的政策措施不可能真正抑制污染、遏制生态环境恶化，治理环境污染、保护生态环境需要加强法治建设、强化法治保障。为此，党中央从强化法治入手，针对不同的环境问题，相继制定了一系列有关生态环境的法律法规，包括 1982 年的《中华人民共和国海洋保护法》、1984 年的《中华人民共和国水污染防治法》、1987 年的《中华人民共和国大气污染防治法》、1989 年的《中华人民共和国环境保护法》等。在逐步健全环境污染防治、生态环境保护立法的同时，逐渐严格生态环境执法，使生态环境保护和建设步入法治化轨道。

这一时期，我们党开始纠正忽视生态环境、环境保护服从经济建设的观念和做法，开始高度重视生态环境保护和建设，在注重经济与资源、环境协调发展的理论探索的同时，多方面探索促进生态环境保护的举措，使

---

① 中共中央文献研究室. 十四大以来重要文献选编：上 [M]. 北京：人民出版社，2011：28.

我党的生态文明思想内容更加丰富，实践更具时代特色，从而为以后的绿色发展理念提供了丰富的理论基础和实践借鉴。

2. 20世纪90年代——可持续发展成为国家重要发展战略

在环境保护基本国策统领下，经过一系列努力，我国生态环境保护和建设逐渐推进并取得明显成效。但是，20世纪90年代，将"以经济建设为中心"视为"以经济增长为中心"等认识偏差并未得到根本扭转，经济增长方式基本上仍然是以资源换发展的粗放型增长方式，致使生态环境承载力与经济发展之间的矛盾日趋尖锐。在这种情况下，党中央逐渐意识到生态环境与经济可持续发展之间的密切联系，在继承和发展马克思主义生态观的基础上，借鉴20世纪80年代西方提出的可持续发展观，针对我国实际提出可持续发展战略。1995年9月，党的十四届五中全会将"可持续发展战略"写入《中共中央关于制定国民经济和社会发展"九五"计划和2010年远景目标的建议》。时任中共中央总书记江泽民指出，"在现代化建设中，必须把实现可持续发展作为一个重大战略"。1997年，党的十五大进一步明确将可持续发展战略作为我国经济发展的重要战略。

可持续发展战略是在马克思主义生态观基础上，继承和发展毛泽东同志和邓小平同志关于环境保护的思想，从统筹经济、社会与环境发展的战略高度，以实现人与自然和谐为目标的经济社会发展战略，它包括三个方面的内涵。

第一，可持续发展的直接目标是资源、环境可持续利用，终极目标是人类经济社会可持续发展。可持续发展要求通过资源节约利用、环境保护和建设，使资源、环境不仅能满足当代人的需要，也能满足后代人的生存和发展需要。江泽民同志指出，"不仅要安排好当前的发展，还要为子孙后代着想，为未来的发展创造更好的条件"①。

第二，实现可持续发展需要正确处理经济发展与环境保护的关系。可持续发展要"按照可持续发展的要求，正确处理经济发展同人口、资源、环境的关系"②，不能以牺牲生态环境为代价换取经济增长、经济发展，要根据资源、环境承载力谋划经济增长和经济发展，"决不能走浪费资源和先污染后治理的路子"③。

---

① 江泽民. 江泽民文选：第一卷 [M]. 北京：人民出版社，2006：532.
② 江泽民. 江泽民文选：第三卷 [M]. 北京：人民出版社，2006：462.
③ 江泽民. 江泽民文选：第一卷 [M]. 北京：人民出版社，2006：532.

第三，经济社会可持续发展的基本途径是保护环境、保护资源和计划生育。正确处理经济发展与人口、资源和环境的关系，需要从三个方面着手。一是加强环境保护。为有效保护环境，党在这一阶段，一方面加大了环境立法力度，完善环境立法并加大对环境违法行为的执法力度；另一方面，开始运用经济手段如价格、税收、信贷等促进环境保护。二是保护资源。党在这一时期更加深刻地认识到资源节约、环境保护需要强有力的约束，要有法治保障。为此我国加快环境立法步伐，使生态环境法律法规更加完备，生态环境法治保障进一步强化。同时，积极运用经济手段推进资源节约利用，如实行资源有偿使用，利用税收、信贷等经济手段鼓励有利于环境保护、资源节约的行为。三是坚持计划生育基本国策。为实现人口、资源、环境协调发展，必须控制人口数量、提高人口质量，使人口发展与资源、环境承载量相适应。为此我国坚持计划生育基本国策，严格控制人口增长并着力提高人口质量。

可持续发展战略蕴涵着资源环境要体现代际公平、经济社会与人口资源环境要协调发展的生态思想，这样的生态思想为绿色发展理念提供了内涵更加丰富、立意更加深远的理论基础。该时期实施可持续发展战略的路径和政策措施，为绿色发展理念的实现路径提供了更加充足的实践经验。

3. 20 世纪末至 21 世纪初——科学发展观成为发展指导方针

20 世纪末，实施可持续发展战略使我国生态环境恶化情况得到一定程度的缓解。但是，依靠大量要素投入实现经济增长的增长方式依然没有根本性改变。随着经济的持续高速增长，我国环境污染、生态失衡的问题依然严重，经济发展与资源、环境的矛盾日渐突出。为化解经济发展与资源、环境之间日益尖锐的矛盾，党的十六大至党的十八大期间，即 2002—2012 年，中国共产党以马克思主义生态观为指导，在继承和发展毛泽东同志、邓小平同志、江泽民同志的生态思想的基础上，提出了蕴含丰富生态环境思想、具有鲜明绿色发展内涵的科学发展观。

其一，科学发展观的第一要义是发展，核心是以人为本，这表明科学发展观是以满足人民需要为出发点和基本方向的发展观。中国共产党坚持以人民为中心，发展的根本目的是满足人民日益增长的各方面需要，基本途径是坚定不移地发展经济。通过经济与生态环境和谐发展更好地满足人民多方面需求，这种发展思路和出发点成为绿色发展理念满足人民日益增长的生态需要、为人民谋生态福祉的内涵的理论来源。

其二，科学发展观要求全面、协调和可持续发展。科学发展观要求的发展是经济与人口、资源和环境的全面发展、协调发展和可持续发展。2003年，时任中共中央总书记胡锦涛提出要"坚持以人为本，树立全面、协调、可持续的发展观"，认为"可持续发展，就是要促进人与自然的和谐，实现经济发展和人口、资源、环境相协调，坚持走生产发展、生活富裕、生态良好的文明发展道路，保证一代接一代地永续发展"①。为实现经济与人口、资源和环境的全面、协调、可持续发展，党在这一时期通过不断探索，首次提出"生态文明"这一新的人类文明形态，提出将生态文明建设融入经济建设、政治建设、文化建设和社会建设，创造性地提出"五位一体"总体布局。可见，以"全面协调可持续"为基本要求的科学发展观，是对党的生态环境理论的新发展，它表明党的生态环境理论的内涵得到进一步丰富和深化。

其三，实现全面、协调和可持续发展的方法是统筹兼顾。为建设资源节约型和环境友好型、人与自然和谐共处型、生态良好型社会，党在这一时期进行了多方面的探索和实践，从树立生态文明观念、节约资源、保护环境等方面采取一系列措施。党的十七大提出，要"基本形成节约能源资源和保护生态环境的产业结构、增长方式、消费模式"②，党的十八大对推进全面、协调、可持续发展的路径做出了更加具体的表述，提出要"坚持节约资源和保护环境的基本国策"③。

2002—2012年，党对实现全面、协调、可持续发展的路径有了全方位的理论思考和实践探索，树立生态文明意识，从空间布局和产业结构、生产方式和生活方式等方面全面推进生态文明建设。这一时期，除继续加强生态文明法治建设外，党还提出要"加强生态文明制度建设"，建立健全资源有偿使用制度、生态补偿制度，健全生态环境保护责任追究制度和环境损害赔偿制度；同时，"要把资源消耗、环境损害、生态效益纳入经济社会发展评价体系，建立体现生态文明要求的目标体系、考核办法、奖惩

① 中央文献研究室.十六大以来重要文献选编：上［M］.北京：中央文献出版社，2006：850.
② 胡锦涛.高举中国特色社会主义伟大旗帜 为夺取全面建设小康社会新胜利而奋斗：在中国共产党第十七次全国代表大会上的报告［J］.求是，2007（21）：3-22.
③ 胡锦涛.坚定不移沿着中国特色社会主义道路前进 为全面建成小康社会而奋斗：在中国共产党第十八次全国代表大会上的报告［J］.求是，2012（22）：3-25.

机制"①。这些生态环境建设和保护的思路、方法，为绿色发展思路和路径选择提供了重要参考，成为绿色发展实践路径的重要理论和实践来源。

（三）党的十八大以后——绿色发展理念成为生态文明建设的指导方针

中国特色社会主义进入新时代后，以习近平同志为核心的党中央立足于新时代我国生态环境实际，在总结、发展党在不同时期生态思想和生态环境建设实践经验的基础上，创造性地提出包括绿色发展理念在内的新发展理念。由此，绿色发展理念成为新时代我国生态文明建设的重要遵循。

作为新时代生态文明建设的理论遵循和实践方针，绿色发展理念强调人与自然密不可分的有机联系；出于一切为了人民的"初心"，绿色发展理念涵盖了人与自然和谐共生、中华民族永续发展的目标。按照习近平总书记的说法就是"保护生态环境就是保护生产力""改善生态环境就是发展生产力""绿水青山就是金山银山"。实现绿色发展要求高度重视生态环境保护和建设；树立"山水林田湖是一个生命共同体"意识，划定生态红线并将其作为"生态安全的底线和生命线"，按照生态系统的整体性、系统性和规律性整体施策、多措并举，推动形成绿色生产方式和生活方式，大力发展低碳经济、循环经济；坚持用最严格的制度和最严密的法制保护生态环境。

第三节　绿色发展理念的现实逻辑

绿色发展既是一种发展理念，又是一种发展模式。践行绿色发展理念，首先需要深刻领会党中央关于践行绿色发展理念的思想；同时，推动生态文明建设和绿色现代化是一项涉及面广、内容众多的系统工程，需要全国上下凝聚共识，采取正确的方针和策略，多措并举形成绿色发展合力。

一、践行绿色发展理念的党中央工作部署

以习近平同志为核心的党中央不仅对绿色发展的重要性、绿色发展的

---

① 胡锦涛. 坚定不移沿着中国特色社会主义道路前进 为全面建成小康社会而奋斗：在中国共产党第十八次全国代表大会上的报告［J］. 求是，2012（22）：3-25.

目标有深刻阐释，而且就践行绿色发展理念、走绿色发展道路的方针、策略等作出了部署。

（一）树立牢固的生态环保意识

意识是行动的先导。习近平总书记在不同场合多次强调绿色发展的重要性、紧迫性，并提出要求。2017 年 5 月，习近平总书记指出，"要充分认识形成绿色发展方式和生活方式的重要性、紧迫性、艰巨性，把推动形成绿色发展方式和生活方式摆在更加突出的位置"①。同时，为扎实推进绿色发展，习近平总书记多次身体力行。2013 年 4 月在参加首都义务植树活动时，习近平总书记要求，"全社会都要按照党的十八大提出的建设美丽中国的要求，切实增强生态意识，切实加强生态环境保护，把我国建设成为生态环境良好的国家"②。在党的十九大报告中，习近平总书记代表党中央告诫全党全国人民，"我们要牢固树立社会主义生态文明观，推动形成人与自然和谐发展现代化建设新格局"③。

（二）推动形成绿色生产方式和生活方式

绿色发展既是一种新发展理念，也是实现生态环境保护的方式，保护并逐渐改善生态环境是绿色发展的题中应有之义。为推进绿色发展，党中央作出推动形成绿色生产方式和生活方式的战略决策。习近平总书记认为，践行绿色发展理念必须做好两个方面工作，一是政策到位，二是政策落实到位。鉴于改革开放以来我国环境污染严重、生态失衡加剧的严峻现实，贯彻落实绿色发展理念必须抓紧抓好环境治理工作。2014 年 2 月，习近平总书记在北京市考察工作时指出，"环境治理是一个系统工程，必须作为重大民生实事紧紧抓在手上"④。

在生产空间、生活空间和生态空间布局方面，习近平总书记指出，"要科学布局生产空间、生活空间、生态空间，扎实推进生态环境保护"⑤，

---

① 习近平. 习近平谈治国理政：第二卷［M］. 北京：外文出版社，2017.

② 新华社. 习近平总书记在参加首都义务植树活动时强调 把义务植树深入持久开展下去 为建设美丽中国创造更好生态条件［J］. 中国林业产业，2013（4）：9, 8.

③ 习近平. 决胜全面建成小康社会 夺取新时代中国特色社会主义伟大胜利［N］. 人民日报，2017-10-28（1）.

④ 习近平. 习近平关于城市工作论述摘编［M］. 北京：中央文献出版社，2023.

⑤ 习近平. 抓住机遇立足优势积极作为 系统谋划"十三五"经济社会发展［J］. 党建，2015（6）：1.

"必须把生态文明建设摆在全局工作的突出地位，坚持节约资源和保护环境的基本国策，坚持节约优先、保护优先、自然恢复为主的方针，形成节约资源和保护环境的空间格局、产业结构、生产方式、生活方式"①。习近平总书记将生态环境比喻为人的眼睛和生命，将生态环境保护提到关乎经济社会发展和人类可持续发展的高度。

（三）正确处理经济发展与环境保护的关系

党中央提出了正确处理经济发展与生态环境保护关系的基本原则。用习近平总书记的话说就是"既要绿水青山，也要金山银山"，他认为在实现经济发展的同时可以保护好生态环境，做到经济发展与生态环境保护两不误。

为促进绿色发展，党中央非常重视生态环境保护和建设。仅在2013年，习近平总书记就多次代表党中央对正确处理经济发展与环境保护的关系作出了一系列指示。2013年5月，习近平总书记进一步阐释了处理经济发展与环境保护关系的基本原则，要求不能以牺牲环境为代价换取经济增长，提出保护生态环境就是保护生产力、改善生态环境就是发展生产力这一体现绿色发展要求的理念，号召全社会自觉推动绿色发展，通过低碳、循环的生产和生活方式促进绿色发展②。习近平总书记指出，在处理经济发展与生态环境保护的关系时不能因小失大，也不能急功近利、顾此失彼，"经济要发展，但不能以破坏生态环境为代价"③。

（四）强化绿色发展的制度化、法治化保障

绿色发展作为一种新的发展理念和发展模式，其贯彻落实不仅需要正确的思路、富有实效的推动举措，还需要有相应的规则制度、法律法规作为保障。为此，党中央非常重视有关绿色发展的制度化、法治化建设。习近平总书记强调，只有实行最严格的制度、最严密的法治，才能为生态文明建设提供可靠保障；要尽快建立生态文明制度的"四梁八柱"，把生态文明建设纳入制度化、法治化轨道。具体来说，一是社会各界、各经济主体严格按生态环境保护制度和法律法规办事，不能超越制度和法律规范

---

① 习近平. 习近平谈治国理政：第二卷 [M]. 北京：外文出版社，2017.

② 习近平在中共中央政治局第六次集体学习时强调 坚持节约资源和保护环境基本国策 努力走向社会主义生态文明新时代 [J]. 环境经济，2013（6）：6.

③ 习近平在云南考察工作时强调 坚决打好扶贫开发攻坚战 加快民族地区经济社会发展 [J]. 云岭先锋，2015（2）：4-5.

行事；二是深化生态文明体制机制改革，通过体制机制改革助推生态文明建设，促进绿色发展；三是加强综合治理，落实生态文明建设过程中的目标责任；四是改革和完善不利于生态文明建设的考核指标、管理办法、奖惩机制等。

二、践行绿色发展理念的路径

践行绿色发展理念，需要结合当前我们面临的困难和问题，按照党中央部署，以习近平新时代中国特色社会主义思想为指引，多措并举，多方面推进。

（一）健全形成绿色生产生活方式的相关机制

推动形成绿色生产方式和绿色生活方式，需要建立健全绿色生产、绿色生活的激励约束机制。作为生产经营主体的企业和作为消费主体的消费者要践行绿色发展理念，以集约、节约、低碳、环保的方式生产和生活。

1. 健全形成绿色生产方式的激励约束机制

目前，我国针对企业绿色生产的激励约束机制不健全。推动企业形成绿色生产方式，迫切需要建立健全促进企业采用绿色生产方式的激励机制和约束机制，使企业既具有采用绿色生产方式的动力，又具有采用绿色生产方式的压力。因此，要从多方面采取措施，综合建构推动企业形成绿色生产方式的激励机制和约束机制。

一方面，要强化财政激励和约束。财政政策是政府经济管理的重要手段，推动企业形成绿色生产方式，应强化财政激励和约束。政府可综合利用税收、财政补贴等手段，通过税种、税目和税率的适当设计以及财政补贴政策的合理运用，形成企业绿色生产的激励约束机制。另一方面，要运用价格手段对企业形成绿色生产激励。政府可在明确产权的基础上进一步改革自然资源定价机制，通过森林、草原、水、荒地、滩涂等自然资源定价机制改革，使价格在引导企业行为和生产方式方面充分发挥作用，利用价格杠杆推动企业形成绿色生产方式；也可通过对采用绿色技术、绿色生产方式、发展绿色产业、生产绿色产品的企业给予筹融资便利或优惠的办法，以促进企业采用绿色生产方式。

在加强绿色生产激励的同时，还需要强化绿色生产约束机制。为此，我国要进一步完善环境保护法律法规，进一步健全环境违法责任追究制度；同时要严格执法，加大对环境违法违规行为的处罚力度。

2. 健全形成绿色生活方式的激励约束机制

总体而言，目前我国公众参与环保活动、践行绿色生活方式的参与度不够高、主动性不够强。人民群众是消费的主体，推动形成绿色生活方式迫切需要广大民众尽快改变不利于生态环境保护和建设的生活方式、消费模式，形成适应绿色发展需要的绿色生活方式和绿色消费模式。建立健全形成绿色生活方式的激励机制可以从以下三个方面着手：

一是发挥民间组织和社团的作用。借助民间组织、民间机构的动员和引导作用，鼓励更多人加入环保行动、做环保工作，壮大环保力量；发挥民间机构、社会团体的宣传教育作用，通过宣传绿色生活、绿色消费的重要性以及绿色生活的具体内容，使绿色生活理念深入人心、绿色生活方式得到普及。

二是开展主题活动。通过低碳生活、绿色消费创先争优活动，激发广大民众践行绿色生活方式的积极性、主动性；通过丰富多彩的各类环保主题活动，激发民众形成绿色生活方式、践行绿色消费模式的热情，提高民众对绿色生活方式的参与度。

三是建立和完善绿色生活的公众参与机制，如建立健全全民勤俭节约制度、低碳生活绿色消费制度、生态文明教育制度等，以制度保障促进民众低碳环保生活方式形成。

（二）加强环境监管和环境违法违规处罚

作为公共产品，优美的生态环境不仅需要政府提供而且需要政府维护和管理。因此，推进绿色发展需要政府部门加强对环境状况的监督和管理；践行绿色发展理念、推进绿色发展，迫切需要加大环境监督管理力度，严格环境执法。

1. 加强环境监管

目前，我国环境执法监督管理多是事后监督管理，多在环境违法行为发生以后才予以管理、处罚，环境违法行为发生之前的预防型监督管理、过程中的控制型监督管理相对不足。针对这种情况，相关部门要强化全程监管。要加强对环境违法违规行为的事前、事中执法监督管理，使环境监管贯穿事前、事中、事后全过程。如果环境损害事件不幸发生，要通过事中、事后的监管使之得到及时控制和处理，尽力将环境损害控制在最小限度。

在环境违法监管方面，除进行一般性的监管外，相关部门要特别注重对重点企业、重点区域的监管。一般与重点相结合的监管，可以使环境监管落到实处、发挥实效。

2. 加大环境监管执法力度

践行绿色发展理念，加强生态文明建设，保护绿水青山，需要运用法律手段，实行严格的环境执法和监督管理措施。

其一，提高环境保护标准，严格环境保护制度。在这方面，要进一步完善有关环境保护的法律法规，明确界定违法责任，为环境执法和环境监管提供完备的法律依据，使之有法可依且法律依据充分而清晰。

其二，严格执法并加大处罚力度。要在严格环境立法的基础上严格环境执法。要通过法律制度提高环境违法违规处罚标准，提高环境违法违规成本；同时，要依据相关环境法律和制度，对环境违规违法行为主体和责任人加以严格处罚，形成不敢违法违规的严格环境监管态势。

其三，壮大环境执法和环境监管队伍。相对于内容多、范围广、任务重的环境执法和环境监管而言，目前我国环境执法和环境监管力量薄弱，基层环境执法和监管人员显得尤为不足。强化环境执法和环境监管，需要充实环境执法和监管人员特别是既懂环境法律法规又有环境专业知识的复合型专业技术人才。同时，针对基层环境监管执法工作者待遇偏低的问题，应适当提高基层环境执法、监管人员的待遇，以壮大和稳定环境执法、监管人员队伍，从而增强环境监管力量。

其四，发动民众参与环境监督管理。环境监督范围广、内容多，有效的环境监管需要公众广泛参与。因此，应逐步建立并完善环境监督管理的群众参与机制，通过建立和实施环境违法社会监督举报制度、环境违法群众有偿监督制度等，鼓励和动员民众积极参与环境监督管理。

（三）建立健全生态补偿制度

生态环境作为公共产品，消费的非排他性使人们缺乏保护和建设生态环境的动力；同时，生态环境问题一般波及面广、影响范围大，往往属于跨流域、跨行政区甚至跨国界的问题。因此，保护和建设生态环境，推进绿色发展，需要建立和完善地区间生态补偿制度。

建立健全生态补偿制度，首先需要对生态保护和生态建设中涉及生态补偿的一系列情况加以明确界定并做出明晰安排。要对资源使用者与资源所有者之间、资源开发者与环境受损者之间、生态保护区与生态受益区之间、流域上下游地区之间的补偿以及生态环保中"新账"与"老账"的补偿等做出明确界定和明确规定，使生态补偿制度明晰且可操作；其次，要建立健全与生态补偿相关的法律和制度，通过法律、制度保障生态补偿制度顺利实施。

（四）发挥政绩考核导向作用

生态环境作为最公平、最普惠的公共产品，其保护和建设只能由政府主导和推动。政府在保护和建设生态环境过程中面临的首要问题是经济增长与生态环境建设的关系问题。就政府部门而言，正确处理经济发展与生态环境保护的关系就是要树立绿色政绩观，在保护好生态环境的基础上推进经济增长和经济发展。

树立绿色政绩观、正确处理经济发展与环境保护的关系，首先，要实现观念变革。要变以 GDP 论"成败"的政绩观为绿色政绩观，将绿色发展作为重要的政绩衡量标准。其次，深化体制机制改革。一方面，改革与环境保护有关的行政管理体制，建立统一监管污染物排放的环境保护管理制度；另一方面，改革完善政绩考核指标体系，将反映生态环境保护和建设情况的指标纳入考核体系并逐步加大这类指标的权重。通过以生态环境保护和建设为重要导向的政绩考核指标体系，激发地方政府和政府工作人员坚守生态红线、加强生态环境保护、建设的积极性和主动性。

（五）加强有关绿色发展的法治化建设

践行绿色发展理念，推动形成绿色生产方式和生活方式，离不开健全的法律制度和严格执法。为此，一方面，要建立健全推动形成绿色生产方式和生活方式的法律保障制度，健全有关生态环境保护和建设的相关法律法规。另一方面，要加大生态环境执法力度，严格生态环境保护执法。在这方面，首先要严格依法行事，在生态环境方面做到有法可依、执法必严、违法必究；其次，要在加强生态环境监督的基础上，加大对环境违法行为的惩处力度，形成在生态环境方面不敢违法、不能违法的高压态势。

（六）大力营造绿色发展社会氛围

观念、意识是行动的先导。践行绿色发展理念，推进绿色发展，需要让绿色发展理念为民所知、为民所识，使绿色发展成为广大民众的共识。因此，需要加大绿色发展的宣传教育力度。

营造绿色发展社会氛围主要从两个方面入手。一方面，加强绿色发展理念的宣传教育和引导，形成绿色发展的社会共识。要通过多种形式、多种渠道和多种方法，向民众广泛宣传绿色发展理念的深刻内涵、必要性、重要性，使绿色发展理念深入人心。同时，要大力宣传、推广绿色生产和绿色生活的相关知识，为推动形成绿色生产方式和绿色生活方式提供知识保障。在这方面，可以将绿色发展、生态文明建设的有关知识纳入干部教育、国民教育范畴，同时通过多种途径广泛宣传，促使绿色发展方式方法及相关知识逐步普及。另一方面，注重宣传形式的多样化、生动化和宣传内容的丰富全面。为增强绿色发展的舆论引导效果，在宣传内容和形式上应尽量多样化。要充分利用现代传播媒介，面向社会各界包括个人、企业、政府等，宣传践行绿色发展理念、保护生态环境的相关知识，如保护生态环境的途径、方式、内容、方法等，使广大民众知道怎样做到绿色生活、绿色消费，使企业管理者及其员工知道怎样做到绿色生产、节能减排、循环利用。

第十章　开放发展理念的理论逻辑、历史逻辑与现实逻辑

作为指导我国未来长期发展的五大重要理念之一，开放发展理念是准确把握国际国内发展大势的先进理念，是深入认识发展规律的科学理念，是引领对外开放领域深刻变革、顺应世界发展潮流的先导理念。我国把这一理念作为提高对外开放质量和发展的内外联动性的重要行动指南。正如习近平总书记所指出的："我们将坚定不移奉行互利共赢的开放战略，继续从世界汲取发展动力，也让中国发展更好惠及世界。"为了更好地贯彻落实开放发展理念，我们需要进一步认识开放发展理念的理论逻辑、历史逻辑与现实逻辑，在吸取对外开放历史经验的基础上进一步理解新时代开放发展的特点，增强贯彻落实开放发展理念的思想自觉和行动自觉。

第一节　开放发展理念的理论逻辑

党的十八大强调我国必须实行更加积极主动的开放战略，完善互利共赢、多元平衡、安全高效的开放型经济体系。实行更加主动的开放战略，有助于继续发挥我国的比较优势，充分利用新形势下国内外两个市场和两种资源促进我国经济高质量发展。伟大的实践需要科学的理论作指导，开放发展理念是马克思主义国际分工理论在我国的继承和发展，是党中央顺应新的发展大势所提出的先进理念。构成开放发展理念的理论基础主要包括：其一，我国传统的对外贸易思想和国际贸易学基本理论；其二，马克思、恩格斯、列宁等人关于国际分工和世界市场的论述；其三，毛泽东同志关于我国发展对外关系的有关论述；其四，我国改革开放以来邓小平同

志、江泽民同志、胡锦涛同志等关于对外开放的有关论述；其五，新时代习近平总书记关于开放发展理念的有关论述和思想。

一、我国传统的对外贸易思想和国际贸易学基本理论

（一）我国传统的对外贸易思想

我国传统的对外贸易思想属于中华优秀传统文化的重要组成部分，对我国当代的对外开放实践有着重要影响。我国传统的对外贸易思想主要体现在历代思想家及典籍中关于对外贸易的论述中，其内容主要涉及：对外贸易的特点，如《淮南子·齐俗训》"泽皋织网，陵阪耕田，得以所有易所无，以所工易所拙"，即用所有的东西去交换所无的东西，用所擅长的东西去交换所不擅长的东西，实现优势互补；对外贸易环境的重要性，如《管子·轻重乙》提倡"为诸侯之商贾立客舍"，即为不同等级的客商提供食物、"刍菽"、"伍养"等服务，其目的在于使"天下之商贾归齐若流水"，可见营商环境建设对于贸易的重要性；对外贸易与经济繁荣、国力之间的关系，主张利用对外贸易增强国力，如汉代桑弘羊所言："是则外国之物内流，而利不外泄也。异物内流则国用饶，利不外泄则民用给矣。"这是说通过对外贸易，可以获得外国的东西而使本国更加富饶，满足本国民众的需求，从而增强国力。

（二）国际贸易学基本理论

国际贸易学具有许多理论，这里只介绍包括绝对优势理论、比较优势理论、要素禀赋理论在内的基本理论。

（1）绝对优势理论。1776年出版的亚当·斯密著作《国富论》阐明了绝对优势理论。绝对优势理论又被称为"绝对成本理论"，可以说是国际贸易学的奠基理论，其主要观点如下：合理的劳动分工可以提高劳动生产率；国际分工的原则是各国商品生产成本的绝对优势；在国际分工基础上开展贸易对各个国家都会有好处；一国生产某商品的成本绝对低于他国，这个国家可以出口这种产品获益，反之则进口；各个国家都应按照本国的绝对成本优势进行分工和相互交换，使得各个国家的资源和要素得到充分利用，各个国家均受益。这种理论解释了产生国际贸易的部分原因，正确地指出合理的分工对提高劳动生产率的巨大意义，按照各国绝对优势进行国际分工并进行国际贸易能使各国都获利。但这种理论存在明显的缺陷，不能解释所有的国际贸易活动。

（2）比较优势理论。英国古典经济学家大卫·李嘉图创立了比较优势理论。作为国际贸易学的又一重要理论，比较优势理论主要观点如下：各个国家生产技术的相对差别是客观存在的，这种相对差别必然造成各个国家劳动生产率的不同，而劳动生产率的不同必将造成各个国家生产成本的不同，成本的不同将造成产品价格的相对差异；如果一国两种产品的生产都不存在绝对优势时，那么应当按照"两利相权取其重，两弊相权取其轻"的原则进行国际分工和国际贸易，这样双方均可获得比较利益，双方均能增进福利。大卫·李嘉图所创立的比较优势理论继承了绝对优势理论，并有所发展。绝对优势理论论证了各个国家应当按照各自绝对成本优势进行生产及贸易往来，但是，对于所有产品都缺乏绝对成本优势的国家参与国际贸易往来的现象无法做出合理的解释，而比较优势理论正好弥补了这一缺陷。

（3）要素禀赋理论。瑞典经济学家赫克歇尔和俄林提出了当代国际贸易学的重要理论，即要素禀赋理论。要素禀赋理论认为一个国家或地区的生产要素对其国际贸易往来具有重要作用，认为一个国家或地区应当生产及出口本地要素富集的产品，进口该国或地区要素相对稀缺的产品。俄林认为，两个国家或地区要素禀赋的不同以及产品构成要素比例的不同造成了产品生产成本的绝对差异，从而造成产品价格上的差异，进而构成了国际贸易往来的基础。赫克歇尔、俄林提出的要素禀赋理论，被奉为当代国际贸易理论的圭臬，奠定了现代国际贸易理论的基石。但是，一国的生产要素实际是变量，先进的技术和优越的制度赋予生产要素以全新的内涵，借鉴要素禀赋理论时不能片面、静止地对待要素禀赋上的比较优势，而应当以动态的、发展的角度看待要素禀赋上的比较优势。

二、马克思、恩格斯、列宁等人关于国际分工和世界市场的论述

无产阶级的革命导师马克思对国际分工、世界市场的形成及影响进行了深入研究。关于国际分工，马克思主要提出了如下观点：国际分工是人类生产力发展的必然产物，国际分工深化又为生产力的大发展创造了必要的前提；国际分工和生产国际化加强了世界各个国家经济的相互需要，促进了国际贸易的不断发展。关于世界市场，马克思在《共产党宣言》中指出，为了追求利润的最大化，资本在世界范围不断扩张，从而推动了世界市场的形成。正如马克思所说，资产阶级奔走于全球各地寻找产品销路，

从而开拓了世界市场。资本主义的发展形成了世界市场，少数国家在世界市场中处于有利地位，广大落后国家却处于不利地位。

恩格斯在《共产主义原理》中对世界市场的形成和影响进行了阐述。他指出，大工业把世界各国人民相互联系起来，把世界不同区域的所有小市场联合成了一个世界大市场。大工业带来了生产方式的改变，带来了国际分工程度的不断加深，带来了更加密切的国际交换，最终形成了世界市场。

马克思、恩格斯关于国际分工和世界市场的理论是科学的，列宁在继承这些科学理论的基础上进行了进一步创新。列宁对于开展对外贸易的意义有着深刻的认识，他认为资本主义国家和社会主义国家都必须有国外市场，必须要发展对外贸易。在列宁的领导下，当时的苏联积极开展对外贸易，并将国内无力开发和管理的企业、矿山、森林区等租给西方资本家。

三、毛泽东同志关于我国发展对外关系的有关论述

新中国成立后，以美国、英国等为首的西方资本主义国家对我国进行严厉的经济封锁。面对西方的经济封锁，新中国在强调独立自主、自力更生的同时，积极发展同苏联、东欧社会主义国家等的经贸往来，并提出要学习一切民族、一切国家的长处。

20 世纪 70 年代初，面对苏联霸权主义，毛泽东同志提出了著名的"三个世界"理论。1970 年，在会见非洲客人时毛泽东同志指出亚非拉是第三世界，中国属于第三世界。之后的 1974 年 2 月，在会见赞比亚总统时毛泽东同志指出美苏是第一世界，而日本、欧洲、澳大利亚、加拿大等是第二世界。从而，毛泽东同志关于划分"三个世界"的理论正式提出。毛泽东同志关于"三个世界"的理论，对于当时新中国反对苏美两霸的斗争，团结社会主义国家和被压迫民族，争取第二世界国家，建立最广泛的统一战线，具有重要指导意义。"三个世界"的理论是马克思主义中国化的重要理论成果，成为我国当时制定对外政策的重要依据，开创了我国外交新局面，为改革开放奠定了坚实的国际环境和基础。

四、邓小平同志、江泽民同志、胡锦涛同志等关于对外开放的
有关论述

对外开放是邓小平理论的重要组成部分。邓小平同志关于对外开放的

论述主要强调了四点：其一，对外开放对中国的发展是必要的。作为新中国改革开放的总设计师，邓小平同志曾多次强调对外开放的必要性，多次强调中国的发展离不开世界，中国要发展，开放是必由之路。1992 年 1 月，邓小平同志在南方谈话中指出，不搞改革开放，只有死路一条。可见，改革开放对于当时中国发展的重要性、必要性。其二，对外开放不仅是必要的，而且也是可行的。正如邓小平同志指出的，和平与发展是当今时代的两大主题。和平的国际环境为发展创造了有利条件，可以使我国能够较长时期专心搞建设、谋发展，而世界共求发展为我国对外开放提供了契机，为我国开展外贸、引进外资创造了有利时机。其三，对外开放是全方位的开放。从开放的国家来看，我国的对外开放不只是对西方发达国家的开放，也包括对苏联及东欧社会主义国家的开放，还包括对广大亚非拉第三世界发展中国家的开放。从开放领域来看，除了大力推进经济领域对外开放外，我国还强调科教、文化艺术等领域的不断开放。我国的对外开放除了适用于物质文明建设，还适用于精神文明建设。其四，强调要注意处理好独立自主、自力更生同对外开放的关系。前者是后者的基础，在坚持前者的基础上坚持后者。我国的事情要按照我国的国情来考虑，既不能关起门搞建设，也不能不顾实际情况和原则一味讲开放。对外开放要注意抵制资本主义的腐朽东西，要用马克思主义进行分析、鉴别和批判，不能盲目崇拜、全盘照搬。

江泽民同志进一步发展了有中国特色的对外开放理论。随着对外开放的深入发展，我国的对外投资和对外贸易取得快速发展，在注重"引进来"的同时，一批中国企业开始走向世界。党的十五大提出："坚持和完善对外开放，积极参与国际经济合作和竞争。"这一阶段，党中央开始强调要注重开发和创新，强调要把引进和开发、创新结合起来。在继续强调"引进来"的同时，党中央开始强调"走出去"。2000 年初，党中央首次把"走出去"上升为国家发展战略，出台了一些鼓励我国优秀企业投资海外的措施。在"走出去"战略的引导下，一大批中国企业开始走出国门，在海外建厂或并购，进一步利用海外先进的生产要素并拓展海外市场，开始走向世界，谋求更大的发展。

2006 年 4 月，胡锦涛同志在沙特阿拉伯王国协商会议上发表了题为《促进中东和平，建设和谐世界》的重要演讲。这次演讲阐明了我国关于经济全球化和全球治理的价值观及目标追求，指出世界各个国家应该努力推动经济全球化朝着均衡、普惠、共赢的方向发展，各个国家应该努力建立开放、公平、规范的多边贸易体制。随着我国在经济总量上跃升为仅次于美国的世界第二大经济体，党中央及时提出要把"引进来"和"走出去"更好地结合起来，要注重优化开放结构，注重开放的质量，要建立互利共赢、多元平衡、安全高效的开放型经济体系。

五、习近平总书记关于开放发展理念的有关论述

坚持在对外开放中谋发展是我国取得巨大成就的重要经验。新时代我国将继续坚持开放发展战略，这是习近平总书记在国内外多个场合作出的明确宣示。"中国开放的大门不会关闭，只会越开越大。"党的十八大以来，习近平总书记针对新时代我国对外开放提出了一系列重要论述，形成了开放发展的有关论述。这些深刻的论述包括全面开放新格局、开放型世界经济新理念、经济全球化正确方向、以建设性姿态改革全球经济治理体系、人类命运共同体理念等。

（一）推动形成全面开放新格局

习近平总书记在党的十九大报告中阐明我国将继续坚持开放发展理念，明确指出要推动形成"全面开放新格局"。推动形成全面开放新格局，是以习近平同志为核心的党中央根据经济全球化新趋势、国际形势新变化所作出的重大战略部署。新时代的全面开放既包括开放范围的扩大、开放领域的拓宽、开放层次的加深，也包括开放方式的创新、开放布局的优化、开放质量的提升。为了加快形成全面开放新格局，在积极有效利用外资的同时，要更加支持企业稳妥地走出去；在开放的方式上要做开放型世界经济的建设者，注重把多边开放与区域开放更好地结合起来；在开放的领域方面不要只注重深化制造业开放，还要着力推进金融、教育、医疗、文化等服务业领域有序开放；在开放区域方面，要在继续深化沿海开放的同时努力使内陆和沿边地区成为开放的新高地；在开放的环境方面要着力营造市场化、法治化、国际化的营商环境；在开放的深度方面要赋予自贸试验区更大的改革自主权，充分发挥自贸试验区制度试点探索功能，并进一步探索自由贸易港建设。

（二）倡导共同构建开放型世界经济新理念

当今世界，各国相互依存，利益紧密相关，各国应当开放包容，走合作共赢的道路，共同构建开放型世界经济。习近平总书记在国际国内多个

场合倡导共同建设开放型世界经济的新理念。2017 年 9 月 5 日，国家主席习近平在厦门国际会议中心为建设开放型世界经济呼吁，各个国家要坚决反对单边主义，反对贸易保护主义，要坚定支持多边贸易体制。2018 年 11 月 5 日，国家主席习近平在首届中国国际进口博览会开幕式上呼吁，各国应该坚持开放的政策取向，旗帜鲜明反对保护主义、单边主义，共同建设开放型世界经济。2019 年 4 月 29 日，在第二届"一带一路"国际合作高峰论坛圆桌峰会上，国家主席习近平再次呼吁，要共同推动建设开放型世界经济，反对保护主义。正如习近平总书记所指出的，世界各国相通则共进，相闭则各退。所以，世界各国应当共同努力，共同构建开放型世界经济。

（三）推动经济全球化朝着更加开放、包容、普惠、平衡、共赢的方向发展

关于经济全球化，习近平总书记曾多次阐述。世界经济曲折发展，但是，经济全球化的进程是不会改变的。世界各国应当坚持经济全球化，反对贸易保护主义、单边主义。经济全球化既有利，也有弊端，它给世界各国带来利益的同时也会带来挑战，世界各国需要适应经济全球化，要扬其利，抑其弊端。2016 年 11 月 19 日，在亚太经合组织领导人利马会议上，国家主席习近平大声呼吁各国积极引导经济全球化发展方向，推动经济全球化朝着更加开放、包容、普惠、平衡、共赢的方向发展，着力解决公平公正问题。经济全球化可能带来负面影响，但是不能就此把经济全球化全面否定，一棍子打死。世界各国应当适应经济全球化，牢固树立起人类命运共同体意识，坚持互利共赢的原则，引导好经济全球化，减少其负面影响，共同推动经济全球化朝着正确的方向发展。

（四）以建设性姿态改革全球经济治理体系

近年来，国家主席习近平在多个外交场合提到全球经济治理体系改革问题，积极为改革全球经济治理格局和全球经济治理体制贡献中国智慧。当今世界正经历百年未有之大变局，加之新冠疫情的严重影响，世界经济正进入深度调整，急需全球经济治理体系变革，恢复经济发展。但是，目前全球经济治理体系与国际形势变化存在严重的不适应、不对称，这种不适应和不对称程度是前所未有的。因此，全球经济治理体系应当改革。如何改革全球经济治理体系呢？2016 年 9 月 3 日，国家主席习近平在二十国集团工商峰会开幕式上指出：全球经济治理应该以平等为基础，应该以开

放为导向，应该以合作为动力，应该以共享为目标。全球经济治理的变革应该能更好地反映世界经济格局新现实，应该确保各国在国际经济合作中权利平等、机会平等、规则平等；应该充分听取社会各界建议和诉求，不搞排他性安排；应该强调合作，照顾彼此利益；应该让所有人受益，寻求利益共享，实现共赢目标。各国要以建设性姿态改革全球经济治理体系。我国要在维护多边贸易体制、推动二十国集团等发挥国际经济合作功能、推动新兴领域经济治理规则制定、构建高标准自由贸易区网络等方面，不断贡献中国智慧和力量。

（五）倡导人类命运共同体理念

习近平总书记总结人类社会历史经验，依据人类社会发展规律，提出了"人类命运共同体"的重要理念。2013 年 3 月 23 日，在莫斯科国际关系学院演讲时，国家主席习近平首次提出"人类命运共同体"理念，指出当今世界，各国相互依存、休戚与共。2017 年 1 月 18 日，在联合国总部，国家主席习近平发表题为"共同构建人类命运共同体"的演讲，这次演讲全面阐述了人类命运共同体理念，指出了理念提出的动因、愿景与实施路径。全人类的共同愿望就是和平与发展，实现这一愿望的中国方案就是构建人类命运共同体，实现全人类共赢共享。

习近平总书记关于开放发展的一系列重要论述是指导新时代我国对外开放的重要理论，是对逆全球化思潮、贸易保护主义、霸权主义、单边主义的有力抵制和反击，必将促进陷入深度调整的世界经济的发展。

第二节　开放发展理念的历史逻辑

对外开放是实现我国经济快速发展的秘诀之一，"改革开放是决定当代中国命运的关键一招"。探讨我国对外开放的历史背景、历史进程，总结历史成就和成功经验，对于推动形成全面开放新格局具有重要价值。

一、我国对外开放的历史背景

我国对外开放有着深刻复杂的历史背景。近代史上我国经济较长时期落后的一个重要原因就是当时的政府奉行闭关锁国的对外政策。明清时期为了应对倭寇骚扰或西方殖民者入侵，朝廷采取海禁政策或闭关锁国的做法。可以说，开放促发展正是来自历史的经验教训。新中国成立后我国国民经济刚刚恢复，但"文化大革命"使经济陷入凋敝。"文化大革命"后，我国急需发展经济，解决人民日益增长的物质文化需要同落后的社会生产之间的矛盾。如何才能实现我国经济快速发展？我国从周边地区的快速发展中寻找启示。20 世纪 60 年代后，日本以及包括韩国、新加坡和中国台湾、中国香港在内的"亚洲四小龙"实行外向型经济发展模式，采取出口导向战略，积极承接欧美产业，发展劳动密集型产业，其经济得到快速发展。1978 年底和 1979 年初，邓小平同志访问日本、美国，目睹了两国的先进工业与科技水平，看到了我国与它们的巨大差距。这些访问坚定了邓小平同志实行对外开放的决心。正是这些内部与外部因素促使党中央决定将工作重点转移到经济建设上来，实行对内搞活经济、对外开放的政策。同时，随着日本、"亚洲四小龙"经济的发展，人均收入的提高，这些地区劳动密集型产业开始向更低成本的区域转移，也为包括中国境内在内的低成本地区提供了难得的开放发展机遇。对外开放符合时代主题和世界发展大势，成为我国长期坚持的一项基本国策。

二、我国对外开放的历史进程

党的十一届三中全会正式开启了新中国对外开放的大幕。我国的对外开放经历了从探索到正式开启、从初步开放到深化开放、从局部开放到全面开放的演变过程，目前已形成全方位、多层次、宽领域的对外开放格局，正朝着形成全面开放新格局努力。新中国成立后，我国开始了对外开放的初步探索。20 世纪 50 年代，由于受到西方资本主义阵营的封锁，我国当时的贸易对象与经济合作对象主要是苏联、东欧社会主义国家等。后来，由于中苏关系破裂，我国被迫中断同苏联的贸易与经济合作，开始独立自主地推进工业化进程。到 1973 年，我国已同一些发达国家正式建立起了外交关系，为我国正式开启对外开放的大幕奠定了基础。"文化大革命"结束后，当时的国家领导人和理论界开始认识到对外开放对经济发展的重要性，开始派代表团赴境外考察调研。代表团考察调研后的汇报进一步加深了国家领导人和理论界对开放重要性和紧迫性的认识。总体来说，新中国成立初期迫于西方资本主义阵营的经济封锁，我国被迫采取"一边倒"的政策，对开放进行了积极探索。自从对外开放大幕正式开启以来，我国对外开放历程大致可分为以下三个阶段：

（一）1978—2001 年，开放大幕开启到全方位开放阶段

1978 年 12 月，中共十一届三中全会正式拉开了新中国对外开放的大幕。我国对外开放采取渐进方式，先开放沿海地区而后开放其他地区。我国首先设立了经济特区。1979 年 4 月，邓小平同志首次提出要开办"出口特区"。随后不久，广东省的深圳、珠海、汕头三市和福建省的厦门成为出口特区，中央政府允许出口特区实行特殊政策和措施，旨在吸引外资，学习境外先进技术和管理经验。1980 年 5 月，深圳、珠海、汕头和厦门四个出口特区改称"经济特区"。1984 年邓小平同志提出再开放几个港口城市，随后，大连、秦皇岛、天津、烟台、青岛、连云港、南通、上海、宁波、温州、福州、广州、湛江和北海 14 个沿海城市开放。1984 年 10 月，党的十二届三中全会正式将对外开放确立为我国的基本国策。随后，中共中央、国务院决定设立沿海经济开发区，包括长三角、珠三角、闽南三角区及环渤海地区。1988 年海南经济特区正式设立，1990 年上海浦东新区开始开发。从开放领域来看，我国也是采取渐进方式推进对外开放的，先开放制造业后开放服务业，先发展货物贸易后发展服务贸易。在对外开放早期阶段，来料加工、来样加工、来件装配和补偿贸易（简称"三来一补"）是利用外资的重要方式，极大地促进了我国东部沿海地区经济发展。1992 年春天邓小平同志南方谈话后，我国掀起了改革开放的新高潮，先后开放了 6 个沿江城市、13 个边境市县和 18 个内陆城市。这一时期外商投资领域也不断拓宽，外贸体制改革向着纵深推进。至此，我国沿海、沿江、沿边、含内陆地区的多层次全方位开放格局初步形成。

（二）2002—2012 年，加入世界贸易组织后快速发展阶段

2001 年 12 月 11 日，我国正式加入世界贸易组织。作为世界贸易组织成员，我国有义务遵守世界贸易组织的相关规定，由此，我国进入"规则化"对外开放的新阶段，在贸易规则上需要与国际接轨。为了对接国际经贸规则，我国对 2 300 多项法律法规进行了修订，对相关政府文件进行了调整，废除了不符合世界贸易组织相关规定的条文。加入世界贸易组织，大大促进了我国社会主义市场经济体制的完善，开放的领域快速扩大，货物贸易与服务贸易均迅速增长，外贸体制改革取得重大进展，外资加快进入我国，跨国公司掀起了对华投资的热潮，外汇储备也迅速增加。在这个阶段，我国在注重引进外资的同时，开始强调"走出去"战略，鼓励国内企业对外投资和跨国经营，而且开始实施自由贸易区战略。2002 年 11 月，

我国和东盟十国签署了《中国与东盟全面经济合作框架协议》。之后，我国又陆续和多个国家或地区签署了自由贸易协定。加入世界贸易组织，实施自由贸易区战略，有力地提高了我国的贸易投资自由化、便利化程度，促进了我国营商环境的市场化、法治化、国际化程度。这一时期，我国国民经济快速发展，经济总量迅速增长，工业化程度显著提高。

（三）2013年至今，形成全面开放新格局阶段

党的十八大以来，以习近平同志为核心的党中央提出了一系列关于开放发展的新理念和新举措。其一，设立自贸试验区和自由贸易港。自2013年9月27日中国（上海）自由贸易试验区成立开始，国务院先后批准在广东、天津、福建、辽宁、浙江、河南、湖北、重庆、四川、陕西等地设立自由贸易试验区。另外，国务院还决定在我国海南建立自贸区，同时决定在海南开始探索中国特色自贸港建设，力争把海南自贸港打造成我国新时代对外开放的鲜明旗帜。其二，提出共建"一带一路"倡议。"一带一路"为丝绸之路经济带和21世纪海上丝绸之路建设。共建"一带一路"倡议是国家主席习近平在访问哈萨克斯坦、印尼时提出的合作倡议，该倡议意义重大，它包括五个"通"，即政策沟通、道路联通、贸易畅通、货币流通和民心相通。其三，积极倡导共商共建共享的全球治理观。党的十八大以来，国家主席习近平在多个外交场合积极倡导共商共建共享的全球治理观，"一带一路"、AIIB（亚洲基础设施投资银行）、金砖国家新开发银行等已成为我国当前参与国际治理的新平台。近年来，我国积极参与多边贸易体系新协定谈判，不断为全球经济治理体系变革贡献中国智慧。其四，积极倡导人类命运共同体理念。习近平总书记积极倡导人类命运共同体理念，是基于当今世界各国相互依存程度日益加深的客观现实。既然当今世界各国联系如此紧密，在各项事务及活动中你中有我，我中存你，那么各国命运必然休戚相关。各国应当坚持人类命运共同体理念，秉持合作共赢原则，构建新型国际关系。人类命运共同体理念是针对当今世界新形势提出的先进理念，在新冠疫情影响世界各国的过程中得到验证。该理念的宗旨就是要建立一个持久和平、普遍安全、共同繁荣、开放包容、清洁美丽的世界。总之，这一阶段，我国将在习近平新时代中国特色社会主义思想的指导下，努力形成全面开放新格局。

三、我国对外开放取得的历史性成就

自党的十一届三中全会正式开启我国对外开放的大幕以来，我国对外

开放已经取得了巨大成就。外贸出口额从当时的世界第34位上升到现在的第一位，占世界外贸出口额比重显著增加，从当时的不到1%上升到现在的13%左右。2017年我国已成为世界贸易大国，对外贸易额高达41 044.75亿美元。同时，我国的对外贸易结构也不断优化，机电产品和高新技术产品占出口商品的比重越来越大（2018年，机电产品、高技术产品在出口总额中所占比重分别已达58.7%和31.1%）；服务贸易增长迅速，2017年我国服务贸易额就已上升到世界第二位，达到6 957亿美元。并且，我国外资利用额在全球排在第二位，累计超过2万亿美元。同时，我国利用外资的质量也持续提高，高技术行业实际利用外资比重不断提升。"走出去"战略也取得显著成效，2019年我国对外投资1 106亿美元，2019年对外承包工程完成营业额1 729亿美元，积极开展对外劳务合作和对外援助；外汇储备达34 000多亿美元，排在世界第一。几十年的对外开放，显著提高了我国的国际竞争力和综合国力。对外开放为我国发展引进了资金、技术，提升了国内主体的市场意识，推动了社会主义市场经济体制的建立和完善，提高了国内营商环境市场化、法治化和国际化程度，助推了开放型经济体制的形成，也使得我国在完善全球经济治理体系和构建国际新秩序新规则中拥有了更多的国际话语权。而且，我国的对外开放也惠及全球，相关经济数据显示，我国已连续多年对世界经济增长贡献率超过30%。

四、我国对外开放的经验总结

几十年来，我国坚持开放促发展，紧紧拥抱经济全球化带来的机遇，创造了经济发展奇迹。回顾过去，我国对外开放取得巨大成就的经验主要如下：

（一）始终把对外开放作为基本国策

党的十一届三中全会以来，党中央始终把对外开放作为我国基本国策，把对外开放写入《中华人民共和国宪法》和《中国共产党章程》。早在1984年，邓小平同志就指出我国的对外开放是个长期政策。几十年来，我国始终坚持对外开放，在任何挑战面前都毫不动摇，即使经济特区遭到质疑，即使面对苏联解体和东欧剧变，即使面对逆全球化和贸易保护主义。为了更好地融入全球经济，提升对外开放的质量，我国克服重重困难，坚持不懈地进行长达十五年的入世谈判，终于在2001年12月加入世界贸易组织。加入世界贸易组织体现了我国坚持开放促发展的决心，事实也证明加入世界贸易组织快速促进了我国经济发展。正如习近平总书记指出的,"改革开放是决定当代中国命运的关键一招"。

（二）牢牢把握对外开放的主动权

自主和开放并不对立。一方面,自主是开放的前提,国家必须牢牢把握对外开放的主动权,这样才能保证经济安全和国家安全,才不会沦为他国的附庸;另一方面,开放是为了更好地自主,借助开放,参与国际分工,发挥本国的比较优势,更快壮大本国自主能力。牢牢把握对外开放的主动权,主动开放,才能更好地引进国际先进技术、先进装备、先进管理经验,才能更快更好地发展,提高综合国力,增强自主能力。在过去的对外开放中,我国始终坚持结合国情,不盲从,不简单照搬,始终坚持主动、有序、可控的开放。例如,在加入世界贸易组织谈判时,我国坚持对敏感产业设置过渡期,保障了产业安全。再如,对于金融领域,我国坚持实行有限制的开放,旨在防控金融风险。对外开放的历史证明,只有牢牢把握开放的主动权,才能更好地对外开放,开放才能更好地促发展。

（三）坚持党的领导和优秀共产党人推动改革开放的担当

党的坚强领导是我国对外开放取得巨大成就的关键。事实上,对外开放来之不易,离不开一批敢为天下先的优秀共产党人的努力。这些优秀的共产党人敢想敢说敢做,如改革开放的总设计师邓小平同志,如大声疾呼中央放点权给广东的习仲勋同志,如准备让人家"火烧赵家楼"的谷牧同志,如率先喊出"时间就是金钱,效率就是生命"的袁庚同志。正是这批敢闯敢试、信念坚定、不忘初心的优秀共产党人,成就了我国的改革开放事业。

（四）坚持开放与改革的相互促进

开放促使不断改革,是改革的动力,而改革是开放的条件,是开放的保障,二者相辅相成,相互促进。我国东部沿海地区开放快,改革也快。从总体上讲,在我国,开放往往先于改革,我国在对外开放中逐渐认识到与发达国家存在明显的差距,逐渐认识到我国存在的明显的制度短板,这倒逼政府加快制度改革。在对外开放中社会生活逐渐转变,人们的文化观念也逐渐更新,为改革顺利推行创造了良好的环境。对外开放引入外部竞争,倒逼体制机制和管理方式不断创新,营商环境不断改善,增强了经济活力。邓小平同志曾经指出,"改革就是搞活,对内搞活也就是对内开放",对内开放就是改革。我国的改革是涉及经济、政治、科技、教育等领域的全面改革，是在坚持社会主义制度的前提下自觉地改革与发展不相适应的方面和环节，以促进我国生产力发展，促进各项事业的全面进步。改革的深度、效率影响着开放的进程和效果。只有内在改善了，我国才能更好地利用开放所带来的机遇。

（五）坚持渐进式的对外开放路径

我国对外开放取得成功的一个非常重要的经验就是始终坚持渐进式的对外开放路径，不搞所谓的"休克疗法"，不搞急转弯。我国坚持先试点，先取得经验后推广；先解放思想后实践；先有限开放后逐渐推开；先设立经济特区后开放沿海、沿江、沿边，最后再开放内陆地区；先开放东部后开放中西部；先开放制造业后开放服务业；先贸易后投资。这种渐进式开放路径，减少了开放阻力，有利于国家根据内外环境的变化，抓住时机调整对外开放的重点和策略，与时俱进地调整开放发展战略。这样我国既能克服开放可能带来的不利困难，控制开放带来的风险，又可以把握全球化带来的新机遇，有利于我国充分利用国内外两个市场、两种资源来服务国家的发展。坚持渐进式的对外开放路径，需要国家把握好开放的节奏，既要积极作为，又不能操之过急。

（六）坚持顶层设计和尊重基层首创相结合

我国的对外开放取得举世瞩目的成就，既离不开中央的顶层设计，离不开改革开放的总设计师邓小平同志的伟大贡献，又与基层敢为天下先的探索紧密相关。坚持顶层设计，有助于把控风险，保证开放的正确方向，调动中央层面的积极性；尊重基层首创，有利于发挥基层的积极性。二者的上下联动，共同推动了我国开放的成功实践。而且，我国在进行对外开放过程中，始终坚持矛盾的对立统一，坚持马克思主义中国化时代化，坚持在自主选择中学习借鉴外国，反对全盘西化，坚持物质文明与精神文明一起抓，坚持有为政府与有效市场，注重效率与公平的权衡，注重共同富裕，注重共享开放红利。

总之，几十年的对外开放之路，是一条具有中国特色的发展之路，是一条充分发挥我国比较优势与后发优势的发展之路，是一条融入经济全球化的成功之路，是一条开放包容、合作共赢的成功之路，是一条实现中华民族伟大复兴之路。未来，我国将结合对外开放的成功经验，坚持以高水平对外开放促进高质量发展，更加重视引智和引技，推动形成全面开放新格局，促进我国现代化经济体系的建立。

第三节　开放发展理念的现实逻辑

一、党的十八大以来我国开放发展的新特点

党的十八大以来，以习近平同志为核心的党中央继续高举开放的大旗，提出了开放发展的新理念，推出了包括共建"一带一路"倡议、自由贸易区（港）等创新性开放策略，使得我国经济在逆全球化汹涌、新冠疫情肆虐的严峻形势下稳中向好，经济结构更加优化。党的十八大以来，我国对外开放呈现以下新特点：

（一）强调以习近平总书记提出的开放发展理念为指导

随着我国对外开放的不断深入，以及开放的内外环境的深刻变化，我国对外开放实践也日益复杂，面临的挑战和风险也越来越大。新形势下的实践需要新的开放理念来指导，因此，习近平总书记进一步发展了邓小平同志有关对外开放的思想，提出了内涵丰富的开放发展理念。1978 年，党的十一届三中全会正式开启了我国对外开放的大幕。邓小平同志等中央领导人摸着石头过河，努力探索对外开放的意义、方式、路径、范围、领域等，渐进地踏出有序开放的步伐。正如邓小平同志所指出的，中国的发展离不开世界，而现在的世界是一个开放的世界。因此，党的十二届三中全会正式提出"把对外开放作为长期的基本国策"。在邓小平理论的指导下，党中央把兴办经济特区作为对外开放的重要战略，实行从沿海向内地逐渐开放的渐进式方式，充分发挥经济特区的作用，积极利用外资，发展对外贸易，广泛开展对外经济合作，大大加快了我国开放型经济的形成和发展。党的十八大以来，我国经济进入了新常态，内外环境不确定性显著提高，对外开放面临的挑战也明显增大。在新的背景下，习近平总书记把开放发展作为未来较长时期必须坚持的新发展理念之一，要求在更大范围、更宽领域、更深层次上全面提高新时代我国开放型经济水平。开放发展理念是习近平总书记对我国四十多年对外开放实践的理论总结，有着深刻的现实基础，是为了适应当前全球经济新变化和国内开放型经济高质量发展的新要求而提出的。2008 年国际金融危机以来，西方发达国家经济发展减速，复苏乏力，而以我国为代表的新兴经济体却实现快速增长，全球经济格局开始出现重大调整。与此同时，各国为了抢占新一轮产业革命和技术

革命的制高点，纷纷加大投入，竞争异常激烈，西方个别发达国家甚至动用政治手段打压他国高科技企业。并且，贸易保护主义日益猖獗，国际循环面临着重大挑战。从国内发展来看，我国经济正处于从富起来走向强起来的关键时期。正是国际国内环境和发展阶段的变化，正是坚信"未来中国经济实现高质量发展也必须在更加开放的条件下进行"，习近平总书记提出了涵盖开放发展的新发展理念，而互利共赢是开放发展理念的核心思想。

（二）强调提升我国在国际开放规则上的话语权

由现行国际经贸规则的遵守者向制定和改变规则的参与者转变，是开放发展理念的重要内容。在党的十八大以前，我国在国际开放规则上几乎没有话语权，仅是全球经济规则的被动接受者。国际经济秩序主要由以美国为代表的西方发达国家主导，我国在国际分工及交易中常常处于不利地位。为了更好地维护我国的国家利益，引领新一轮的经济全球化，新时代的中国应当具有一定的国际开放规则话语权。显然，一个国家的综合实力和发展成就是构建这个国家国际话语权的基础。经过几十年的发展，我国经济总量显著增加，我国已经成为世界第二大经济体，这既是我国力争全球经济规则话语权的坚实基础，也是我国必须从规则的被动接受者转变为规则的补充完善者的原因。唯有从被动接受者转变为补充完善者，新时代的中国才能更好地开放发展。近年来，我国积极参与 WTO 改革，广泛参与各种区域经济合作谈判，倡议设立了旨在促进亚洲地区互联互通建设和经济一体化进程的亚洲基础设施投资银行，倡导并践行以共商、共建、共享为原则的"一带一路"建设，创新性地提出人类命运共同体理念。通过这些方式，我国正力图补充和完善全球经济规则，为构建更加公正合理的国际经济秩序贡献中国智慧和力量，发出代表发展中国家利益的中国声音。众所周知，现行的国际经济规则及治理体系是在以美国为代表的西方发达国家的主导下建立起来的。客观地讲，这套规则和体系相较于二战前以武力掠夺为特征的丛林法则具有巨大的历史进步性，我国也是得益于这套规则及体系取得了如今的发展成就。但是，对于包括我国在内的广大发展中国家而言，这套规则和体系仍然是不公平的，存在一些不合理之处，如在国际贸易方面发达国家定价优势明显、国际贸易及金融组织中发达国家投票权过大等。而且，近年来，随着全球经济格局的调整，部分西方发达国家内部收入分配失衡，逆全球化思潮兴起，甚至少数发达国家公然破坏包括世界贸易组织争端解决机制在内的国际规则。因此，无论是从维护我国自身利益的角度，还是从保障经济全球化持续健康发展的角度出发，我国都应从开放规则的被动接受者转变为补充完善者。

（三）强调形成全面开放新格局

1978 年改革开放以来的较长时期里，我国对外开放格局突出的特征是单一开放。这种单一开放格局主要表现为：以引进外资为主，对外直接投资极少；以制造业开放为主，服务业开放程度不够；以沿海沿边开放为主，内地开放不足；以兴办经济特区或国别经济开发园区为主，其他形式的载体较少；更为强调发展出口贸易和货物贸易，对进口贸易和服务贸易作用的重视不够；更重视美国、欧盟、日本等发达经济体市场，对广大发展中国家市场开拓严重不足；引进产业以及出口的产品多为劳动密集型，高附加值高技术含量的产业引进较少。这种单一开放格局的形成主要是由当时的国情决定的。经过长达十年的"文化大革命"，国内经济基础极其薄弱，发展资金、技术极其缺乏，各领域人才严重不足。尽管如此，这种单一开放格局仍然取得了显著成就。随着我国经济的快速发展和经济实力的增强，发展高层次、高水平的开放型经济成为新时代中国经济发展的主要目标。党的十九大报告明确提出"推动形成全面开放新格局"的战略部署。推动形成全面开放新格局，要进一步扩大开放的地域范围，不仅要继续重视沿海地区的开放，还要重视沿江、内陆、沿边等广大中西部地区的开放；要进一步拓宽开放的行业领域，不仅要继续重视制造业领域的开放，还要推进服务业的开放；要进一步拓展开放的空间，不仅重视对西方发达国家的开放，还要加快开拓发展中国家市场；不仅要注重高水平引进外资，还要进一步促进对外投资，加快"走出去"的步伐；要在继续坚持传统范围、领域内的开放的同时，更加注重规则等制度型开放。推动形成全面开放新格局，是由我国现阶段的特点决定的。现阶段，我国从经济总量来看已成为仅次于美国的世界第二大经济体，经济总体实力强。但由于我国人口多，摊薄后人均收入水平仍不高，我国尚属发展中国家。这样的特殊国情决定了我国有实力形成全面开放新格局，且必须依靠全面开放新格局，充分利用国内外优势资源和市场，进一步促进我国经济高质量发展。经济总量大意味着国内市场规模大，既有利于构建以国内大循环为主体，国内国际双循环相互促进的新发展格局，增强经济韧性，减少对外部市场的过度依赖，同时也有利于引进更为优质的海外资源及要素。更高层次的"引进来"，可以带动我国企业进一步做大做强，增强我国企业海外投资的实力和信心，有利于我国企业"走出去"，在全球范围内整合和集聚优势资源谋求发展。"发展中国家"的现实意味着我国人均收入尚属中等，意味着尚有很大的发展空间，意味着未来需要继续利用劳动力资源、市场规模等比较优势，继续引进发达国家先进的技术和产业。总之，经济总量世界第二的特点使得新时代中国推动形成全面开放新格局具有可能性，而尚属发展中国家的国情使得新时代我国推动形成全面开放新格局具有必然性。

（四）强调对新一轮经济全球化的推动、引领作用

党的十八大以来，我国对外开放进入新阶段，由过去的简单融入经济全球化转变为积极推动乃至引领经济全球化。改革开放初期，我国主要依靠大量引进外资和积极发展加工贸易，迅速融入西方发达国家主导的全球贸易分工体系中。这一时期，我国成为西方发达国家产业和产品价值增值环节的创造地和全球出口市场。我国当时缺资金、技术的现实状况决定了我国不可能主导当时的国际分工。由此也决定了我国改革开放初期的开放发展只可能是简单融入，逐渐融入。随之而来的是，外资大量进入我国，外贸迅速扩张，尤其是出口额迅猛增长，促进了我国经济的发展。随着国际分工的不断演进，资金在全球寻找成本洼地和市场，不可避免地带来了一些负面影响，如一些国家出现了巨大的贸易逆差，而一些发达国家将这些影响完全归咎于经济全球化，开始采取贸易保护主义措施，实行加征关税、借政治手段打压他国企业等逆全球化举措。在逆全球化倾向越来越严重的形势下，我国积极推进贸易和投资自由化，在各种国际会议和重要场合多次重申要坚决维护自由、开放、非歧视的多边贸易体制，坚决反对各种形式的贸易保护主义，积极通过各种倡议、举措为处于"十字路口"的经济全球化指明方向和道路。我国对外开放开始强调推动、引领经济全球化，既源于外部环境因素的变化，也是由于自身实力的增强。在2008年国际金融危机的影响下，西方发达经济体经济下行，复苏乏力，内部利益分配失序，社会矛盾有所加剧。在此背景下，一些国家开始实行贸易保护主义，由过去的经济全球化主导者变为阻碍者和搅局者，其中最为典型的代表当属特朗普执政时的美国。其间美国与包括中国在内的多个国家产生贸易摩擦，极大地破坏了经济全球化的进程，对世界经济的繁荣发展造成了极大的负面影响，从而也恶化了我国开放发展的外部环境。外部环境的恶化使得我国过去的简单融入经济全球化的开放路径难以持续下去。以美国

为首的少数西方国家奉行的遏制中国崛起的对华战略也促使我国必须转变开放战略，开始主动地、积极地推动和引领经济全球化发展。再从我国自身实力来看，我国现已成为仅次于美国的世界第二大经济体，拥有完整的工业体系和产业链，一些领域的技术世界领先，并且具有素质较高的劳动力资源，有着世界领先的交通基础设施。实力的增强和要素禀赋结构的升级使得我国有能力担当起新一轮经济全球化推动者、引领者的责任。而且，为了实现我国经济高质量发展的目标，构建起以国内大循环为主体，国内国际双循环相互促进的新发展格局，我国也必须注重发挥对新一轮经济全球化的推动及引领作用。

（五）强调构建人类命运共同体

先进的理念引领正确的前进方向。考虑到当前经济全球化的发展趋势，并基于我国开放发展的新阶段，习近平总书记提出了人类命运共同体的先进理念。人类命运共同体理念是新时代我国开放发展的指引，是对马克思主义政治经济学关于国际经济论述的新发展。随着第二次世界大战的结束，世界进入一个相对和平的时期，世界越来越多的国家开始打开国门，尤其是以美国为代表的西方国家开始积极进行跨国投资，积极发展跨国贸易，推动经济全球化，在全球范围内充分利用比较优势整合资源，谋求比较利益。在相对和平的国际环境下各国开展贸易投资合作的理论依据主要是大卫·李嘉图的比较优势理论，即各个国家按照比较优势参与国际分工和贸易，获取比较利益。正是基于比较优势理论，改革开放初期的中国，尚属于发达国家主导的国际分工体系中的弱者，实力不强，只能选择和承接我国当时具有比较优势的产业，如劳动密集型产业，主要发展"两头在外"生产模式，获取比较利益。当时的实力也决定了那时的我国对外开放只能局限于国际分工体系低端以获取比较利益，尚不能对世界经济产生重大影响，无力关切世界其他国家的发展利益。随着我国经济实力的增强，以及美国等少数西方发达国家逆全球化行为加剧，我国的对外开放也逐渐从利用比较优势获取比较利益的单一开放阶段，升华到通过开放发展打造"人类命运共同体"的全面开放阶段。

二、奋力推进新时代更高水平对外开放

目前，西方大多数国家经济复苏乏力、就业压力增加、内部矛盾尖锐，同时国际冲突加剧，我国对外开放的外部环境有所恶化。尽管如此，我国仍将继续推动形成全面开放新格局，实行更高水平的对外开放。为此，我们应当注重以下五点：

一是重视构建互利共赢、安全高效的开放型经济体系。互利共赢是更高水平开放型经济体系的重要特征。当前国际上逆全球化思潮兴起，贸易保护主义抬头，地区间发展不平衡，以及我国传统的比较优势正在减弱，与部分西方国家的贸易摩擦加剧。面对这些现实情况，我国选择用更高的开放水平来应对。我国提出了构建新发展格局，旨在充分利用国际国内两个市场和两种资源，在努力开拓国际市场的同时尽力挖掘国内市场，提升内需，不断增强我国经济的韧性和提升质量。新时代我国将致力于推进合作共赢的共同开放，致力于合作共担共治的共同开放。安全高效是更高水平开放型经济体系的又一重要特征。更高水平开放型经济体系在坚持互利共赢的同时，还应当注重防控风险，坚持底线思维，维护我国的经济安全。随着我国开放水平的不断提高，我国经济所承受的风险和挑战也在加大，受到外部经济波动的冲击也会增大；而且国际热钱流动也会更快，贸易摩擦也会更加频繁，海外经济利益保护面临的难度也会有所增加。为此，我国应当在开放中牢牢把握经济主权，根据需要渐进开放；应当坚持创新，坚持高质量发展，持续提升我国综合实力以增强经济抗风险能力；应当建立风险预警机制，坚持底线思维，不断完善国家治理体系，加强治理能力建设；应当提升我国国际规则话语权，主动参与构建国际经济新规则。

二是重视培育国际经济合作竞争新优势。随着我国经济发展水平日益提高，以及经济结构技术含量不断增加，我国和发达国家之间的竞争将会更加激烈，垂直分工将逐步转向水平分工。更高水平开放型经济要求我国逐渐由靠劳动力资源优势取胜转变为靠创新、技术竞争优势取胜，强化创新政策，鼓励研发，促进成果转化率提升。我国现有的竞争优势表现在：经济规模世界第二，市场规模大，有着较为庞大的中等收入群体，拥有全世界最齐全的工业体系，在5G、无人机、量子通信技术、人工智能等领域技术领先，交通、通信等基础设施比较完善。在这些优势的基础上，我国应当持续强化内育外引，推进技术和制度创新，集聚全球高端要素，提高我国产业在全球价值链高附加值环节中所占的比重。

三是重视完善对外开放战略布局。推进新时代更高水平的对外开放，需要重视完善开放发展的区域布局、贸易布局及海外投资布局。其一，完善区域布局，努力形成以国内大循环为主体、国内国际双循环相互促进的新发展格局。以国内大循环为主体，绝不是关起门来封闭运行。新发展格局的形成需要努力挖掘内需潜力，需要增强我国经济的自主能力和韧性。新发展格局要求我国国内市场和国际市场更好地联通，实现高质量和可持续发展。我国各个区域经济发展水平、对外开放的程度都有差异，应当探索不同的开放发展路径。沿海发达地区注重发展先进制造基地，强调"走出去"，注重发展战略性新兴产业，把一些劳动密集型产业转移到中西部地区，形成沿海与内地优势互补的供应链体系。其二，完善对外贸易布局，使我国从贸易大国迈向贸易强国。我国应当重视强化产品创新，适应并引导消费结构不断升级，提高发达国家市场占有率，拓宽亚洲、非洲、拉丁美洲市场覆盖率，优化国际市场布局；应当优化进口规模和结构，尽力争取做到进出口动态平衡；应当不断提升贸易数字化水平，促进跨境电商发展，优化中欧班列开行频率和线路。其三，注重完善投资布局，既要开展海外投资并购，提升我国企业在全球价值链和产业链分工中的地位，又要调整外商投资的领域。而且，我国需要渐进开放金融、教育、康养等领域，并继续吸引先进制造业，优化产业结构。

四是要积极参与全球经济治理体系变革。当今世界正经历百年未有之大变局，全球经济治理体系的不适应性显著提升。为了有力保障全球经济的持续发展，全球治理体系必须变革，唯有变革，才能适应国际经济格局的新要求。我国将积极参与全球治理体系的变革，在变革中发挥建设性作用。为此，我国应当积极推动构建互利共赢的多边贸易体制及各国平等参与的世界经济治理机制，努力发挥大国影响力，提高国际事务话语权，为补充完善国际贸易及投资规则贡献中国智慧，为维护广大发展中国家的正当权益发声。

五是推动经济全球化，注重构建人类命运共同体。在逆全球化日益严重的挑战下，习近平总书记一再强调：中国将坚定不移扩大对外开放，实现合作各方互利共赢。奉行互利共赢的开放战略，是我国的战略选择，其目标在于构建更加全面、深入和多元的对外开放新格局，促进我国经济高质量发展，促进人类共同进步。新时代中国将进一步加强区域经济合作，推进自由贸易区战略，坚定维护以世界贸易组织为核心的多边贸易体制。习近平总书记所倡导的人类命运共同体理念是主张开放合作、互利共赢的先进理念，是主张各国同舟共济，反对贸易保护主义的开放的理念，是引领新一轮经济全球化朝着更加开放、包容、普惠、平衡、共赢的方向发展的正确理念。人类命运共同体理念所内含的共商、共建、共享的原则适应了全球经济治理体系变革的需要。为此，推进新时代更高水平的对外开放，应当朝着构建人类命运共同体的方向努力，以互利共赢为原则推动新一轮经济全球化。

第十一章 共享发展理念的理论逻辑、历史逻辑与现实逻辑

第一节 共享发展理念的理论逻辑

共享发展理念是新发展理念的核心环节，与"创新""协调""绿色""开放"共同构建起新发展理念体系。这五个方面各有侧重、相互作用，形成有机的统一体。共享发展理念以人民为主体、以人民为动力、以人民为共享对象、以人民要求为评价尺度。共享发展理念是社会主义本质的要求，是中国共产党全心全意为人民服务宗旨的体现。

一、"共享"之于新发展理念的逻辑自洽

"共享"与"创新""协调""绿色""开放"内涵和外延虽有显著差别，但共同指向人民对美好生活的向往和党全心全意为人民服务的宗旨。深刻理解"共享"与"创新""协调""绿色""开放"的辩证关系，厘清新发展理念"应然"与"实然"的逻辑，是新时代完善马克思主义体系的内在要求。

（一）共享发展理念与创新发展理念的辩证关系

1. 共享发展是创新发展的目标

创新是针对以往或现有的工作方式、生活方式或制度环境的变革。创新顺应生产力发展的要求，在理论、科技以及制度层面出现递进突破。创新是自我的继承和汲取广泛知识与经验后的扬弃。作为新发展理念的两个方面，创新发展理念与共享发展理念相互作用，相互激励。"方向决定道

路，道路决定命运。"① 无论我国出现了怎样的创新，归根结底都是以人民为主体、为增进人民的福祉而进行的创新。故创新的本质与社会主义的本质，和我们所为之奋斗的共产主义理想协调一致。

共享发展是社会主义的本质特征。从共享发展理念与创新发展理念出发，创新天然服务于共享发展目标。创新因其机遇与条件的差异尽管会有诸多的发展方向，但落实到根本就应该服务于广大人民的需求。广大人民的需求源于存在着差异的独立主体，表现为不同人各有不同的需求。但是这些需求都可以涵盖在当下的需求和更为长远的未来需求两个方面。需求有当下与未来的区别，创新也有短期和长期的分别。无论是什么阶段的需求、具体是哪些方面的需求，创新发展的目标都一定是紧紧围绕着人民的需求展开和推进的。共享发展是创新的目标，全面的共享发展反过来要求全面的创新。全面创新包括教育、科学、文化、社会制度层面的创新，全面创新并不排斥紧随人民需求的重点领域的创新，也鼓励重点突破。比如在根本的制度领域、科技领域、民生领域，这些领域的创新具有时代的紧迫性和长远发展的必要性，需推动这些方面更多更快地创新。

2. 创新发展是共享实现的手段

创新的目的在于成果的分享，成果分享受限于资源条件，有限的资源条件与人民不断提高的物质文化需求之间存在矛盾。冲突与矛盾的解决不是抑制人民日益增长的物质文化需求，而是要通过创新不断创造出新的生产方式、寻找到更有利于物质和精神成果积累的途径，为人民不断供给物质和精神财富。"一切社会变迁和政治变革的终极原因，不应当到人们的头脑中，到人们对永恒的真理和正义的日益增进的认识中去寻找，而应当到生产方式和交换方式的变更中去寻找"②。

从创新提供共享成果的具体内容来看，共享理论的创新为精神财富和物质财富的共享提供了理论支持。来源于实践同时又指导实践的理论引领着共享财富的方向，构建着共享财富的步骤与体系，通过创新的方式实现对共享财富的保障。这要求建立共享机制，并由这样的机制促使分享财富方案的实施。机制的静态部分由具体保障分享的制度构成，静态制度的协同运作则构成机制的动态部分，体现出机制的质的特性。共享理念包含的内容极其广泛，涵盖人民群众所需要的物质财富和精神财富，更广义来

---

① 习近平. 习近平关于全面深化改革论述摘编 [M]. 北京：中央文献出版社，2014：14.

② 马克思，恩格斯. 马克思恩格斯文集：第九卷 [M]. 北京：人民出版社，2009：284.

讲，其还包括生态、文化等方面。人民需求的广泛性和多样性都需要通过创新来实现。

（二）共享发展理念与协调发展理念的辩证关系

协调发展是实现共享的路径①。协调发展理念作为新发展理念之一，是针对近年来我国经济和社会发展过程中不均衡不充分的现实状况所提出的。我国虽幅员辽阔，但是不同地区的自然条件有极大的差别。东部沿海地区物产富饶且交通便利，同时又享有改革开放的先机，所以从经济社会的发展水平来看，明显要高于全国其他地区。

中西部地区区位的相对弱势以及某些西部地区恶劣的自然条件，使中西部地区与东部地区在经济和社会发展上存在着较大的距离，这样一来，东部发达地区对人力资源、社会资本的吸引又产生了马太效应。东部发达地区经济社会效益越好，资本聚集越多，吸引来的优秀人才就越多，中部地区和西部地区便成为资本和优秀人才流出地。因此在这种背景之下协调区域发展便显得尤为重要，我们既要进一步推进西部大开发，又要推动中部地区的崛起，还要创新引领率先实现东部地区的优先发展，使区域处于一种更加有效的协调发展状态。要促进中部地区和西部地区快速发展，就要与东部地区共享社会经济发展的成果。除此之外，还要努力缩小我国的城乡差距，要通过政府投资以及城乡一体化建设等机制，使我国农村变得更加美好，农村居民和城市居民都能够享有社会经济发展的成果。

协调发展理念也强调社会的全面协调发展。近年来，一些地区只注重物质文明建设，而忽视了精神文明建设，当地社会为此付出了巨大代价。在以后的社会发展中，凡是不可持续的方式将难以为继，良性的社会发展应当有经济、社会文化、道德水平的共同发展及其成果的共享，协同发展理念为经济、社会、道德等方面的成果共享提供着指引。

人与生态的关系也在不断地被修正。最初，人与自然之间被认为是征服与被征服、改造与被改造的关系，然而无数的例子告诉人们，人与生态和自然之间的关系只能是和谐相处而无法改变自然和征服自然。改变自然和征服自然的最终结果是人类自身深受其害。协同发展理念强调人类社会的发展须和生态环境的保护相协调，广大人民在人与生态的协同发展中，共享发展成果。

---

①　中国共产党第十九次全国代表大会文件汇编［C］. 北京：人民出版社，2017：19-26.

（三）共享发展理念与绿色发展理念的辩证关系

1. 绿色发展理念是对传统发展方式的反思

工业革命以来，技术发展突飞猛进，西方发达国家创造了数十倍于过去历史时期的物质财富，消费主义盛行。支撑着一些西方发达国家富人的奢侈生活方式的，是有限的自然资源。英国伦敦作为发达国家的大都市，现在呈现着蓝天碧水的景象，但是当年"雾都"的景象却在人们记忆中挥之不去。近几十年来，自然资源的消耗呈加速状态，资源与环境的承载力到了临界点。人类社会将如何走下去？对这个举世关注的问题，罗马俱乐部在20世纪70年代的《增长的极限》一书中预言，指数级的能源消耗及其带来的高污染会终结人类文明。与罗马俱乐部悲观的论调不同，20世纪80年代末，以英国人皮尔斯为首的研究者态度更为温和。他们认为人类如果改变资源开发和利用方式，就可以在社会发展与生态保护之间找到平衡，他们据此提出了绿色发展的思想。

2. 绿色发展是当下广大人民共享的福祉

绿色发展理念立足于资源效率的提高和环境生态与人类发展的协调。有别于过去资源的无序甚至是破坏式使用，绿色发展理念强调对过去的经济增长方式予以反思和修正。单位产能计算的排污量要不断减少、单位产出的碳排放量要显著降低。这是减少雾霾天气数量，还人民蓝天碧水的不二选择。

经济增长不是简单的GDP增加，最终要体现为人民的福祉。污染的水灌溉不了肥沃的土壤，更培育不出无害的庄稼。以牺牲环境和健康为代价的经济增长注定是不可持续的。发展不能贪图一时之利益，更要"风物长宜放眼量"。发展的成果必须由全体人民共享，全体人民共享的必须是健康、可持续的成果。经济发展除了满足当下人民群众的广泛需求，还必须践行"绿水青山就是金山银山"的理念。各级政府和社会必须认识到良好的生态环境同样也是发展带来的成果，也是我们赖以生存的物质和精神财富。

3. 绿色发展是当下人民与未来后人共享的发展

建设资源节约和环境友好型社会，功在当代，利在千秋。绿色发展理念与共享发展理念不单适用于现在，还有利于子孙后代。当代人创造的财富不能够只是为这一代人所享受，还要为后世子孙留下生存和发展的空间。"坚持节约资源和保护环境的基本国策，像对待生命一样对待生态环境，统筹山水林田湖草系统治理，实行最严格的生态环境保护制度，形成绿色发展方式和生活方式，坚定走生产发展、生活富裕、生态良好的文明发展道路"①。

（四）共享发展理念与开放发展理念的辩证关系

1. 开放是国家汲取世界先进文化的前提

开放是实现我国与世界共同繁荣发展的根本出路。过往的历史告诉我们一个颠扑不破的真理，即国家闭关自守就会落后挨打，关起来的大门也会被强行打开；国家敢于对外开放，善于向世界先进文化开放和学习，国家就会蒸蒸日上。改革开放已经40多年，在这40多年中，中国经济社会发生了翻天覆地的变化。深圳从一个南海边的小渔村发展成为现在世界瞩目的创新城市，这是深圳自身的变化，更是中国40多年来巨大变化的缩影。"改革"与"开放"一直是这40多年来的热词，改革是自身的变革，开放又何尝不是促进中国自身发展的开放。

善于学习的中国人坚持"引进来"和"走出去"。"引进来"的是资本、技术和先进的管理经验，"走出去"的是大型企业和中国人民勤劳善良的国际形象。随着国际交流与互动的增多，我们与世界其他国家的交流从经济层面逐步向技术层面、学术层面、文化层面扩展。机遇与挑战并存的时代，中国人民坚持对外开放，就是虚心学习世界先进文化。打开国门，境外的一些文化糟粕会乘虚而入，会对中国的社会和文化形成一些负面影响。但对外开放，积极因素是主流。中国开放的步伐不会放慢，与世界的联系将会更加紧密，从一年一度的"广交会"到盛况空前的"进博会"，都证明了这一点。

2. 与世界共享成果是开放可持续的保证

勤劳善良的中华民族一向懂得投桃报李。中国在开放的过程中博采众长，创造了丰富的物质财富和精神财富。对于这些物质财富和精神财富，中国也不会独占。在对外开放的过程中，中国源源不断地向世界展示和提供自己所创造的物质财富和精神财富，因为中国深知地球是个"村"，世界各国是命运的共同体。世界各国人民安居乐业、共同富裕，是世界走向和平与安宁的根本保障。

中国是世界上人口最多的发展中国家，中国政府从来就没有忘记自己

---

① 中国共产党第十八届中央委员会第五次全体会议公报 ［EB/OL］. （2015-10-29）［2023-09-11］. http://news.12371.cn/2015/10/29/ARTI1446118588896178.shtml.

应当承担的使命和职责。在国际社会中，中国坚持独立自主的和平外交政策，努力发展睦邻友好合作关系；基于"合作共赢"的目标，中国开展了多层次全方位的国际合作。1991 年中国加入亚太经合组织，并加强了与组织成员在经济、政治方面的合作交流。2001 年中国加入世界贸易组织，开启了与世界贸易组织成员深入展开经贸合作之旅。2013 年中国发起的共建"一带一路"倡议，得到周边国家广泛认同。该倡议从区域发展实际出发，积极促进共建"一带一路"国家间经济文化的交流及友好合作。作为一个负责任的大国，今天中国在国际舞台上已经展现出独特的魅力，为世界各国之间加强合作提供了一个典范。

中国和周边国家形成了良好的合作关系。如中国东盟自由贸易区、上合组织等都是合作的典范。中国还是国际秩序的坚定维护者，我国拥有联合国安理会常任理事国的身份，认真履职，积极参与国际事务，为世界和平做出了重要的贡献。总之，我国"必须统筹国内国际两个大局，始终不渝走和平发展道路、奉行互利共赢的开放战略，坚持正确义利观，树立共同、综合、合作、可持续的新安全观，谋求开放创新、包容互惠的发展前景，促进和而不同、兼收并蓄的文明交流，构筑尊崇自然、绿色发展的生态体系，始终做世界和平的建设者、全球发展的贡献者、国际秩序的维护者"[1]。

（五）共享发展理念是其他发展理念逻辑递进的结果

共享发展理念主要解决的是物质财富和精神财富如何分配的问题。"人们奋斗所争取的一切，都同他们的利益有关。"[2] 共享发展理念在新发展理念中具有核心地位。创新发展理念、协调发展理念、绿色发展理念、开放发展理念最终都要通过实现财富共享来体现。创新是财富创造的源泉与动力、更多更好的财富供给由创新所完成。协调要求财富创造的过程需要各种资源的有机整合，各要素之间不冲突、不矛盾并且可以相互配合，各区域、各层次井然有序。绿色发展则是为财富创造划出了一条不可逾越的底线，即财富创造不能以破坏生态环境为代价，也不可走西方国家先污染再治理的老路。事先规划、科学决策、严格执行生态环境法律法规是财富创造的前提条件，如果生态环境遭到破坏，人民的生命健康受到威胁，则再多的财富也毫无意义。开放是国家进步的外部条件，共享则因此具有

① 中国共产党第十九次全国代表大会文件汇编 [C]. 北京：人民出版社，2017：19-26.
② 马克思，恩格斯. 马克思恩格斯全集：第一卷 [M]. 北京：人民出版社，1956：82.

了更广泛的适用范围，共享既是国内广大人民的共享，也是我国与全球所有爱好和平的国家的共享。故而共享发展理念是以创新发展理念、协调发展理念、绿色发展理念、开放发展理念为基础的更高层次的要求，给其他四个发展理念的践行提供了方向。

二、共享发展理念的政治寓意

（一）共享发展理念以肯定人民主体性为前提

唯物主义和唯心主义在认识论、方法论等诸多方面存在着根本的对立。唯心主义者认为历史是英雄和少部分人创造的，人民群众只是被动的历史的接受者。唯心主义者抹杀了人民群众在历史进步中的价值与作用，否认了人民群众对历史的根本性推动作用，最严重的是彻底动摇了被压迫者反抗压迫的决心和意志。否定人民创造历史，其本质上就是否定人民反抗压迫、维护自身权利的正当性，也否定了人民革命的可能和意义。人类历史究竟是广大人民群众推动的还是压迫者眼中的个别英雄推动的，在马克思这里早有鲜明的回答，"任何改造世界的运动只存在于某个上帝特选的人的头脑中"。"这些人怀疑整个人类，却把个别人物神圣化。他们描绘出人类的天性的可怕形象，同时却要求我们拜倒在个别特权人物的神圣形象面前。我们知道个人是微弱的，但是我们也知道整体就是力量。"①在马克思的思想中，人民才是历史的创造者、社会的推动者。

人民群众是历史的创造者，从现存的无数文物古迹看，劳动人民的智慧和创造力令人惊叹。古埃及的金字塔、中国的万里长城、雅典的圣殿、古罗马的竞技场等，这些至今还存在的古迹正是当年无数劳动人民血汗的结晶。人民群众还是精神财富的传承者，巴赫的小提琴演奏曲、贝多芬的钢琴曲至今还广为人们传唱；中国文学史上的四大名著至今影响着无数的后人。尽管以前的人处于落后的生产力条件下，但劳动者还是能够充分发挥主观能动性，一方面尽可能地改造劳动工具，另一方面也改造着劳动对象。进入工业革命之后，蒸汽机等技术的涌现，愈发证明广大人民在技术进步过程中的传承和推动作用。"如果有一部考证性的工艺史，就会证明，18世纪的任何发明，很少是属于某一个人的。"②

---

① 马克思，恩格斯. 马克思恩格斯全集：第一卷 ［M］. 北京：人民出版社，1956：80，630.
② 马克思，恩格斯. 马克思恩格斯文集：第五卷 ［M］. 北京：人民出版社，2009：428-429.

肯定人民推动历史前进的主体性地位，关键意义在于促进广大人民意识上的觉醒，即人民群众才是历史和社会的主人，一切剥削者都是阻碍社会前进的反动势力，注定会被历史抛弃。人民群众才是历史和社会的主人，所以人民要敢于斗争、善于斗争。人民群众要充分发挥自己的主观能动性、抛开禁锢、全身心投入美好生活的创造中去。伟大的工程要人民去建设，伟大的斗争要人民去参加，伟大的事业要人民去创造。"我们的革命仍然是而且在世界历史面前一定是伟大的，不可战胜的，因为这是第一次不是由少数人，不是仅仅由富人、仅仅由有教养的人，而是由真正的群众、由大多数劳动者自己来建设新生活，用自己的经验来解决社会主义组织工作中的最困难的问题。"①

（二）共享发展理念以维护人民利益为中心

1. 全心全意为人民服务是党的宗旨

中国共产党是以马克思主义为理论指导的政党，中国共产党成立的宗旨就是全心全意为人民服务。无数革命先烈抛头颅洒热血，最终建立了新中国。从中国共产党成立起到今天，中国共产党人一直奋勇前进、砥砺前行，用行动践行全心全意为人民服务的宗旨。2012年底，习近平总书记在河北省阜平县考察时指出："我们讲宗旨，讲了很多话，但说到底还是'为人民服务'这句话。我们党就是为人民服务的。"② 具体到每个党组织和党员，就是要按照党的要求为最广大的人民群众谋福利。党成立的目的以及党的路线、方针、政策都紧紧围绕着全心全意为人民服务这一宗旨，具体体现为党要为人民更好地获取物质财富和精神财富服务，并通过社会主义制度保障人民群众获得的物质财富和精神财富不被侵犯。

2. 维护广大人民群众利益是社会主义的本质

社会主义的本质是解放生产力，发展生产力。解放生产力、发展生产力必然带来整个社会成果的极大丰富，包括物质成果和精神成果。中国共产党坚持以公有制为主体，引领中国人民前进在社会主义大道上。社会主义的优越性，只有广大人民群众真正过上幸福美满的生活才能够得以体现。"结束牺牲一些人的利益来满足另一些人的需要的状况；彻底消灭阶级和阶级对立；通过消除旧的分工，通过产业教育、变换工种、所有人共

---

① 列宁. 列宁全集：第三十五卷［M］. 北京：人民出版社，1985：60.

② 中共中央文献研究室. 论群众路线：重要论述摘编［M］. 北京：中央文献出版社，2013：128.

同享受大家创造出来的福利，通过城乡的融合，使社会全体成员的才能得到全面发展——这就是废除私有制的主要结果。"① 维护广大人民群众的利益，既包括政府创造广大人民群众参与经济活动、从经济活动当中获得共享收益的机会，也要求政府营造出良好的营商环境，营商环境的改善能够降低广大人民群众创造财富、获得财富的成本。总之，中国特色社会主义就是要维护广大人民群众的利益。这也体现着中国特色社会主义的优越性。

维护广大人民群众的利益，要承认物质利益是人民群众最关注的利益之一，"贫穷不是社会主义"。社会主义对于广大人民群众来讲，就是要充分满足人民在物质和精神层面的利益。过去很长一段时间，我们把贫穷作为社会主义的本质，认为越穷越光荣，越富越丑恶。这些观点有违马克思主义基本原理，有违人民群众的认知。1844 年，马克思、恩格斯在《神圣家族》中就强调了利益尤其是物质利益对人民的激励作用："应该严格地分清：群众对目的究竟'关注'到什么程度，群众对这些目的究竟怀有多大'热情'。'思想'一旦离开'利益'，就一定会使自己出丑。"②

（三）共享发展理念以人民的力量为支持

1. 人民的主观能动性是推动共享的基本力量

马克思主义者认为生产力决定生产关系，生产关系反作用于生产力。生产关系是指生产过程中生产资料归谁所有、生产者之间的相互关系如何、劳动产品如何分配？该过程中劳动者是非常重要的要素，作为劳动者的人民反作用于生产力，主要依靠的就是劳动者的主观能动性。当社会的生产关系得到解放，劳动者对未来生活充满希望，劳动者的劳动就带有极大的主观能动性。劳动者愿意付出，愿意创造，愿意参与财富的积累。当大量的劳动者都以同样的心态从事劳动的时候，整个社会的物质财富和精神财富就会有极大的积累，增加可共享的财富。广大人民从劳动中创造财富，同时广大人民又可以积极地参与到财富的分配当中。所以，共享理念须以人民的力量为支持，财富由人民来共享。习近平总书记认为："实现中国梦，最终要靠全体人民辛勤劳动，天上不会掉馅饼！特别是要加强对广大青少年的教育，让他们从小就树立起辛勤劳动、诚实劳动、创造性劳动的观念，不要养成贪吃懒做、好逸恶劳、游手好闲、投机取巧、坐享其

---

① 马克思，恩格斯. 马克思恩格斯选集：第一卷 [M]. 北京：人民出版社，2012：308-309.
② 马克思，恩格斯. 马克思恩格斯文集：第一卷 [M]. 北京：人民出版社，2009：286.

成等错误观念。"①

2. 党的群众路线是制胜的关键

从秋收起义到南昌起义，中国共产党一路斗争、一路成长，最重要的经验总结就是党的群众路线，即发动群众、依靠群众。党的群众路线指引着社会主义建设。从1949年新中国成立到现在，我们经历了无数的挑战，在每一次历史的关节点上，人民群众的支持和帮助都成为我们党取得胜利的关键，党的群众路线是我们党这些年从一个胜利走向另一个胜利的至关重要的经验。党的群众路线意味着社会主义事业的成果依靠群众所创造，所以社会财富的分配也要面向广大的人民群众。习近平总书记指出："人民群众是我们力量的源泉。每个人的力量是有限的，但只要我们万众一心、众志成城，就没有克服不了的困难；每个人的工作时间是有限的，但全心全意为人民服务是无限的。责任重于泰山，事业任重道远。我们一定要始终与人民心心相印、与人民同甘共苦、与人民团结奋斗，夙夜在公，勤勉工作，努力向历史、向人民交出一份合格的答卷。"历史和财富由人民创造，财富由人民共享，过去如此，未来也必须这样。

3. 渐进式共享由人民共建

社会主义的共享是广大人民群众的共享，因为广大的财富由人民群众所创造。但是共享的过程是一个循序渐进的过程，因为物质生产和精神文化生产不能一蹴而就，总是有先有后、循序渐进。在社会财富和精神财富分配的层面上，广大人民并非都能够同时分享到财富，可能一部分人会先富起来，另外一部人需要得到帮助才能够富裕起来。社会主义的本质不是贫穷，在奔向社会主义美好生活的大道上，一个都不能少，在社会财富的分享问题上一定是先富带动后富，最终实现共同富裕。

（四）以增益人民幸福为内容的全面共享

1. 人民幸福与共享发展理念

幸福是主观体验，但幸福取决于一定历史时期的财富。这种财富既包括物质财富，也包括精神财富。财富分配过程尤其是分配的正义，决定着人们的幸福感。"我们为社会主义奋斗，不但是因为社会主义有条件比资本主义更快地发展生产力，而且因为只有社会主义才能消除资本主义和其他

---

① 习近平. 习近平关于实现中华民族伟大复兴的中国梦论述摘编［M］. 北京：中央文献出版社，2013：86-87.

剥削制度所必然产生的种种贪婪、腐败和不公正现象。"① 不仅要提高广大人民的物质财富和精神财富，还要增强人们的幸福感，幸福感的很大一部分源于财富的公平分配与共享，共享可以不断地增益广大人民的幸福感。

一定时期内，物质可能不是那么丰富，但是因为分配的公平，以及社会的风清气正，广大人民可能幸福感会比较高。相反，一些国家和地区尽管经济迅速增长，积累了巨大的社会财富，但如果财富只集中于少部分人手中，而多数人获得不了财富，也就无从谈起幸福感。这样一种物质财富的增长是没有意义的，所以共享发展理念与人民群众的幸福感紧密相连、密不可分。

2. 内容上的全面共享

共享是全面的共享，全面的共享意味着不仅要追求物质财富的共享，也要推崇精神财富的共享，还要在创造物质财富与精神财富过程中，让广大人民群众共享政治权利、受教育的权利等。物质财富的创造和精神财富的创造，须以保护生态环境为底线，以经济社会可持续发展为前提，这样的共享才是真正意义上的共享。所以从共享的内容来看，我们已经开始关注经济层面的共享，之后要发展为内容更丰富的共享。共享与生产力的提升紧密联系，生产力的提升反过来作用于生产关系中的人和物。故而从内容来看，共享一定是全面的共享。

3. 主体与时空上的全面共享

共享发展理念以人民为主体，意味着共享是主体最为广泛的共享，无论是社会当中的精英阶层还是普通群众，无论是汉族人民还是少数民族同胞，无论是哪一类职业的从业者，都享有参与全面共享的权利，不因为年龄、性别、经历、职业的因素而受到歧视和限制。以最广泛的人民为主体的共享，是中国特色社会主义的本质要求，是党的宗旨的体现。

最广泛的共享主体，还不囿于时间和空间的限制。新民主主义革命时期，中国共产党进行土地革命，实质就是对作为生产资料的土地资源的共享，同时还赋予参与土地革命的人民群众以相应的政治权利，这些举措受到广大人民的拥护。新时代依然强调广大人民群众的参与。我国按劳分配、多劳多得的分配原则，与广大人民群众共享财富的理念相得益彰，共同激励和保障全体人民能够公平地享有社会财富。"树立共享发展理念，就

---

① 邓小平. 邓小平文选：第三卷 [M]. 北京：人民出版社，1993：143.

必须坚持发展为了人民、发展依靠人民、发展成果由人民共享，作出更有效的制度安排，使全体人民在共建共享发展中有更多获得感，增强发展动力，增进人民团结，朝着共同富裕方向稳步前进。"① 共享物质财富和精神财富，还应该消除区域差异和区域壁垒，无论是西部大开发、乡村振兴战略还是城乡一体化，都在努力消除空间上的差异和不平等，令身处不同区域的人民能共享财富。

第二节　共享发展理念的历史逻辑

一、马克思列宁主义中的共享理念

第一，马克思主义产生于资本主义社会自身矛盾无法调和、无产阶级觉醒并进入世界政治舞台的背景之下。在经济基础层面，马克思主义强调无产阶级通过自己的努力和斗争，尽可能共享生产资料。恩格斯的《共产主义原理》中描述未来的共产主义社会是"结束牺牲一些人的利益来满足另一些人的需要的状况"，是"所有人共同享受大家创造出来的福利"②。马克思和恩格斯所谈到的经济利益共享，蕴含着生产资料的所有制形式，即无产阶级创造出的经济利益由无产阶级来共享。而无产阶级共享这份财富，一方面确保作为社会底层的无产阶级，能够得到最基本的生存保障；另一方面也用于无产阶级生活条件的改善。

第二，从上层建筑层面来说，生产资料共享，注定了生产过程中无产阶级的地位平等以及劳动成果可以共享，是人类历史上破天荒的举措。这决定了在政治领域，广大的无产阶级能够真正参与到社会的治理和社会活动当中，无产阶级将拥有平等的政治地位和社会地位，他们将共享治理国家和社会的权力。无产阶级会获得广泛的权利，而其中深刻改变整个无产阶级历史状况的，一定是妇女和儿童获得受教育的权利。这样，妇女能够得到极大的解放，通过获得知识和教育，参与到经济活动和政治活动当中。而作为无产阶级后代的儿童，能通过公共和免费的共享教育来改变自

---

① 中共中央宣传部. 习近平总书记系列重要讲话读本 [M]. 北京：学习出版社，人民出版社，2016：129.

② 马克思，恩格斯. 马克思恩格斯文集：第一卷 [M]. 北京：人民出版社，2012：411.

己的状况，从而实现未来人生的改变。教育和知识得到共享，由此所产生的文化也可以共享。这样的文化能滋养无产阶级，使无产阶级具有不同于资产阶级的革命气质，同时文化的传承还能够使这样的气质不断传播。

二、毛泽东思想中的共享理念

毛泽东同志出生时中国属于半殖民地半封建社会，他对社会的种种丑恶以及广大无产阶级和农民的绝对贫困有切身的体会。毛泽东同志从投身革命开始，就立志将广大无产阶级的共同富裕和幸福生活作为自己毕生的奋斗目标。

新中国成立以后，毛泽东同志等国家领导人首先巩固公有制，通过生产资料所有制的形式为共同富裕奠定了基础。公有制保障了社会主义社会不会出现极大的贫富差距，也能够在此基础之上实现广大无产阶级的共同富裕。在确定了各自的物质基础以后，毛泽东同志等还奠定了社会主义制度的基础，社会主义制度的基础归根结底就是以制度的刚性形式保证公有制作为经济基础不变，以这种制度来保障无产阶级的生产资料公有制和共同富裕的分配制度。这是资本主义制度所无法比拟的，是社会主义制度优越于资本主义制度之处。

毛泽东思想中的共享理念特别强调反对官僚主义，保障民生。毛泽东同志对官僚主义极其反感，其执政之后也多次对官僚主义进行整顿，目的就在于保障广大的无产阶级能够共享国家治理的权利，最重要的则是通过对共同富裕的追求来保障民生。

毛泽东思想中的共享理念并非绝对追求公平，而是要坚持按劳分配的原则，强调公平优先，均中求富。"在现阶段，在很长的时期内，至少在今后二十年内，人民公社分配的原则还是按劳分配。"[①] 这种共享理念在毛泽东同志执政的初期尤为明显。

三、邓小平理论中的共享理念

邓小平理论中的共享理念，除根植于中国革命的实践外，也源于新中国成立后的重大事件。"文化大革命"期间，社会主义的本质被模糊，富裕与生产力的标准被颠倒，甚至还产生了"贫穷才是社会主义"的错误认

---

① 中共中央文献研究室.建国以来毛泽东文稿：第九册［M］.北京：中央文献出版社，1999：442.

识。邓小平同志在"四人帮"倒台以后重新回到权力中心，面对的就是对社会主义本质的澄清和落后的经济社会如何得到发展的问题。在对"四人帮"的错误理论进行思考后，邓小平同志提出的共享理念就具有了划时代的进步性。

社会主义本质中更重要的是达到共同富裕。这要通过物质财富和精神财富的共享，让人民群众的物质文化生活水平得以不断提高。

第一，小平同志认为要大力发展生产力，生产力是物质财富和精神财富能够共享的前提和基础。大力发展生产力，创造出更多的财富，才有可能为广大的人民群众提供足够的财富。若生产力落后，则没有能力为广大的人民群众提供足够的财富基础。

邓小平同志强调贫穷不是社会主义，共同富裕才是社会主义。历史经验告诉我们，绝对的公平不能促进生产力发展，邓小平同志认为我国必须走先富带动后富，最终大家实现共同富裕的道路，这样最终也就实现了财富共享。邓小平同志曾尖锐地指出："少部分人获得那么多财富，大多数人没有，这样发展下去总有一天会出问题。分配不公，会导致两极分化，到一定时候问题就会出来。这个问题要解决。"①

第二，先富带动后富的理念要以制度的形式予以肯定和巩固，并且邓小平同志提出要分三步走，逐步实现小康社会，实现社会主义现代化。我们可以通过取得的现实的成就，告诉那些对社会主义、共产主义有怀疑的人，只有真正的社会主义和共产主义，才能够真正带来人民群众的共同富裕。

第三，从共同富裕的制度保障来讲，邓小平理论中的共享理念告诉我们，资本主义制度由于其天然的属性及其服务于资本家的本质特征，不可能真正为广大人民群众谋取福利。只有以公有制为基础的社会主义制度，生产资料的所有制形式决定了产品的分配一定是倾向于广大人民群众的，才是我们实现共同富裕的基础。邓小平理论指导着我们对共享理念的认识。"社会主义的本质，是解放生产力，发展生产力，消灭剥削，消除两极分化，最终达到共同富裕。"②

第四，邓小平理论引领着中国取得了重大的经济社会方面的成就。经

---

① 中共中央文献研究室. 邓小平年谱（一九七五—一九九七）：下 ［M］. 北京：中央文献出版社，2004：1364.

② 邓小平. 邓小平文选：第三卷 ［M］. 北京：人民出版社，1993：373.

济上我们通过改革开放引入了市场手段，作为分配资源的方式，后来我们逐步建立起社会主义市场经济体制，多种所有制形式共同发展，共同成为繁荣的市场的积极的主体。在这个过程当中，中国经济取得了举世瞩目的成绩，2020 年中国 GDP 突破 100 万亿元，已是改革开放之初的数十倍，这表明邓小平理论中的共享理念对社会财富创造与社会财富的共享有着意义深远。

四、"三个代表"重要思想和科学发展观中的共享理念

江泽民同志强调中国共产党始终代表中国先进生产力的发展要求，那是因为生产力的发展能为全社会提供物质和文化基础。如果没有充沛的物质基础，即便是实现了共享，也是低水平的共享，因此生产是整个共享的前提条件。

"三个代表"重要思想当中，中国共产党始终代表中国先进文化的前进方向，意味着广大人民所共享的不仅仅是物质财富，还包括精神财富，尤其是其中的文化。江泽民同志的共享理念的内容比过去更为广泛，既兼顾到了物质共享，也兼顾到了精神层面的共享。

"三个代表"重要思想还要求中国共产党始终代表中国最广大人民的根本利益。最广大的人民既是共享的物质财富和精神财富的创造主体，也是受益主体。从"三个代表"重要思想中体现出了共享理念，是在邓小平理论基础之上不断延伸的结果。

在具体的举措上，江泽民同志推动了西部大开发战略，从国家宏观层面缩小东西部的差距，提高西部地区人民的物质生活和文化生活水平，这是共享理念的彰显。江泽民同志还细化了共同富裕的时间表和路线图，使得邓小平理论中对共同富裕的追求，更加具有可操作性和实践性。

胡锦涛同志的理论贡献在于提出科学发展观。科学发展观包含着深刻的共享发展思想。科学发展观强调系统、科学、公平，而这些都是共享思维和理念所依赖的思想基础。

在共同富裕的问题上，胡锦涛同志认为社会主义和谐社会是共同富裕的目标，也是共同富裕所能够达到的必然结果。社会主义和谐社会的建立，为共同分享财富提供了有序的基础，因此和谐社会与共享财富，两者相互促进。"在全国人民根本利益一致基础上全体人民共同建设、共同享

有的和谐社会，是为中国最广大人民谋幸福的和谐社会。"① 基于我们的分配实践，胡锦涛同志认识到在分配领域出现了某些环节过于注重效率而淡化公平的迹象，因此在科学发展观中特别强调要更加注重社会分配的公平，提升共同富裕的水平。科学发展观是对马克思主义共同富裕思想的继承和发展，是现实条件之下的一次具体的完善，"以解决人民群众最关心、最直接、最现实的利益问题为重点……走共同富裕道路"②。具体举措上，胡锦涛同志推动了社会主义新农村建设，将共享理念聚焦于城乡差距，通过提升农村的生活水平，实现城乡对财富的共享。

五、习近平新时代中国特色社会主义思想中的共享发展理念

实现"两个一百年"奋斗目标，既是我们党的战略方向所指，也是战略定力所在。习近平总书记要求全党要在思想上高度重视共享发展、共同富裕的问题。习近平总书记科学地构建了共享发展理念体系，阐释了何为共享发展、为何要共享发展及如何共享发展的问题，共享发展理念由此升华到更高级的阶段。针对何为共享发展的问题，习近平总书记提出，全体中国人民都有平等的机会参与到社会的发展和中华民族伟大复兴的事业中，并实现社会价值和自我价值。针对为何要共享发展的问题，共享发展理念首先回答了为谁发展的问题。以人民为中心，为人民而发展，是共享发展理念的出发点。针对如何共享发展的问题，共享发展理念侧重于实践思路和举措。立足于"五位一体"的发展目标，共享发展理念提出要继续深化改革。中国共产党要有勇于自我革命的精神，破除利益固化的藩篱，让中国改革开放和社会发展的成果始终惠及最广大的人民群众。正如习近平总书记所强调的："全面深化改革必须着眼创造更加公平正义的社会环境，不断克服各种有违公平正义的现象，使改革发展成果更多更公平惠及全体人民。"③

① 中共中央文献研究室. 十六大以来重要文献选编：下 [M]. 北京：中央文献出版社，2008：547.

② 中共中央文献研究室. 十六大以来重要文献选编：下 [M]. 北京：中央文献出版社，2008：650.

③ 习近平. 切实把思想统一到党的十八届三中全会精神上来 [J]. 求是，2014（1）：3-6.

第三节　共享发展理念的现实逻辑

一、共享发展理念的提出符合中国特色社会主义新时代的发展要求

（一）共享发展理念的形成背景

新发展理念中的共享发展理念是马克思主义中的共享理念在中国新历史发展阶段的具体体现，是由当下中国自身的情况所决定的。在国际上，恐怖主义、孤立主义、保守主义略有抬头，针对中国的贸易争端时有出现。在国内，我国的主要矛盾已经发生了变化，人民日益增长的物质文化需要同落后的社会生产之间的矛盾转化为人民日益增长的美好生活需要和不平衡不充分的发展之间的矛盾。转变之下，我们就需要更深刻、更全面、更加契合时代特色地认识共享发展理念，坚持共享发展，必须坚持发展为了人民、发展依靠人民、发展成果由人民共享。

（二）共享发展理念的内容

共享发展理念立足的对象就是全体人民，全体人民在发展过程当中，共同享有国家在社会经济文化方面所创造的成果。"发展的目的是造福人民。要让发展更加平衡，让发展机会更加均等、发展成果人人共享，就要完善发展理念和模式，提升发展公平性、有效性、协同性。"①

共享发展理念比过去的共享理念的内容更深刻和广泛，除了物质共享、文化共享，还包括生态共享、政治权利共享。共享发展理念将马克思主义的共享理念推向了高峰。共享发展理念的践行是马克思基本理念的展现，共享的发展成果是全国人民共同努力的结果。因此，人民广泛的参与是共享的力量源泉，也是参与成果分享的正当理由。

对于共享的阶段与程度，我们要有清醒的认识。共享的物质以及参与共享的全国人民，其享有财富以及文化、生态成果的时间有早有晚，享有财富的进程有快有慢。这是由生产力和经济本身发展的不均衡、不充分所决定的。这种不均衡、不充分，会在很长一段时期中存在。我们要脚踏实地朝着正确的方向去努力，通过先富带动后富的方式逐步实现全民共享发展成果。

---

① 习近平. 习近平谈治国理政：第二卷 [M]. 北京：外文出版社，2017：482.

（三）共享是中国特色社会主义的本质要求

共享是中国特色社会主义的本质要求。中国特色社会主义所坚持的社会主义的本质是不变的，社会主义的本质就包括广大人民的共同富裕。根据共享发展理念，只有实现财富共享、生态共享、文化共享等全方位的共享，才能更好地体现中国特色社会主义的优越性，才能够充分反映中国共产党的根本宗旨。

共享发展理念还能够促进社会公平正义。社会的公平正义是社会主义的重要特征，体现为广大人民参与政治和社会的权利平等。社会主义的公平正义不是抽象的公平正义，是人民群众权利得到保障、诉求得到伸张的正义。社会公平正义反映出人民权益的共享，共享理念反过来也能推动社会的公平正义。共享发展是中国特色社会主义不断迈向更高阶段的动力。

二、共享发展理念是新发展理念的落脚点

共享发展理念是其他发展理念的目标。共享发展理念，激发了全体人民投身于中国特色社会主义建设的热情，是各项事业和成果向前不断推进的动力。

共享发展需要以制度的形式来保障。共享发展的过程是共享制度不断完善和进步的过程。社会主义制度为人民共享发展成果提供了最根本的可能性和可行性。除此以外，还要对相关的法律制度、经济制度以及政治制度等不断进行细化与完善。

共享发展理念要求中国特色社会主义中的共享发展，必须以中国共产党为领导。中国共产党 100 多年的实践告诉我们，只有中国共产党才能够领导中国人民从一个胜利走向另一个胜利，中国特色社会主义中的共享发展也是如此。共享发展理念，其核心是物质的共享、精神的共享以及生态的共享等。实现这些共享，都必须要坚持党的领导。

我国全面建成小康社会之后，未来还会迈向更高的发展阶段。在每一个阶段，都应确保全体人民能共享发展成果。总之，要让共享发展理念渗透到中国社会进步的整个过程中。

参考文献

[1] 马克思，恩格斯. 马克思恩格斯文集：第二卷 [M]. 北京：人民出版社，2009.

[2] 马克思，恩格斯. 马克思恩格斯全集：第四十六卷（下）[M]. 北京：人民出版社，1979.

[3] 马克思，恩格斯. 马克思恩格斯全集：第三卷 [M]. 北京：人民出版社，2002.

[4] 马克思，恩格斯. 马克思恩格斯文集：第一卷 [M]. 北京：人民出版社，2009.

[5] 马克思，恩格斯. 马克思恩格斯文集：第三卷 [M]. 北京：人民出版社，2009.

[6] 马克思，恩格斯. 马克思恩格斯文集：第五卷 [M]. 北京：人民出版社，2009.

[7] 马克思，恩格斯. 马克思恩格斯全集：第十九卷 [M]. 北京：人民出版社，1963.

[8] 马克思，恩格斯. 马克思恩格斯全集：第三卷 [M]. 北京：人民出版社，1960.

[9] 马克思，恩格斯. 马克思恩格斯全集：第十八卷 [M]. 北京：人民出版社，1964.

[10] 列宁. 列宁选集：第三卷 [M]. 北京：人民出版社，1995.

[11] 列宁. 列宁选集：第四卷 [M]. 北京：人民出版社，1995.

[12] 列宁. 列宁全集：第四十卷 [M]. 北京：人民出版社，1995.

[13] 贝尔纳. 历史上的科学 [M]. 伍况甫，彭家礼，译. 北京：科学出版社，2015.

[14] 钟祥财. 关于经济史学的几个问题 [J]. 上海经济研究，2015

（1）：114-125.

[15] 马克思，恩格斯. 马克思恩格斯全集：第二十卷 [M]. 北京：人民出版社，1962.

[16] 配第. 赋税论 [M]. 陈冬野，等译. 北京：商务印书馆，1978.

[17] 配第. 爱尔兰的政治解剖 [M]. 周锦如，译. 北京：商务印书馆，1974.

[18] 恩格斯. 反杜林论 [M]. 北京：人民出版社，2018.

[19] 马克思，恩格斯. 马克思恩格斯全集：第二十三卷 [M]. 北京：人民出版社，1972.

[20] 李嘉图. 政治经济学及赋税原理 [M]. 郭大力，王亚南，译. 北京：商务印书馆，1976.

[21] 胡绳. 中国共产党七十年 [M]. 北京：中共党史出版社，1991.

[22] 邓小平. 邓小平文选：第三卷 [M]. 北京：人民出版社，1993.

[23] 邓小平. 邓小平文选：第二卷 [M]. 北京：人民出版社，1994.

[24] 江泽民. 全面建设小康社会 开创中国特色社会主义事业新局面：在中国共产党第十六次全国代表大会上的报告 [M]. 北京：人民出版社，2002.

[25] 江泽民. 论"三个代表" [M]. 北京：中央文献出版社，2001.

[26] 中共中央关于加强党的执政能力建设的决定 [M]. 北京：人民出版社，2004.

[27] 胡锦涛. 高举中国特色社会主义伟大旗帜 为夺取全面建设小康社会新胜利而奋斗：在中国共产党第十七次全国代表大会上的报告 [M]. 北京：人民出版社，2007.

[28] 中共中央关于构建社会主义和谐社会若干重大问题的决定 [M]. 北京：人民出版社，2006.

[29] 马克思，恩格斯. 马克思恩格斯文集：第十卷 [M]. 北京：人民出版社，2009.

[30] 江泽民. 江泽民文选：第三卷 [M]. 北京：人民出版社，2006.

[31] 何谓"战略机遇期" [J]. 中国职工教育，2012（17）：35.

[32] 习近平. 顺应时代前进潮流 促进世界和平发展：在莫斯科国际关系学院的演讲 [N]. 人民日报，2013-03-24（2）.

[33] 丛书编写组. 世界百年未有之大变局初析 [M]. 北京：中国市

场出版社，2020.

［34］习近平. 在庆祝海南建省办经济特区 30 周年大会上的讲话 ［N］. 人民日报，2018-04-14（2）.

［35］符颖.《全球数字经济新图景（2020 年）》发布 全球数字经济占 GDP 比重达到 41.5% ［EB/OL］.（2020 - 10 - 20）［2023 - 06 - 27］. http://www.cnii.com.cn/rmydb/202010/t20201020_224198.html.

［36］钱易，温宗国. 新时代生态文明建设总论 ［M］. 北京：中国环境出版集团，2021.

［37］里夫金. 第三次工业革命 ［M］. 张体伟，译. 北京：中信出版社，2012.

［38］于洪君. 理解"百年未有之大变局" ［M］. 北京：人民出版社，2020.

［39］郭树勇. 区域文化治理与世界文化秩序 ［J］. 教学与研究，2016（11）：62-70.

［40］亨廷顿. 文明的冲突 ［M］. 周琪，译. 北京：新华出版社，2013.

［41］习近平. 共建创新包容的开放型世界经济 ［M］. 北京：人民出版社，2018.

［42］中共中央宣传部. 习近平新时代中国特色社会主义思想学习纲要 ［M］. 北京：学习出版社，2019.

［43］习近平. 习近平关于社会主义经济建设论述摘编 ［M］. 北京：中央文献出版社，2017.

［44］顾保国. 新时代新发展理念要览 ［M］. 天津：天津人民出版社，2020.

［45］习近平. 在省部级主要领导干部学习贯彻党的十八届五中全会精神专题研讨班上的讲话 ［N］. 人民日报，2016-05-10（2）.

［46］习近平. 决胜全面建成小康社会 夺取新时代中国特色社会主义伟大胜利：在中国共产党第十九次全国代表大会上的报告 ［M］. 北京：人民出版社，2017.

［47］习近平在省部级主要领导干部学习贯彻党的十九届五中全会精神专题研讨班开班式上发表重要讲话 ［J］. 中国民族，2021（1）：4-6.

［48］习近平. 关于《中共中央关于制定国民经济和社会发展第十三

个五年规划的建议》的说明［N］．人民日报，2015-11-04（2）．

［49］郭冠清．新发展理念生成逻辑及其对新发展格局的引领作用研究［J］．河北经贸大学学报，2021，42（4）：19-25．

［50］"五大理念"的重大意义［J］．实践（党的教育版），2016（2）：13．

［51］郭冠清．论习近平新时代中国特色社会主义经济思想的理论创新［J］．社会科学辑刊，2018（5）：44-54，2．

［52］任丽梅．新发展理念［M］．北京：人民日报出版社，2020．

［53］习近平．习近平谈治国理政［M］．北京：外文出版社，2014．

［54］张新光．践行新发展理念的世界历史意义［J］．宁波工程学院学报，2021，33（2）：1-6．

［55］冒佩华，王宝珠．新发展理念的思想渊源与世界意义［N］．光明日报，2016-12-14（15）．

［56］马克思，恩格斯．马克思恩格斯选集：第二卷［M］．北京：人民出版社，2001．

［57］马克思，恩格斯．马克思恩格斯选集：第三卷［M］．北京：人民出版社，1995．

［58］习近平．谋求持久发展 共筑亚太梦想［N］．人民日报，2014-11-10（2）．

［59］习近平．习近平在联合国成立70周年系列峰会上的讲话［M］．北京：人民出版社，2015．

［60］习近平．在党的十八届五中全会第二次全体会议上的讲话［J］．求是，2016．

［61］习近平．习近平谈治国理政：第三卷［M］．北京：外文出版社，2020．

［62］中共中央关于制定国民经济和社会发展第十四个五年规划和二〇三五年远景目标的建议［N］．人民日报，2020-11-04（1）．

［63］习近平．深入理解新发展理念［J］．社会主义论坛，2019（6）：4-8．

［64］习近平．习近平总书记谈创新［N］．人民日报，2016-03-03（10）．

［65］习近平．在中国科学院第十七次院士大会、中国工程院第十二

次院士大会上的讲话［M］．北京：人民出版社，2014．

［66］郭冠清．构建双循环新发展格局的理论、历史和实践［J］．扬州大学学报（人文社会科学版），2021，25（1）：28-40．

［67］习近平．在科学家座谈会上的讲话［N］．人民日报，2020-09-12（2）．

［68］马克思，恩格斯．马克思恩格斯全集：第四十卷（下）［M］．北京：人民出版社，1963．

［69］马克思，恩格斯．马克思恩格斯全集：第三十一卷［M］．北京：人民出版社，1998．

［70］马克思，恩格斯．马克思恩格斯全集：第四十七卷［M］．北京：人民出版社，1979．

［71］马克思，恩格斯．马克思恩格斯选集：第一卷［M］．北京：人民出版社，1995．

［72］邓成超．高等教育与科学技术的辩证关系［J］．中国高校科技，2018（7）：51-53．

［73］马克思，恩格斯．马克思恩格斯全集：第一卷［M］．北京：人民出版社，1956．

［74］马克思，恩格斯．马克思恩格斯选集：第四卷［M］．北京：人民出版社，1972．

［75］习近平．习近平关于科技创新论述摘编［M］．北京：中央文献出版社，2016．

［76］习近平．让工程科技造福人类、创造未来［N］．人民日报，2014-06-04（2）．

［77］秦书生，于明蕊．习近平关于科技创新重要论述的精髓要义［J］．思想政治教育研究，2020，36（6）：1-5．

［78］陈劲，阳镇，尹西明．双循环新发展格局下的中国科技创新战略［J］．当代经济科学，2021，43（1）：1-9．

［79］马克思．资本论：第一卷［M］．北京：人民出版社，1975．

［80］黄俊，张晓峰．科学发展观：马克思主义协调发展理论的时代解读：以协调发展为例［J］．湖北社会科学，2008（1）：11-13．

［81］孙代尧，李健，何海根，等．协调发展研究［M］．北京：高等教育出版社，2018．

[82] 吴顺昌. 增长极理论在经济实践中的成功运用及其对区域经济发展的启示 [J]. 中国商界（上半月），2010（9）：132，130.

[83] 王冀平. 我国区域均衡发展的实现路径研究 [J]. 管理观察，2015（12）：50-51.

[84] 刘建磊. 浅析威廉姆森的倒"U"型理论 [J]. 知识经济，2012（21）：5，7.

[85] 毛泽东. 毛泽东文集：第七卷 [M]. 北京：人民出版社，1999.

[86] 毛泽东. 毛泽东文集：第五卷 [M]. 北京：人民出版社，1996.

[87] 安新利. 我国文盲率变动趋势与前瞻 [J]. 中国国情国力，1998（3）：44-45.

[88] 江泽民. 江泽民文选：第二卷 [M]. 北京：人民出版社，2006.

[89] 胡锦涛. 胡锦涛文选：第二卷 [M]. 北京：人民出版社，2016.

[90] 邓小平. 邓小平文选：第一卷 [M]. 北京：人民出版社，1994.

[91] 江泽民. 江泽民文选：第一卷 [M]. 北京：人民出版社，2006.

[92] 胡锦涛. 胡锦涛文选：第三卷 [M]. 北京：人民出版社，2016.

[93] 习近平. 在党的十八届五中全会第二次全体会议上的讲话（节选）[J]. 求是，2016（1）：3-10.

[94] 习近平. 在深圳经济特区建立40周年庆祝大会上的讲话 [EB/OL].（2020-10-14）[2023-07-09]. http://www.xinhuanet.com/politics/leaders/2020-10/14/c_1126611290.htm.

[95] 习近平. 在浦东开发开放30周年庆祝大会上的讲话 [EB/OL].（2020-11-12）[2023-07-09]. http://http://www.xinhuanet.com/politics/leaders/2020-11/12/c_1126732554.htm.

[96] 中共中央召开党外人士座谈会 [N]. 人民日报，2015-10-30（1）.

[97] 佩鲁. 新发展观 [M]. 张宁，丰子义，译. 北京：华夏出版社，1987.

[98] 吉尔，卡拉斯，巴塔萨里，等. 东亚复兴：关于经济增长的观点 [M]. 黄志强，余江，译. 北京：中信出版社，2008.

[99] 习近平. 习近平关于社会主义生态文明建设论述摘编 [M]. 北京：中央文献出版社，2017.

[100] 马克思，恩格斯. 马克思恩格斯全集：第四十二卷 [M]. 北

京：人民出版社，1979.

[101] 马克思，恩格斯. 马克思恩格斯全集：第三十二卷［M］. 北京：人民出版社，1979.

[102] 中共中央文献研究室. 建国以来毛泽东文稿：第十一册［M］. 北京：中央文献出版社，1996.

[103] 毛泽东. 毛泽东著作选读：下册［M］. 北京：人民出版社，1986.

[104] 毛泽东. 毛泽东早期文稿［M］. 长沙：湖南人民出版社，1990.

[105] 中共中央文献研究室. 毛泽东文集：第六卷［M］. 北京：人民出版社，1999.

[106] 中共中央文献研究室，国家林业局. 毛泽东论林业（新编本）［M］. 北京：中央文献出版社，2003.

[107] 韩秀霜. 毛泽东生态思想二重性评析［J］. 云南行政学院学报，2013，15（5）：52-55.

[108] 顾龙生. 毛泽东经济年谱［M］. 北京：中共中央党校出版社，1993.

[109] 陈春燕，宋瑞恒. 毛泽东绿色发展观探析［J］. 长春理工大学学报（社会科学版），2015，28（5）：20-23.

[110] 中共中央文献研究室. 十三大以来重要文献选编：上［M］. 北京：人民出版社，2011.

[111] 中共中央文献研究室. 十二大以来重要文献选编：上［M］. 北京：人民出版社，2011.

[112] 中共中央文献研究室. 十四大以来重要文献选编：上［M］. 北京：人民出版社，2011.

[113] 胡锦涛. 坚定不移沿着中国特色社会主义道路前进 为全面建成小康社会而奋斗：在中国共产党第十八次全国代表大会上的报告［J］. 求是，2012（22）：3-25.

[114] 中央文献研究室. 十六大以来重要文献选编：上［M］. 北京：中央文献出版社，2006.

[115] 新华社. 习近平总书记在参加首都义务植树活动时强调 把义务植树深入持久开展下去 为建设美丽中国创造更好生态条件［J］. 中国林业

产业，2013（4）：9，8.

[116] 习近平在云南考察工作时强调 坚决打好扶贫开发攻坚战 加快民族地区经济社会发展 [J]．云岭先锋，2015（2）：4-5.

[117] 习近平．习近平关于城市工作论述摘编 [M]．北京：中央文献出版社，2023.

[118] 习近平．抓住机遇立足优势积极作为 系统谋划"十三五"经济社会发展 [J]．党建，2015（6）：1.

[119] 习近平在中共中央政治局第六次集体学习时强调 坚持节约资源和保护环境基本国策努力走向社会主义生态文明新时代 [J]．环境经济，2013（6）：6.

[120] 郭险峰．新时代治蜀兴川的生态重任 [M]．成都：四川人民出版社，2018.

[121] 许彦，郭险峰．中国特色社会主义政治经济学与供给侧结构性改革 [M]．成都：西南财经大学出版社，2017.

[122] 张二震，戴翔．新时代我国对外开放的五大新特征 [J]．中共南京市委党校学报，2020（2）：1-10.

[123] 李琼，薛雨西．对外开放与构建人类命运共同体 [J]．政治经济学评论，2020，11（3）：126-148.

[124] 彭波，韩亚品．新中国对外开放与外贸发展回顾：阶段性与连续性的统一 [J]．济南大学学报（社会科学版），2020，30（3）：91-99，159.

[125] 彭升．试论毛泽东对外开放思想的主要原则 [J]．湖南医科大学学报（社会科学版），2003，5（4）：19-21.

[126] 钟山．推进更高水平对外开放：深入学习贯彻习近平总书记关于对外开放的重要论述 [J]．旗帜，2020（9）：19-21.

[127] 杨长湧．推进新发展格局下的高水平对外开放 [J]．开放导报，2020（6）：39-45.

[128] 张宇燕．中国对外开放的理念、进程与逻辑 [J]．中国社会科学，2018（11）：30-41.

[129] 陈文敬．中国对外开放三十年回顾与展望：一 [J]．国际贸易，2008（2）：4-10.

[130] 陈文敬．中国对外开放三十年回顾与展望：二 [J]．国际贸易，

2008（3）：4-12.

［131］杨正位. 中国特色的开放之路：对外开放经验总结和新时代开放的战略思考［J］. 中国浦东干部学院学报，2020，14（2）：32-41，92.

［132］隆国强. 中国对外开放 40 年的经验［J］. 国际贸易问题，2018（12）：4-6.

［133］张倪. 中国对外开放 40 年：从探路走向成熟：访国务院发展研究中心副主任隆国强［J］. 中国发展观察，2018（23）：19-27.

［134］史本叶，马晓丽. 中国特色对外开放道路研究：中国对外开放 40 年回顾与展望［J］. 学习与探索，2018（10）：118-125.

［135］汪洋. 推动形成全面开放新格局［N］. 人民日报，2017-11-10（4）.

［136］习近平. 习近平关于全面深化改革论述摘编［M］. 北京：中央文献出版社，2014.

［137］马克思，恩格斯. 马克思恩格斯文集：第九卷［M］. 北京：人民出版社，2009.

［138］中国共产党第十九次全国代表大会文件汇编［C］. 北京：人民出版社，2017.

［139］中国共产党第十八届中央委员会第五次全体会议公报［EB/OL］.（2015-10-29）［2023-09-11］. http://news.12371.cn/2015/10/29/ARTI1446118588896178.shtml.

［140］马克思，恩格斯. 马克思恩格斯全集：第五卷［M］. 北京：人民出版社，2009.

［141］列宁. 列宁全集：第三十五卷［M］. 北京：人民出版社，1985.

［142］中共中央文献研究室. 论群众路线：重要论述摘编［M］. 北京：中央文献出版社，2013.

［143］习近平. 习近平关于实现中华民族伟大复兴的中国梦论述摘编［M］. 北京：中央文献出版社，2013.

［144］中共中央宣传部. 习近平总书记系列重要讲话读本［M］. 北京：学习出版社，2016.

［145］中共中央文献研究室. 建国以来毛泽东文稿：第九册［M］. 北京：中央文献出版社，1999.

［146］中央文献研究室. 十六大以来重要文献选编：下［M］. 北京：中央文献出版社，2008.

［147］习近平. 习近平谈治国理政：第二卷［M］. 北京：外文出版社，2017.

［148］马克思，恩格斯. 马克思恩格斯选集：第三十三卷［M］. 北京：人民出版社，2004.

［149］马克思，恩格斯. 马克思恩格斯选集：第五卷［M］. 北京：人民出版社，2004.

后记

　　本项目是中共四川省委党校 2021 年度校（院）重大课题攻关工程项目。党的十八届五中全会提出新发展理念，这是以习近平同志为核心的党中央对发展理念的全面创新，将科学引领新时代的中国应对内外环境变化，实现新征程上更长远的发展目标。本书着力于从理论、历史和现实三个维度对新发展理念进行阐释，力求为"十四五"期间完整、准确、全面贯彻新发展理念奠定认知基础。

　　由于整个研究时间较短，而且受疫情影响，研究团队的调研不够充分、深入，理解的深度也不够，研究成果的创新性也不够强，书中可能存在一些疏漏，恳请各位专家谅解。

　　郭险峰负责本书的提纲设计、序言、后记以及审稿修改工作。本书各部分撰写情况如下：第一章陈钊教授，第二章许毅副教授，第三章孙继琼副教授，第四章奉兴副教授，第五章王伟副教授，第六章罗眉教授，第七章尹宏祯教授，第八章孙婷婷博士，第九章丁英教授，第十章黄绍军副教授，第十一章周铁军副教授。罗皓月（硕士研究生）负责资料的收集、整理工作。

郭险峰

2024 年 8 月